21世纪高职高专精品教材·经济贸易类 国际商务专业

International Trade Practice

国际贸易实务

理实一体化教程

崔大巍 孙玉苹 主编

东北财经大学出版社
Dongbei University of Finance & Economics Press
大连

图书在版编目（CIP）数据

国际贸易实务：理实一体化教程/崔大巍，孙玉苹主编. —大连：东
北财经大学出版社，2018.2

（21世纪高职高专精品教材·经济贸易类/国际商务专业）

ISBN 978-7-5654-3015-2

Ⅰ．国…　Ⅱ．①崔…　②孙…　Ⅲ．国际贸易-贸易实务　Ⅳ．F740.4

中国版本图书馆CIP数据核字（2017）第304791号

东北财经大学出版社出版

（大连市黑石礁尖山街217号　邮政编码　116025）

网　　　址：http：‖www.dufep.cn

读者信箱：dufep@dufe.edu.cn

大连市东晟印刷有限公司印刷　东北财经大学出版社发行

幅面尺寸：185mm×260mm　　字数：292千字　　印张：14

2018年2月第1版　　　　　2018年2月第1次印刷

责任编辑：张晓鹏　刘慧美　　　　　责任校对：王　娟

封面设计：张智波　　　　　　　　　版式设计：钟福建

定价：28.00元

教学支持　售后服务　　联系电话：（0411）84710309

版权所有　侵权必究　　举报电话：（0411）84710523

如有印装质量问题，请联系营销部：（0411）84710711

前　言

随着国际贸易向纵深发展，以美国为主导的国际经济贸易体系遇到了瓶颈。我国经济快速崛起，已经成为打破传统国际贸易瓶颈的主导力量，尤其是在习近平总书记提出"一带一路"倡议后，中国逐渐成为新的国际贸易体系的创建者和领导者。这对国际贸易人才的知识、能力和素质结构提出了新的要求。"国际贸易实务"作为国际贸易、国际商务、物流管理、市场营销、电子商务等专业的核心课程，其内容主要是在繁杂各异的国际法律、惯例及文化的框架下，通过科学、规范的业务程序完成国际商品和服务的交换，从而实现繁荣市场和促进经济发展的目的。国际贸易实务涉及的环节较多，且环节间相互交织而错综复杂，因此教师在授课过程中很难将实践性内容完整地呈现给学生。本教材致力于解决这一难题，经过主编多年酝酿，并与数位具有丰富教学经验的高职教师充分论证后，在集思广益、汇聚众多智慧的基础上，为适应新常态下培养高素质技能型国际贸易人才的需要，而编写了这本能够实现"理实一体化"教学的国际贸易实务教材。

本教材具有如下鲜明特色：

1.以实现理实一体化为宗旨，重在学以致用

为适应高职学生的特点，在教材编写过程中始终坚持以实现理实一体化为宗旨，结合本课程的实际情况，以主要知识点对应一个案例的形式展开，并且对于容易混淆的内容，采用类比分析和纵横向比较的方式，使学生能在分析实际案例和把握知识间联系的过程中学习相关理论，实现理实交融，便于学生理解和把握。为实现预期目标，本教材所选案例具有简明、贴切、时效性和针对性强等特点，而且做到有分析、有讲解、有问答、有互动，能够引发学生的兴趣，使学生不易理解的抽象内容变得简单明晰。

2.以订立科学完备的合同为结构主线并一以贯之，便于提纲挈领

由于国际贸易中的风险较大，为实现促成交易和繁荣市场的目的，必须找到有效保护交易各方的措施和方法。本教材适时地以订立科学完备的合同为结构主线并贯穿于国际贸易的各个环节，以此作为化解和规避交易风险的不二法门。一以贯之的结构

主线，有利于授课教师抓住问题的关键，起到提纲挈领的作用；也有利于培养学生在学习过程中反复揣摩并结合身边实例不断思考而把握规律的能力。

3.基于国际贸易实际业务环节开发并优化和整合教材内容

要想理顺国际贸易各环节和有效控制风险，国际贸易从业者必须在法律和惯例的框架下，运用专业知识订立较为完备的合同，并能按照约定履行义务，以及以恰当的方式达成交易目标。本教材就是以法律和惯例、合同条款、合同履行、贸易方式四个基于国际贸易实际的业务模块为基础，并结合国际贸易特点和岗位对技能的需要，对原有分散的内容进行优化整合，围绕合同条款形成10个项目30项任务。

4.以项目-任务的体例形式来展现基于国际贸易工作过程的课程内容

为适应高职学生形象思维活跃的特点及职业教育的目标要求，本教材在体例上采用了项目-任务化设计。首先，开宗明义地给出各项目学习目标，包括知识目标与能力目标；其次，每个项目以框架图的形式概括出知识脉络体系及其相互关系；最后，再展开基于国际贸易工作过程的项目任务化叙述。这种编写体例的设计，有利于加强对学生知识运用能力的培养，增强学生就业的竞争力；也有利于提高授课教师的实践教学水平。同时，我们在教材设计上使用了二维码，学生通过扫码可方便地获取需要提示的内容。

本书由辽宁理工职业学院崔大巍和盘锦职业技术学院孙玉苹担任主编，盘锦职业技术学院高飞、辽宁北镇新区教师崔丽莎、长春光华学院赵晔涵担任副主编，辽宁理工职业学院刘树娟和黑龙江商业职业学院王英伟参编。其具体编写分工如下：崔大巍负责编写项目一、二、三、六，并负责全书的框架结构及统稿；孙玉苹负责编写项目五、九；高飞负责编写项目七；赵晔涵负责编写项目八；崔丽莎负责编写项目十；刘树娟和王英伟分别负责编写项目四的任务一、二和三、四。

本教材可作为应用型本科和高等职业院校国际贸易专业、国际商务专业、物流管理专业、电子商务专业、市场营销专业的教学用书或培训教材，对从事国际贸易或国际投资的有关商流及物流人员也有重要的指导作用和参考价值。

本书在编写过程中参考了大量文献和资讯，在此向各位作者表示衷心的感谢。同时，东北财经大学出版社的张晓鹏编辑对本书的出版给予了大力支持与协助，在此一并致谢。

由于编者水平有限，教材中错误与不足难免存在，敬请同行及读者予以批评指正。

编　者
2018年1月

目　录

项目一

国际贸易实务概述

国际贸易实务是一门研究国际货物买卖的具体过程及相关活动内容与商务运作规范的学科，也是一门具有涉外商务活动特点的实践性很强的综合性应用学科。

学习目标

了解国际贸易实务的特点；

理解开展国际贸易的原则；

理解本课程的学习方法和注意事项。

本项目内容结构图

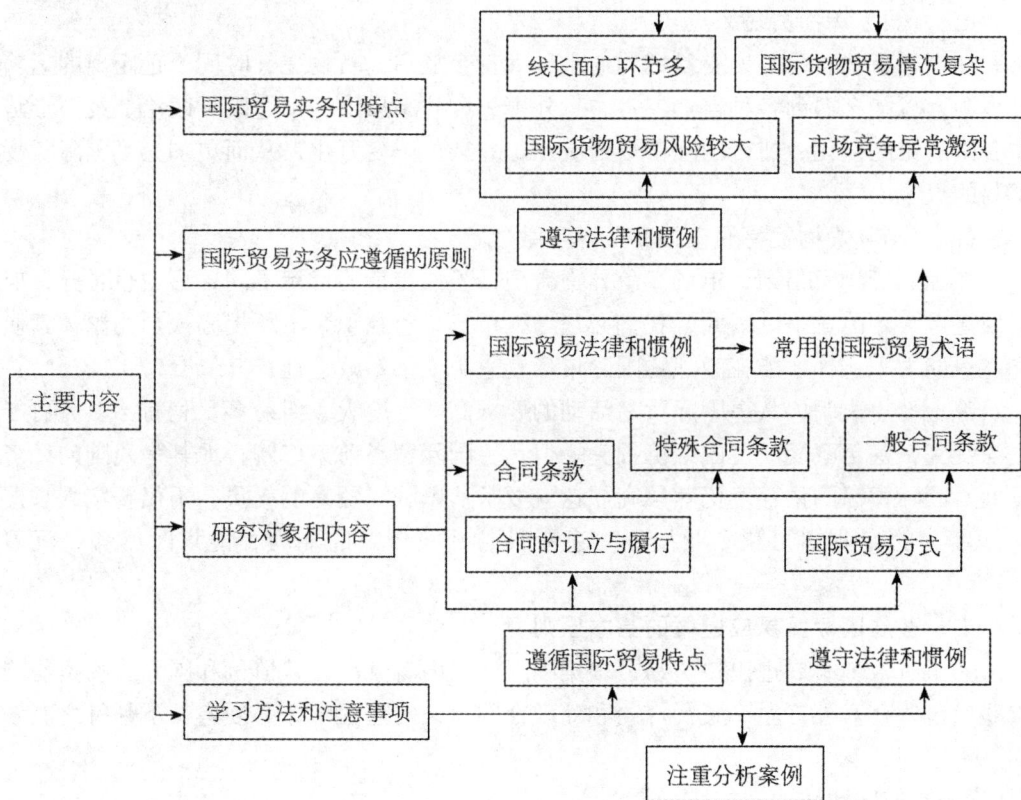

任务一　国际贸易实务的特点和应遵循的原则

一、国际贸易实务的特点

国际贸易实务主要研究国际货物买卖的具体过程及相关活动。它具有许多不同于国内贸易的特点，主要表现在以下四方面：

（一）线长面广环节多

在国际商品交换中，交易双方距离遥远，交易过程中间环节多，涉及面广，除当事人外，还涉及许多中间商、代理商以及为国际货物买卖服务的商检、银行、保险、海关、仓储、运输、港口、车站等部门，任何一个环节出了问题，都会影响整个交易的顺利进行。

（二）国际货物贸易情况复杂

在国际货物贸易中，交易双方处在不同的国家，各国的政治制度、法律体系、经济政策不同，语言风俗各异，价值观也有别。这给洽商交易和在履行合同的过程中与众多环节沟通协调带来了困难，所以，国际货物贸易情况要比国内货物贸易复杂得多。

（三）国际货物贸易风险较大

在国际货物贸易中，交易标的通常量大且金额高，货物在长时间、远距离的运输过程中，可能会遇到各种自然灾害、意外事故和外来风险，加之国际政治、经济形势和各国政策的变化，使得国际市场情况错综复杂，千变万化，从而更加大了国际货物贸易的风险。

（四）国际货物贸易的市场竞争异常激烈

在国际货物贸易中，市场竞争异常激烈，虽然竞争的目标不同，形式也各异，但实质还是人才的竞争。因此，我们必须增强市场竞争意识，不断提高人员的整体素质和竞争能力，这样才能在激烈的国际市场竞争中立于不败之地。

综上特点表明，从事国际贸易活动的要求高、难度大、纠纷多，稍有不慎就可能上当受骗，甚至蒙受严重的经济损失。但是，国际贸易前景广阔，尤其是我国的经济发展对国际贸易的依存度仍然较高。这就要求从事国际贸易的人员，不仅要牢固掌握国际贸易的专业知识和专业技能，还应具备开拓创新的能力，能审时度势、沉着应对。

二、开展国际贸易应遵循的基本原则

为了有效地开展进出口贸易，根据国际、国内有关法规、惯例和国际货物贸易的实践经验，在对外订立、履行合同和处理合同争议的过程中，必须遵循下列行之有效的基本原则：

（一）遵守法律

国际货物贸易中，买卖双方的行为不能与法律相抵触，这是一项强制性规范，也是国际上公认的准则。因此，在订立、履行合同和处理合同争议的过程中，各方当事人都必须具有法律意识和法制观念，严格遵守法律，切实依法行事。

1.依法订立合同

订立合同是一种法律行为，此过程中必须经过一定的法律程序。此外，合同成立也必须符合法律要求的条件，合同的内容和形式等都要合法。只有依法成立的合同，才具有法律效力，也受到法律保护。

2.依法履行合同

履行合同同样是一种法律行为，当事人必须依法履行各自的义务。当事人若不履行依法成立的合同义务，或者擅自变更合同条款，应承担违约的法律后果。遭受损失的一方，可以采取必要的法律救济措施，并依法追究违约方的法律责任。

（二）尊重惯例

在长期的国际贸易实践过程中，人们逐渐形成了一些被普遍接受和认可的贸易习惯，对这些约定俗成的做法，交易双方应该在充分了解的基础上，尊重惯例。这里需要特别注意的是，如果没有在买卖合同中明确排除国际贸易中业已形成的惯例，则这些惯例通常有效，买卖双方的行为就要符合这些惯例的要求，否则可能会承担相应的法律后果。

【案例1-1】

2016年5月，中国A公司同马来西亚B公司以CIF术语达成出口一批某农产品的交易。合同规定交货期为2016年12月，以信用证的方式结算货款。但是，在合同中没有明确约定买方B公司开立信用证的时间。2016年11月初，中国A公司以电函的形式催其开立信用证。但是，B公司直到2016年12月初才将信用证开到A公司手中。A公司在确定信用证无误后，开始备货及准备装船事宜。但是，由于买方延期开立信用证影响了卖方备货及装船计划，结果卖方于2017年1月末才完成装船工作。买方B公司以A公司延期交货为由，要求A公司降价5%才同意付款赎单。最后，双方协商不成诉诸法院。

问题：法院将如何判决？

分析提示：法院审理认为，卖方延期交货的结果与买方延期开立信用证有直接关系，根据国际贸易中跟单信用证结算的通行做法，买方需于交货前一个月将信用证开到卖方手中，如果买卖合同中没有明确约定开证日期，买方也应至少在装船前15天将信用证开到卖方手中，否则会影响到卖方备货及装船事宜。因此，法院判决买方如期付款赎单并承担诉讼费用。

（三）当事人法律地位平等

在订立进出口合同和履约的过程中，不论当事人的背景如何，都处于平等的法律地位，都同样受到法律的保护和约束。这一原则主要体现在如下三方面：

1.平等协商，确定各项交易条件

买卖双方必须平等协商，确定各项交易条件，合同内容必须是双方在自愿基础上的真实意思表达。

2.平等享有各自的权利和履行相应的义务

合同一经成立，交易双方都必须严格履行各自约定的义务并享有各自的权利，任何一方不得擅自变更或解除合同。

3.都必须承担相应的法律后果

任何一方当事人违约，都必须承担相应的法律后果；在追究违约责任时，需适用约定的同一法律条文。

（四）公平交易

公平交易是国际上公认的一项通行的准则。在国际贸易中，当事人应当遵循公平的原则确定各方的权利和义务，即当事人约定享受的权利和履行的义务应当对等，不能明显地偏袒一方当事人而损害另一方当事人的合法权益；否则，受损害的一方当事人有权请求法院或仲裁机构予以纠正。

（五）诚实守信

很多国家的法律和国际贸易惯例都强调开展国际贸易必须遵循诚实守信的原则。买卖双方在订立、履行合同和处理合同争议时，应以诚相待、实事求是、言而有信、恪守合同，不得歪曲事实真相或进行欺诈活动。诚实守信原则是将道德和法律融为一体的强制性规范，当事人既不能约定排除其适用，也不能有任何违反此项准则的行为。

任务二　国际贸易实务的研究内容与学习方法

一、国际贸易实务的研究对象和内容

国际贸易实务重点研究国际商品交换的具体过程，该过程体现在进出口活动的各个环节中。由于不同国家在政治、经济、法律、文化等方面的差异，在涉及当事人的利益关系时，各环节都容易出现矛盾，且协调困难。研究如何协调这种关系，并在平等互利和遵规守法的基础上达成交易，履行约定的义务，完成进出口任务是本课程的核心。具体研究内容包括以下四点：

（一）与国际货物贸易有关的法律和惯例

与国际货物贸易有关的法律和惯例是调整国际商事行为的重要依据和手段。所以，洽商交易、订立及履行合同都要在与国际货物买卖有关的法律和惯例的框架下进行，如《联合国国际货物销售合同公约》（以下简称《公约》）、《国际贸易术语解释通则》、《跟单信用证统一惯例》等。本教材重点研究《国际贸易术语解释通则》中六种常用的贸易术语，这六种常用的贸易术语可以分成两组：一组是适合水上运输的常用术语，包括 FOB、CFR、CIF；另一组是适合任何运输方式的常用术语，包括 FCA、CPT、CIP。

（二）国际货物买卖的合同条款

在国际贸易中，交易双方就交易条件进行磋商达成一致后，以文字的形式表述出来，就形成了书面的合同条款内容。它是当事人在交接货物、收付货款等方面的权利、责任和义务的具体体现，是交易双方履行合同及调解矛盾、纠纷的重要依据；同时，订立科学完备的合同也是降低国际货物贸易风险的重要手段。因此，研究合同条款的法律含义及当事人的利害关系是本教材的最重要内容。合同中条款内容众多，主要有价格、品质、数量、包装、装运、支付和保险条款等；一般性条款涉及检验、索赔、不可抗力和仲裁等。其中，价格、品质和数量条款是合同成立的必要条件。

（三）合同的订立和履行

在国际贸易中，买卖双方就交易条件进行磋商，达成一致后合同即告成立。该过程包括询盘、发盘、还盘和接受等环节。其中，发盘和接受是合同成立的必要环节。合同成立后，双方就要按照要求及时履行合同义务，具体体现为货物和货款按约定的方式进行转移。在履约过程中，涉及的环节多、程序繁杂，要求从事国际贸易的人员不仅熟悉履行合同的基本程序，而且要掌握处理争议及违约救济的方法。

（四）国际贸易方式

国际贸易方式是指通过什么形式或渠道进行销售。随着国际经济一体化进程的加快和国际贸易的进一步发展，国际贸易的方式和渠道日益多样化，具体包括直接买卖、包销、代理、寄售、展卖、商品期货、招投标、拍卖、加工贸易及电子商务等。

二、学习本课程的方法和注意事项

要想学好"国际贸易实务"课程，必须根据其商流活动性质和国际货物贸易的特点，在有关法律和惯例的框架下，注重在分析案例的过程中学习相关的理论知识，达到理实结合，融会贯通。学习过程中应注意下列事项：

（一）遵循国际货物贸易的特点

国际贸易属于跨国交易，其交易对象、交易条件、贸易习惯及宏观环境中的政治、经济、文化、技术、地理等方面都有别于国内贸易，因此，在学习本课程及从事国际贸易实践时，必须要依据其特点，选用合适的方法。

（二）遵守有关的法律与国际贸易惯例

世界各国的法律制度、贸易惯例不尽相同，各国对外缔结或参加的国际公约、协定及其对国际贸易惯例的选择与运用等也彼此有别。为了便于订立、履行合同和妥善处理合同争议，必须了解并遵守有关的法律与国际贸易惯例。

（三）注重分析案例

为适应"国际贸易实务"课程实践性强及高职学生感性思维活跃的特点，增强学生分析和解决问题的能力，教材中每个重要知识点都对应一个案例。在学习时，要把理论知识运用到分析实际的案例中去，并在分析案例的过程中，进一步理解和把握相关的理论知识，达到理实交融。同时，要把分析和解决案例中的实际问题作为学习重点。

【课后思考题】

1.国际贸易实务有哪些特点?

2.开展国际贸易应遵循哪些原则?

3.国际贸易实务的研究对象和研究内容有哪些?

4.如何学好"国际贸易实务"这门课?

5.本项目你学到了哪些知识?哪些能力有所提高?

项目二

与国际货物贸易有关的法规和惯例

在国际货物贸易实践中，由于买卖双方距离遥远，所处的宏观环境和微观市场状况往往各不相同，因此而导致的贸易争端和纠纷时有发生，给交易双方造成了巨大损失。由此，如何避免或降低交易风险就成为买卖双方极为关注的关键问题。这需要当事双方在充分了解国际货物贸易有关法律和惯例的基础上，通过订立科学、完备的合同，来规范、约束各自的行为和保障相应的权利，以此控制和化解交易风险。因此，交易双方在订立和履行合同的过程中，要严格依法和参照贸易惯例来行事。

学习目标

了解与国际货物贸易有关的国内法和国际公约；

理解国际贸易惯例的性质和作用；

掌握《2010年国际贸易术语解释通则》（以下简称《2010年通则》）中6种常用的国际贸易术语中买卖双方的责任、权利和义务；

能分析国际贸易术语在使用时出现的各种问题，并能提出解决问题的思路。

本项目内容结构图

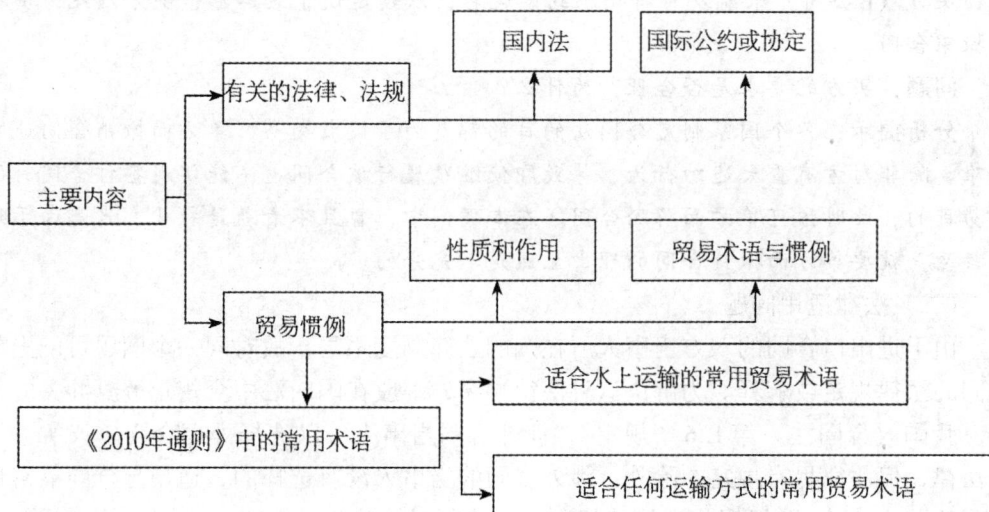

任务一　国际贸易相关法律、法规

在国际货物贸易中，买卖双方订立、履行合同及处理合同争议时，都应遵循相关的贸易法律与惯例。由于交易双方处在不同的国家，其国内法律体系和法律制度不同，对外缔结或参加的国际公约与协定以及对国际贸易惯例的选择和运用情况彼此有别，因此，国际货物贸易中的每笔交易、每个合同和处理每项争议所适用的法律也都各有差异。这就需要了解国内法律和国际公约的相关规定，以免因法律适用差异而产生损失。

一、国内法

国内法是指由国家制定或认可并在本国主权管辖范围内生效的法律。在国际货物贸易中，双方当事人都要遵循各自所在国国内的有关法律，其中与国际贸易联系最为密切的国内法律当属合同法。这里重点研究制定合同法的目的和法律适用问题。

（一）制定合同法的目的

研究合同条款，订立科学、完备的合同是本课程最重要的内容。因此，非常有必要清楚各个国家制定合同法的目的，这对于预防和解决贸易纠纷具有十分重要的意义。不同国家合同法的具体内容有所区别，但其初衷都是通过法律手段来保护贸易双方，从而实现促成交易和繁荣市场的目的。这就要求国际贸易从业者在订立合同时必须审慎，因为买卖合同一经成立，要想单方面更改或撤销通常是很困难的。

【案例2-1】

我国A公司以FOB条件与国外B公司签订了一份出口玉米的合同。在履行合同时，买方（B公司）未能及时将船派到装运港，以致延误了装运期，买方以此为由提出撤销合同。

问题： 买方的要求是否合理？为什么？

分析提示： 各个国家制定合同法的目的都是为了促成交易，单方面撤销合同通常很难。除非对方有重大违约行为，导致即使继续履行该合同也不能实现签订合同时的交易目的，此时方可单方面解除合同。在本案例中，暂且不看孰是孰非，只是由于延期装运，就要单方面撤销合同的理由显然是不充分的。

（二）法律适用问题

由于进出口合同的双方当事人所在国的法律制度不同，故对同一个问题可能出现不同的法律规定或解释。为解决这种法律冲突，一般在国内法中会规定解决冲突的办法。我国《合同法》第126条规定："涉外合同当事人可以选择处理合同争议所适用的法律，但法律另有规定的除外。涉外合同的当事人没有选择的，适用与合同最密切联系的国家法律。"根据此项法律规定，在我国对外签订的进出口合同中，交易双方可以协商约定处理合同争议所适用的准据法。其中，既可以选择买方或卖方所在国的法律，也可以选择买卖双方同意的第三国的法律或有关的国际公约；如果买卖双方未在合同中约定解决合同争议所适用的法律，则由受理合同争议的法院或仲裁机构依据与合同有最密切联系的国家法律来处理合同项下的争议。

【案例2-2】

2016年7月，中国甲公司与美国乙公司签订了一份出口货物合同，该合同中并没有约定处理合同争议所适用的法律。甲公司向美国丙船公司订舱并完成装运后，丙船公司签发了一式三份记名提单，提单记载的承运人为美国丙船公司，收货人为美国乙公司，装货港为上海，卸货港为纽约，运费预付，提单背面印有"货物的收受、保管、运输和提单所证明的运输合同条款适用《1936年美国海上货物运输法》"字样。货物运抵纽约后，乙公司用提单副本提货，丙船公司将货物放给了乙公司。乙公司提货后未依合同规定向甲公司付款。甲公司将丙船公司告到某海事法院，请求法院判令美国丙船公司赔偿因无正本提单放货而对其造成的经济损失共计16万美元。

问题：丙船公司应否承担赔偿责任？

分析提示：合同中并没有明确约定处理合同争议所适用的法律。此种情况下，应适用与合同有最密切联系的国家的法律处理争议。

2016年10月，某海事法院经审理认为，处理本案应依照提单背面条款确定的适用法律，由于双方争议发生在交货地美国，依最密切联系原则也应适用美国法律，故适用美国法律为准据法。依照《美国统一商法典》的相关规定，承运人将货物交给记名提单的收货人即完成交货义务，无须收货人出示正本提单，故判决被告不承担赔偿责任。

【课堂讨论2-1】

问题：假如你现在正和美国某公司准备签订一笔买卖合同，你想在合同争议条款中明确约定调解争端所适用的法律。那么你是愿意用中国的法律还是愿意用美国的法律呢？如果你愿意用中国的法律，而美方愿意用美国的法律，怎么办？能否在一份合同中适用两个国家的法律，比如我方适用中国法律而美方适用美方法律？

【拓展训练2-1】

2016年3月，中国北方某F公司与美国某G公司签订了一份某食品的出口合同。合同中的检验条款约定在中国装运港实施检验，且买方G公司有权在目的港实施复验。合同对检验机构及检验方法没有做出具体规定。卖方在合同约定的时间完成了交货义务，并取得了符合合同约定的检验证书。2016年11月，买方依据目的港某检验机构出具的不符合合同约定的检验证书，向卖方F公司提请索赔。后经查明，目的港检验机构实施商品检验的标准和方法与装运港我国检验机构不同。

问题：为何会出现相互矛盾的现象呢？

分析提示：之所以会出现案例中看似都有道理的混乱现象，是因为买卖双方所适用的检验标准和方法不同，这是典型的双重标准引发的混乱。

该案例告诉我们，买卖双方在选择所适用的标准、方法或法律时，可以选择买方所在国的法律或标准，也可以选择卖方所在国的法律或标准，还可以选择第三国的法律或标准。总之，所适用的法律或标准只能有一个，切不可买方适用买方所在国的法律或标准，卖方适用卖方所在国的法律或标准；否则，就会因双重标准引发案例中的混乱现象。

二、国际条约或协定

国际条约是指两个或两个以上主权国家为确定彼此的政治、经济、贸易、文化、军事等方面的权利和义务而缔结的诸如公约、协定、议定书等各种书面协议的总称。在国际货物贸易中，由于各国国内法的规定差异很大，加之各国贸易利害关系不同，故单靠某一国家的国内法已经不能很好地促进国际贸易的发展和解决国际贸易争端。为此，各国政府和一些国际组织相继缔结和订立了一些双边或多边的国际条约，这些条约已被多数国家所接受，并且行之有效。因此，进出口合同的订立与履行以及合同争议的处理，还必须符合合同当事人所在国缔结或参加的与合同有关的国际条约的规定。《公约》与我们订立、履行进出口合同适用的国际法密切相关，如果合同争议双方都是该公约的成员方，则解决争议所适用的法律就以该公约的规定为准。

任务二　国际贸易惯例

国际贸易惯例是在国际贸易的长期实践中，人们为简化手续、提高效率和减少贸易纠纷，逐渐形成和发展起来的一些较为明确、固定的贸易习惯和一般做法。国际贸易惯例虽然不是法律，但如果合同中没有明确排除惯例，那就要按照惯例来行事，否则当事双方要承担相应的法律后果。因此，国际贸易惯例是从事国际货物买卖活动应当遵循的基本准则，也是国际贸易有关法律的重要渊源之一。我们必须了解国际贸易惯例，对于一些重要的惯例，要熟练掌握并能运用到国际贸易实践中去。

国际贸易惯例主要有：国际商会《2010年国际贸易术语解释通则》（《INCO-TERMS2010》）、《跟单信用证统一惯例》（《UCP600》）、《托收统一规则》（《URC522》）。本教材主要研究国际商会《2010年国际贸易术语解释通则》。

一、国际贸易惯例的性质和作用

人们在长期的国际贸易实践中的习惯做法经过权威机构加以总结、提炼与解释，就形成了国际贸易惯例。

（一）国际贸易惯例的性质

国际贸易惯例本身不是法律，它以当事人的自愿为基础，对贸易双方不具有强制性约束力，故买卖双方有权在合同中做出与惯例不符的规定。只要合同有效，双方均要履行合同的规定义务，一旦发生争议，法院或仲裁机构会严格依据合同条款进行判决或裁决，从而维护合同的有效性。

【案例2-3】

我国某出口公司按CIF伦敦价格向英国商人出售一批核桃仁，由于该商品的需求有较为明显的季节性，故双方在买卖合同中规定，卖方保证货运船只不迟于2016年12月2日驶抵目的港；如货轮迟于2016年12月2日抵达目的港，买方有权取消合同，如货款已收，卖方必须将货款退还给买方。

问题：合同中有关条款存在哪些问题？该如何处理？

分析提示：合同中规定，卖方需保证货运船只不迟于2016年12月2日驶抵目的港，否则，买方有权取消合同并要求卖方返还已收款项。这相当于排除了CIF术语卖方不保证到货的惯例。依此条件订立的合同一旦发生争议，法院或仲裁机构会严格依据合同条款进行判决或裁决，以维护合同的有效性。因此，卖方需要了解货轮不能如期到港的可能性有多大，这种风险能否控制。另外，做出与CIF术语惯例不符的规定，额外增加了卖方的风险，是否有额外的收益作为补偿。在权衡上述风险和补偿的基础之上，再根据商品市场的供求状况，做出合适的选择，即如果风险可控，且我方所卖货物属于滞销的供过于求的货物，可以适当考虑同意上述条款；反之，需要求将"卖方保证到货"条件去掉。

（二）国际贸易惯例的作用

尽管国际贸易惯例是以当事人的自愿为前提的，但是，需要特别注意的是，国际贸易惯例对贸易实践仍然具有十分重要的作用，主要体现在如下三个方面：

1.明确约定依某惯例行事，则该惯例具有强制约束力

如果双方都同意采用某惯例来约束该项交易，并在合同中明确规定，那么该惯例就具有强制约束力。

2.未明确约定适用某惯例，通常该惯例也具有约束力

如果双方在合同中没有明确注明是否适用某惯例，在履行合同中发生争议时，受理该争议案的法院或仲裁机构往往会援引某国际贸易惯例进行判决或裁决。因此，即便贸易双方未明确约定适用某惯例，该惯例通常也具有法律约束力。

【案例2-4】

我国某公司与英国B公司按CIF伦敦条件签订了一份出口1万件瓷器的合同，合同与信用证均规定："装运期3/4月份，每月装运5 000件，允许转船。"我方于3月30日将5 000件瓷器装上"泉河"轮，取得3月30日的提单，又在4月2日将余下的5 000件装上"风庆轮"，取得4月2日的提单，两轮均在中国香港转船，两批货均由"曲兰西河"轮运至目的港伦敦。买卖双方结算时因转运问题而发生争议，协商不成诉诸法院。

问题：法院将如何审理？

分析提示：法院审理认为，双方争议的焦点问题是合同和信用证规定需要分批装

运，而卖方的交货方式是否属于分批装运。法院依据《跟单信用证统一惯例》（《UCP600》）的规定："运输单据表面上注明同一运输工具、同一航次、同一目的地的多次装运，即使注明不同的装运日期或不同的装货港，也不视为分批装运"，故判决卖方败诉，赔偿买方所造成的损失，并由卖方承担诉讼费用。

此案例进一步说明，即便买卖双方在合同中没有明确注明是否适用某项惯例，则该项惯例通常仍具有约束力。因为，在履行合同中发生争议时，受理该争议案的法院或仲裁机构往往会援引国际贸易惯例进行判决或裁决。

3.《公约》对国际贸易惯例的规定

《公约》对国际贸易惯例做了明确规定，即当事人在合同中没有排除适用的惯例，可作为当事人默示同意该惯例，则该惯例对双方当事人具有法律约束力。

【案例2-5】

2013年5月，中国A公司与埃及B公司以FOB条件签订了一份某化工原料的进口合同。合同约定装运期为2013年10月，但是，没有明确适用哪一版本的《国际贸易术语解释通则》。埃及B公司在2013年10月2日开始装船，在装船的第二天，有一批价值2万美元的货物由于装卸设备故障导致跌落甲板而造成毁损。中国A公司按照《2010年国际贸易术语解释通则》的规定，要求B公司承担货物毁损责任。B公司以"货物已经越过装运港船舷，按照《2000年国际贸易术语解释通则》的规定，风险应由买方承担"为由而拒绝赔偿。买卖双方协商不成，诉诸法院。

问题：法院将如何判决？

分析提示：法院经审理认为，双方争议的焦点问题是适用哪一版本的《国际贸易术语解释通则》。在合同中没有明确约定适用哪一版本的《国际贸易术语解释通则》的情况下，埃及B公司提交给法院有利的证据，该证据可以充分证明在2013年埃及绝大多数公司习惯按照《2000年国际贸易术语解释通则》的规定进行交易。法院援引《公约》之规定，即当事人在合同中没有排除适用的惯例时，可作为当事人默示同意该惯例，则该惯例对双方当事人具有法律约束力。因而，最后法院支持了卖方即B公司的意见。

由于国际贸易惯例具有极为重要的作用，因此，在开展国际贸易时，应遵循相关贸易惯例并要注意以下两点：①惯例是一种习惯做法，但是，这种习惯做法必须是约定俗成、被普遍接受和认可的，才能成为惯例。在国际贸易中，应尊重彼此的习惯做法，遵循相关贸易惯例。②如果想让惯例不起作用，必须在合同中明确本次交易不适用某项惯例，否则该项惯例就将具有法律约束力。

二、国际贸易术语概述

由于使用国际贸易术语可以减少贸易纠纷和提高交易效率，所以，人们在长期的国际贸易实践中逐渐养成了使用国际贸易术语的习惯。国际商会和国际法协会等国际组织经过长期的艰苦努力，制定了《国际贸易术语解释规则》，被世界各国普遍接受和认可并被广泛采用。有关国际贸易术语的国际贸易惯例主要有三种，即《1932年华沙–牛津规则》、《1990年美国对外贸易定义修订本》和《2010年国际贸易术语解释通则》。

（一）国际贸易术语的含义

国际贸易术语就是用三个简单的英文字母（如FOB）来表示买卖双方的权利、责任和义务，表明商品的价格构成，明确货物交接过程中的风险划分和费用分担的专门用语。国际贸易具有线长、面广、环节多和风险大的特点，在货物运输、交接、转运等过程中遭遇海上风险和外来风险导致货物毁损和灭失的可能性比国内贸易要大得多。

为了明确买卖双方的责任和义务，当事人在订立合同时，必然要考虑以下几个重要问题：①卖方在什么地方和以什么方式交货；②采用何种运输方式及需要交接哪些有关单据；③货物发生毁损和灭失的风险何时由卖方转移给买方承担；④由谁负责办理货物的运输、保险及通关手续并承担相应的费用。

在开展国际贸易时，使用贸易术语能更好地解决上述各种问题。因此，在长期的国际贸易实践中，人们逐渐养成了使用国际贸易术语的习惯。

（二）国际贸易术语的作用

国际贸易术语具有双重性：一方面，它被用来确定交货条件，即明确买卖双方在货物交接时的风险划分和费用分担；另一方面，它被用来表示商品的价格构成要素。在国际贸易实践中，贸易术语的作用可以归纳为以下三点：

1.简化交易手续从而提高效率

国际惯例对各种贸易术语有统一的解释和规定，这些解释和规定在国际贸易实践中逐渐成为开展国际贸易的行为准则。因此，买卖双方只需要商定用何种贸易术语成交，即可明确彼此的风险划分和费用分担。这就大大简化了交易手续，缩短了洽商时间，从而提高了交易效率，节约了费用开支。

2.有利于减少和妥善解决贸易纠纷

贸易纠纷绝大部分源于合同涉及的买卖双方的权利、责任和义务规定得不明确或有歧义，致使履约中产生的争议不能依据合同的规定来解决。这种情况下，可以援引相关贸易术语的统一解释来处理。所以，使用并熟练掌握国际贸易术语，有利于减少和妥善解决贸易纠纷。

3.有利于交易双方的比价和加强成本核算

贸易术语是商品价格的构成要素，所以，买卖双方在确定成交价格时，必然要考虑所采用的贸易术语中包含了哪些费用，如运费、保险费、装卸费等，这有利于双方的比价和加强成本核算。

（三）国际贸易术语中的关键点

国际贸易术语众多且相互之间联系紧密，要想学好国际贸易术语，必须要把握住它们的规律和关键点。国际贸易术语有如下两个关键点：

1.风险划分

国际贸易术语中的风险是指货物发生毁损或灭失的可能性。如果货物真的发生毁损或灭失，什么时候由卖方承担责任，什么时候由买方承担责任，需要准确、清晰地界定。因为国际贸易成交金额较大，谁承担这个风险都可能会造成巨大损失，所以买卖双方都非常关注这个风险的分界点在哪。因此，风险划分成为国际贸易术语的第一关键所在。

2.费用分担

国际贸易术语中的费用分担主要指的是运输费用和保险费用由谁负担。

在学习国际贸易术语时，就是要抓住风险划分和费用分担这两个关键点。不管是哪个贸易术语，首先要问风险从哪划分，然后是运费和保险费由谁负担。

任务三　《2010年国际贸易术语解释通则》中常用的贸易术语

目前，国际贸易实践中更通行的是《2010年国际贸易术语解释通则》。该通则中共有11种贸易术语，本教材主要介绍其中最常使用的6种贸易术语。

一、适用水上运输的常用贸易术语

FOB、CFR和CIF3种术语是仅适用于水上运输的常用贸易术语。国际货物运输主要通过水上运输的方式进行，所以这3种术语被各国的贸易界人士广泛采用。

（一）FOB术语

FOB术语的英文全称是Free on Board，后面接指定的装运港，习惯上称为装运港船上交货。在FOB项下，卖方需要在合同约定的时间内，将货物运到合同规定的装运港并装上买方指定的船只，即完成了交货义务。FOB术语项下的风险和费用分担如图2-1所示。

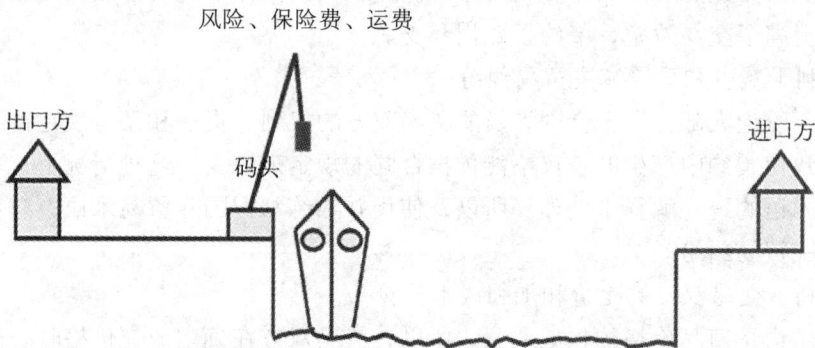

图2-1　FOB术语项下的风险和费用分担

1.FOB术语项下买卖双方的责任

FOB术语以装运港的船舱为界划分风险，运费和保险费都由买方承担。双方的具体责任如下：

（1）卖方承担货物装上装运港指定船只之前的风险和费用，买方承担货物装上装运港指定船只之后的风险和费用。

（2）买方负责租船订舱并支付运费。

（3）买方负责投保并支付保险费。

（4）卖方负责办理出口结关手续并支付相关费用，买方负责办理进口结关手续并支付相关费用。

（5）卖方要及时备货、交货并提交相关单证，买方要及时付款赎单并及时提货。

（6）卖方要及时告知买方装运情况，即风险转移给买方的时间，以便买方投保。

2.使用 FOB 术语应注意的问题

（1）相互协作。买卖双方密切配合、相互协作是合同顺利履行的重要保障。比如，FOB 术语中规定买方负责租船订舱，如果卖方租船订舱较为方便，而买方要求卖方代为租船订舱时，卖方应该提供必要的协助。但是，如果卖方在规定的时间内没有租到合适的船只，则相应的责任仍然该由买方承担。

【案例2-6】

A 公司以 FOB 条件出口一批茶具，买方要求 A 公司代为租船，费用由买方负担。由于 A 公司在约定日期内无法租到合适的船，且买方不同意更换条件，以致延误了装运期，买方以此为由要求卖方（A 公司）赔偿因延期装运而导致的损失 5 万美元。

问题：买方的要求是否合理？为什么？

分析提示：在 FOB 术语中，租船订舱并支付运费应由买方负责，由于没有及时租到船而导致的延期所产生的损失也应该由买方承担。在履行合同时，买卖双方加强合作、密切配合、提供必要的便利是顺利履行合同的重要保证，也是双方长期合作的基础。本案例中卖方是应买方的要求代为租船的，由于没有及时租到船所产生的损失不应由卖方承担。

（2）船货衔接。所谓船货衔接，就是尽量避免出现船等货或货等船的情况。按 FOB 术语成交，卖方要在规定的时间备货、交货，买方负责租船订舱并在约定时间内将船派到指定装运港。这就存在船货有效衔接的问题。如果处理不当，无论是出现船等货还是货等船，都会有额外的滞期费用或仓储费用产生，这会影响买卖合同的顺利履行。

总之，按 FOB 术语成交，对于装运港和装运期，要慎重规定，并需要在买卖合同中明确如果买方派船不及时，额外产生的仓储费由买方承担；如果由于卖方备货不及时，滞期费应由卖方承担。履约时，关于备货和派船事宜当事双方要加强沟通、密切协作，做好船货衔接，以减少不必要的费用产生。

【案例2-7】

中国 C 公司和国外 D 公司签订了一份出口玉米的合同，合同规定的装运期是 2016 年 8 月。2016 年 7 月中国 C 公司才开始备货，由于备货时间短，货源不足，导致备货缓慢，国外 D 公司认为 C 公司不能在 8 月备货完毕，所以就没有安排租船事宜。C 公司见 D 公司没有及时租船，就停止了继续备货。最后，导致合同不能履行。双方协商不成诉诸法院，在庭审中，双方各执己见，互相指责对方不履行义务。卖方指责买方不及时派船，买方说："你不及时备货我派船去干嘛呢？"卖方说："你不及时派船我备完货放哪呢？"

问题：买卖双方的理由充分吗？为什么？

分析提示：按FOB术语成交，卖方及时备货、交货和买方及时派船到指定的装运港是各自应尽的义务，对方不尽义务不能成为己方不尽义务的理由。在履约时，对于备货和派船事宜，当事双方要加强沟通、密切协作，做好船货衔接，只有这样才能保证合同顺利履行。如果买方及时派船到装运港，卖方没有及时备好货而导致的滞期费应由卖方承担；如果卖方及时备好货，买方没有及时派船到装运港而导致的额外仓储费用应由买方承担。

（二）CFR术语

CFR术语的英文全称是Cost and Freight，后面接指定的目的港，习惯上称为成本加运费。在CFR项下，卖方要在合同约定的时间内，将货物运到指定的装运港，并将其装到自己安排的船只上，即完成了交货义务。CFR术语中风险和费用的分担如图2-2所示。

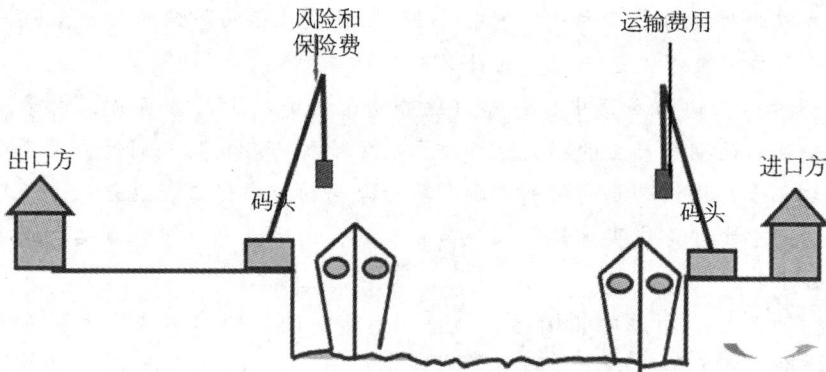

图2-2　CFR术语中风险和费用的分担

1.CFR术语中买卖双方的责任

CFR术语以装运港的船为界划分风险，卖方负责运费，买方负责保险费，具体如下：

（1）卖方承担货物装上装运港指定船只之前的风险，买方承担货物装上装运港指定船只之后的风险。

（2）卖方负责租船订舱并支付运费。

（3）买方负责投保并支付保险费。

（4）卖方负责办理出口结关手续并支付相关费用，买方负责办理进口结关手续并支付相关费用。

（5）卖方要及时备货、交货并提交相关单证，买方要及时付款赎单并及时提货。

（6）卖方要及时告知买方装完船即风险转移给买方的时间，以便买方投保。

【课堂讨论2-2】

问题：请分析CFR术语与FOB术语的不同点。

2.使用CFR术语应注意的问题

（1）装船通知的重要作用。CFR术语项下由卖方负责安排船只，并在约定时间内将货物装到指定装运港卖方安排的船上。需要特别注意的是，货物装船后必须及时向买方发出装船通知，以便买方办理投保手续和收取货物。如果由于卖方没有及时发出装船通知而使买方漏上保险，那么一旦货物发生损失，则由卖方承担责任。尽管使用其他术语时卖方也应及时发出装船通知，但CFR术语项下的装船通知，具有更为重要的意义。

【案例2-8】

我国某公司以CFR条件出口一批瓷器，我方按期在装运港装船后，即备妥有关单据到银行结算货款。之后，业务员才发现，忘记向买方发出装船通知。此时，买方已经来函向我方提出索赔：货物在运输途中因海上风险而损毁，导致直接损失20 000美元，要求我方赔偿。

问题：（1）海上运输途中的风险由谁承担？

（2）我方能否拒绝买方的索赔？

分析提示：按CFR术语条件订立的合同，风险划分是以装运港的船为界的，因此，在海运途中的风险本应由买方承担。但这里有一个前提条件：卖方在装完船风险转移给买方的那一刻，卖方要尽到所有义务。在本案例中，由于卖方没有尽到及时通知的义务，而使买方漏上保险，在这种情况下导致的损失应由卖方承担。

（2）风险划分与费用分担是不同的两个概念。CFR与FOB术语的风险划分是完全相同的，都以装运港的船为界划分风险，即卖方只需把货装到指定装运港的指定船上就完成了交货义务。对于CFR术语，卖方需要承担装运港到目的港的运费，但不承担装运港到目的港货物损毁和灭失的风险。也就是说，对于海上运输途中的货物毁损和灭失，卖方不承担责任。

【案例2-9】

我国某公司以CFR悉尼条件同澳大利亚某公司订立一份450吨洋葱的出口合同，我方在指定装运港装船时，经检验机构验明货物完全符合合同约定的商销品质，并出具了检验证书。但该批洋葱运抵澳大利亚悉尼港口时，大部分已腐烂变质，不适合人类食用。因此买方拒绝收货，并要求卖方退回全部货款。

问题：卖方是否需要承担货物变质的损失？买方有无拒收货物的权利？

分析提示：依《2010年通则》的规定，CFR术语是以装运港的船为界划分风险的，卖方只需承担货物装上装运港的船只之前的风险，在海运途中的风险应由买方承担。并且，我方在装船时取得了检验机构签发的检验合格证书。这说明货物的腐烂变质是在海运途中造成的，该风险应由买方承担。卖方需负责装运港到目的港的运费，运费和货物毁损的风险是两个不同的概念。因此，买方没有拒收货物的权利。

（三）CIF 术语

CIF 术语的英文全称是 Cost，Insurance and Freight，后面接指定的目的港，习惯上称为成本加保险费加运费。在 CIF 项下，卖方在合同约定的时间内，在指定的装运港，将货物装到自己安排的船只上，即完成了交货义务。另外，卖方还要为买方办理海运货物保险并承担保险费用。CIF 术语中风险和费用的分担如图 2-3 所示。

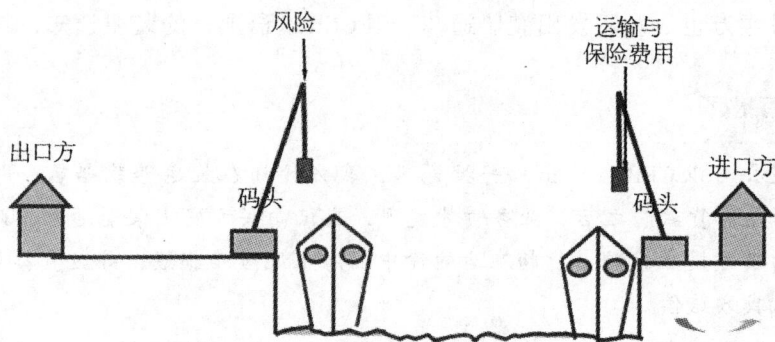

图 2-3　CIF 术语中风险和费用的分担

1.CIF 术语中买卖双方的责任

CIF 术语以装运港的船为界划分风险，运费、保险费都由卖方承担，具体如下：

（1）卖方承担货物装上装运港指定船只之前的风险，买方承担货物装上装运港指定船只之后的风险。

（2）卖方负责租船订舱并支付运费。

（3）卖方负责投保并支付保险费。

（4）卖方负责办理出口结关手续并支付相关费用，买方负责办理进口结关手续并支付相关费用。

（5）卖方要及时备货、交货并提交相关单证，买方要及时付款赎单并及时提货。

（6）卖方要及时告知买方装完船即风险转移给买方的时间，以便买方投保。

【课堂讨论2-3】

问题：CIF 术语与 CFR 术语的不同点有哪些？

2.使用 CIF 术语应注意的问题

（1）保险险别。在 CIF 术语项下，卖方负责投保海上货物运输保险并承担相应的费用，但海运途中的风险是由买方承担的，这就相当于卖方拿钱给买方上保险。按照惯常逻辑，在买方没有特别声明的情况下，卖方只会投保最便宜的险种，即平安险。如果买方在订立合同时，没就险种提出要求，就表示买方默许了卖方投保的平安险。

【案例2-10】

我国北方某公司与外商按CIF术语订立了出口合同，我方在货物装船前办理了平安险。此时买方来函声称，因目的地政治动荡，要求我方加保战争险。

问题： 我方应如何回应买方加保战争险的要求？

分析提示： 按CIF术语订立的合同，卖方负责投保事宜，并承担保险费用。但是，跨境运输途中的风险由买方承担，买方是保险的受益人，这相当于是卖方出钱为买方投保，按照惯常逻辑，卖方只会投保最便宜的险种。因此，买方如果对保险的险种有额外要求，应在订立合同时提出来，这时卖方会根据保险费用情况而适当调整所报商品价格。在本案例中，在卖方已经办完保险的情况下，对买方再追加战争险的要求，应予以拒绝；或者与买方沟通，如果保险费用由买方承担，可以再行为买方投保战争险。

（2）租船订舱。采用CIF和CFR术语成交时，卖方负责租船订舱并支付相关费用。但运输途中的风险由买方承担，而运输途中的风险同卖方所租的船舶状况有直接关系。买方为降低风险，就会对卖方所租船舶的船龄、船型、船级等提出限制要求，这时卖方有权拒绝接受；如果卖方放弃这一权利，一旦在合同中对船舶的限制性要求做出明确规定，就必须严格照办。

【案例2-11】

我国某公司以CIF条件进口一批面粉，国外卖方按照合同约定的时间将货物装上船。货到目的港后，我方发现该批面粉严重霉变。经检查，导致面粉霉变的原因是：卖方租了一艘超龄服役的船舶，设备老化，航行速度慢，且船方又沿途招揽货物，致使航期比通常情况多用了20天。由于是高温、潮湿季节，面粉长时间在船舱里不能有效通风而发生霉变。

问题： 卖方应否承担责任？为什么？

分析提示： 采用CIF术语成交的合同，海运途中的风险是由买方承担的。而海运途中的风险与船舶的船龄、船况等有直接关系，所以买方应对卖方所租船舶的船龄、船况等做出适当的要求。如果不要求就表明放弃了权利，但是，即使没有要求，卖方所租船舶也必须是有运营资质的正常船舶。而在本案例中，卖方租用的是超龄服役的船舶，没有尽到应尽的义务，所以卖方应承担责任。

（3）象征性交货。它是指卖方凭单交货而买方凭单付款。卖方只要按照合同的要求把货物装上装运港的船只，并取得提单即完成了交货义务，而无须将货物交到买方手中。卖方所取得的提单就是其完成交货义务的凭证，这就是卖方凭单交货；与此相对应的是，买方付款时也不是拿到货后才付款，而是见到银行提示的相关单证后就要付款，这叫凭单付款。

【案例2-12】

我国某出口公司按CIF纽约价格向美国某公司出售一批矿物质。双方在合同中约定：卖方保证货运船只不迟于2017年6月2日驶抵目的港纽约，买方于货到目的港经指定的检验机构实施检验并合格后再行付款。

问题：合同中保证到货的条款是否存在问题？如果你是负责签订该合同的卖方业务人员，应如何处理？

分析提示：CIF术语是典型的象征性交货，卖方只需在约定的时间内把货装上船就算完成了交货义务，而不负责到货时间；买方在银行提示单证时就应付款，而不能在货物到目的港经检验合格后再行付款，这是《2010年通则》规定的一种贸易惯例。但是，如果按照案例中的条款签订合同的话，就相当于将这一惯例排除了，那就必须按照合同的要求来履行相关义务。所以，作为业务人员，必须要清楚所承担的风险，并需要和买方积极协商，争取到较为合适的条件。如果我方的货物属于滞销商品，或者我方对多承担的风险有额外的收益，也可以考虑同意合同中的条款。

【课堂讨论2-4】

问题：FOB、CFR和CIF三个术语的异同点都有哪些？

二、适用任何运输方式的常用贸易术语

FCA、CPT、CIP三个术语适用于任何运输方式，其共同点是都以承运人为界划分风险。

（一）FCA术语

FCA术语的英文全称为Free Carrier，后面接指定的交货地点，习惯上称为货交承运人。按FCA术语成交时，卖方在合同约定的时间内，在约定的地点将货物交给指定的承运人，即完成了交货义务。FCA术语中风险和费用的分担如图2-4所示。

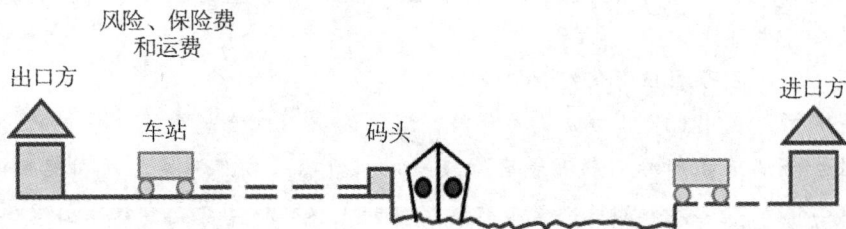

图2-4　FCA术语中风险和费用的分担

1.FCA术语中买卖双方的责任

FCA术语是以指定的承运人为界划分风险的，运费和保险费都由买方承担，具体如下：

（1）卖方承担货物交给指定承运人之前的风险和费用，买方承担货物交给指定承运人之后的风险和费用。

（2）买方负责订立运输合同，安排好自指定的交货地点至目的地的运输并支付运费。

（3）买方负责投保并支付保险费。

（4）卖方负责办理出口结关手续并支付相关费用，买方负责办理进口结关手续并支付相关费用。

（5）卖方要及时备货、交货并提交相关单证，买方要及时付款赎单并及时提货。

（6）卖方要及时告知买方货交承运人即风险转移给买方的时间，以便买方投保。

2.使用FCA术语应注意的问题

（1）承运人和交货地点。在FCA术语项下，通常由买方安排承运人，这里的承运人是指负有运输责任的法人企业，它可以拥有运力，也可以不拥有运力。承运人是风险的划分点，卖方只需将货物交给指定的承运人接管即可。那么如何判断货物是否交给承运人了呢？如果货物已经置于指定承运人的运载工具上面，则可以认为货物已经交给了承运人；如果货物已放在承运人指定的地点或仓库里面，并已经取得了承运人开出的相关单据，则也可以认为货物已经交给了承运人。货物交给了承运人就意味着货物毁损和灭失的风险已由卖方转移给了买方承担。

【案例2-13】

大连市某出口公司于2016年10月与日本某公司订立了出口30公吨甘草膏的合同，合同约定单价为USD1 800 per MT FCA Tianjin，总值为54 000美元，即期信用证结算，装运期为2016年12月25日前，货物需以集装箱作为外包装方式备运。该出口公司在天津设有办事处，于是在12月上旬便将货物运到天津，由天津办事处负责装入集装箱后按承运人要求置于新港码头堆场存放。不料货物存放在新港堆场后的第三天失火，由于风大火烈，甘草膏全部被焚。

问题：（1）卖方应否对该货损负责？

（2）如果按FOB术语成交，卖方应否对货损负责？

分析提示：（1）按FCA术语成交，是以承运人为界划分风险的，卖方把货物交给指定承运人后，货物毁损和灭失的风险即由卖方转移给了买方。在该案例中，货物已经置于承运人指定的码头堆场存放，可以认定货物已经由承运人接管，因而，由大火导致的货损应由买方承担。

（2）如果按FOB术语成交，则以装运港的船为界划分风险。在该案例中，因货物还没有装上船，货损应由卖方承担。

（2）结关手续及费用。FCA术语适用于任何运输方式，卖方的交货地点也会因采用的运输方式不同而异。但不论在何处交货，卖方都要自负风险和费用，取得出口许可证或其他官方批准证件，并办理货物出口所需的一切海关手续。

（二）CPT术语

CPT术语的英文全称是Carriage Paid To，后接指定的目的地，习惯上称为运费付至。按CPT术语成交时，卖方在合同约定的时间内，将符合合同规定的货物交给自己指定的承运人，即完成其交货义务。CPT术语中风险和费用的分担如图2-5所示。

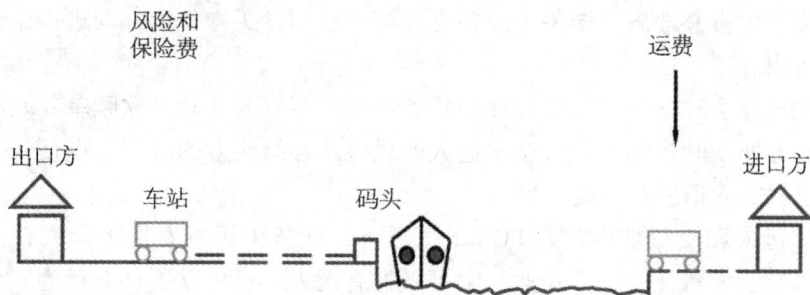

图 2-5　CPT 术语中风险和费用的分担

1.CPT 术语中买卖双方的责任

CPT 术语以指定的承运人为界划分风险，卖方承担运费，买方承担保险费，具体如下：

（1）卖方承担货物交给指定承运人之前的风险，买方承担货物交给指定承运人之后的风险。

（2）卖方负责订立运输合同，安排好自指定的交货地点至目的地的运输并支付运费。

（3）买方负责投保并支付保险费。

（4）卖方负责办理出口结关手续并支付相关费用，买方负责办理进口结关手续并支付相关费用。

（5）卖方要及时备货、交货并提交相关单证，买方要及时付款赎单并及时提货。

（6）卖方要及时告知买方货交承运人即风险转移给买方的时间，以便买方投保。

【课堂讨论 2-5】

问题：CPT 术语与 FCA 术语的不同点有哪些？

2.使用 CPT 术语应注意的问题

（1）风险划分的界限。CPT 和 FCA 术语的风险划分点是相同的，都以承运人为界划分风险，即卖方承担货交承运人之前的风险，而买方承担货交承运人之后的风险。这里需要特别注意的是，必须明确是哪个承运人。因为，国际货物运输通常有多个承运人，不同的承运人对买卖双方所需承担的风险和费用是不同的。

（2）费用的分担。在 CPT 术语项下，卖方负责订立运输合同并支付运费，将货物以惯常的路线及方式运往指定目的地。这里需要注意的是，风险和费用是不同的概念，风险转移在先，而费用转移在后，即货物自交付地点至目的地的运输途中，风险由买方承担，而自交付地点至目的地的运费由卖方承担。

（三）CIP 术语

CIP 术语的英文全称是 Carriage and Insurance Paid to，后接指定目的地，习惯上称为运费保险费付至。在 CIP 术语项下，卖方在合同约定的时间内，将符合合同约定的货物交给卖方自己指定的承运人，即完成了交货义务。CIP 术语风险和费用分担如图 2-6 所示。

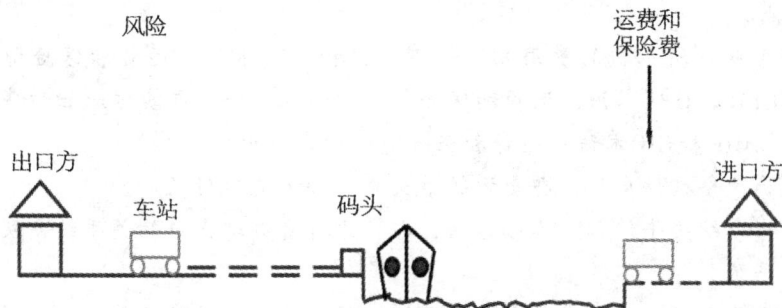

图2-6 CIP术语风险和费用分担

1.CIP术语中买卖双方的责任

CIP术语以指定的承运人为界划分风险，卖方承担运费和保险费，具体如下：

（1）卖方承担货物交给指定承运人之前的风险，买方承担货物交给指定承运人之后的风险。

（2）卖方负责订立运输合同，安排好自指定的交货地至目的地的运输事宜并支付运费。

（3）卖方负责投保并支付保险费。

（4）卖方负责办理出口结关手续并支付相关费用，买方负责办理进口结关手续并支付相关费用。

（5）卖方要及时备货、交货并提交相关单证，买方要及时付款赎单并及时提货。

（6）卖方要及时告知买方货交承运人即风险转移给买方的时间，以便买方投保。

【课堂讨论2-6】

问题：CIP术语与CPT术语的不同点有哪些？

2.使用CIP术语应注意的问题

使用CIP术语需要注意保险险别问题，这点同CIF术语相同，即按照惯常逻辑，在没有特别声明的情况下，卖方只会投保最便宜的平安险。如果买方没提出异议，就表示默许了卖方投保的平安险。

【课堂讨论2-7】

问题：比较FCA、CPT和CIP三个术语的异同点。

【拓展训练2-2】

问题：比较六个常用术语的异同点。

提示：要比较这六个常用的术语，需要将其分成两组，第一组为FOB、CFR和CIF；第二组为FCA、CPT和CIP。组内的比较上文已经阐述过，这里主要进行组间的比较，即比较FOB和FCA、CFR和CPT、CIF和CIP的异同点。

1. 相同点

（1）买卖双方所承担的费用相同：①FOB 和 FCA 术语：运费和保险费都是由买方承担。②CFR 和 CPT 术语：运费和保险费一方承担一个，即卖方承担运费，买方承担保险费。③CIF 和 CIP 术语：运费和保险费都由卖方承担。

（2）都属于象征性交货，即卖方凭单交货，买方凭单付款。

（3）进出口结关手续都是各办各的，即卖方负责办理出口结关手续，买方负责办理进口结关手续。

（4）卖方要及时备货、交货和移交单证，买方要及时付款赎单并及时提货。

2. 不同点

（1）风险划分不同。FOB、CFR 和 CIF 术语以装运港的船为界划分风险，而FCA、CPT 和 CIP 术语以承运人为界划分风险。

（2）适用的运输方式不同。FOB、CFR 和 CIF 术语只适用于水上运输方式，而FCA、CPT 和 CIP 术语适用于任何运输方式。

简而言之，这两组术语要既能组内比（竖着比），也能组间比（横着比）。组内比较主要的异同点就是风险划分相同，而费用分担不同；组间比较就是风险划分不同，而费用分担相同。另外，需要注意的是，采用这两组常用的贸易术语成交的合同，卖方都是在出口国完成交货义务，即跨境运输途中的风险全部由买方承担。但这有一个前提条件，就是卖方在交货的那一刻货物不能有任何质量问题（包括潜在问题），只有这样，当风险转移给买方后再出现任何问题时才与卖方无关。

【案例2-14】

我国北方某公司与美国某公司按照 CPT 条件签订了一份玉米种子的出口合同。合同规定玉米种子的发芽率需在 95% 以上。我方依合同约定，在装船前对货物进行了检验，检验机构出具了符合合同规定的检验证书。然而，货到目的港买方提货后，由指定的复验机构进行检验时，却发现玉米种子的发芽率不足 70%。于是买方提出赔偿要求。卖方予以拒绝，其理由是卖方在装船前进行过商品检验，检验机构出具了合格的检验证书，证明卖方在交货时，货物规格符合合同约定。买方在目的港复验发现货物有质量问题，说明货物质量的变化是在运输途中发生的。按照《2010年通则》的规定，在 CPT 条件下，货物在出口地交给指定的承运人后，风险即由卖方转移给了买方，运输途中的风险应由买方承担。双方协商未果而诉诸法院。后经法院调查发现，玉米种子包装所用的麻袋上粘有虫卵，正是这些虫卵在运输途中孵化成虫，咬坏了玉米种子的胚芽，造成发芽率下降。

问题： 本案中应由哪一方对货物的损失负责？为什么？

分析提示： 本案中，造成货损的原因是玉米种子包装所用的麻袋上粘有虫卵，由于虫卵在运输途中孵化成虫，咬坏了玉米种子的胚芽。致损的原因在装船前就已经存在了，而卖方所交货物的包装不良与货损有必然的因果关系。尽管按照《2010年通则》的规定，在 CPT 条件下，货物在出口地交给指定的承运人后，风险即由卖方转移给了买方，运输途中的风险应由买方承担。但其前提条件是卖方交货时不能有任何质量问题（包括潜在问题）。虽然卖方有交货时合格的商品检验证书，但是，出口地没有检验出来的潜在问题，不能对抗卖方交货时有质量问题的事实，故卖方不能以风险已经转移为由而拒绝赔偿。

【课后思考题】

1.常用的6个国际贸易术语都是在卖方所在国完成交货义务，那么有没有在买方所在国完成交货义务的国际贸易术语呢？

2.为什么教材中介绍的6个国际贸易术语能成为常用的术语？

3.如果买方要求卖方必须把货物交到买方指定的地点才算完成交货义务，对于这种要求卖方能否接受？在什么情况下能接受？

4.延期装运是违约行为，那么提前装运是违约行为吗？为什么？

5.使用FCA、CPT和CIP三个贸易术语时，为什么要明确承运人及交货地点？

6.使用CIF术语时，需要在合同中明确保险险种吗？

7.什么是风险？什么是费用？二者有何区别？

8.国际贸易惯例的性质和作用有哪些？

9.本项目你学到了哪些知识？哪些能力有所提高？

项目三

合同主体与标的

在国际货物贸易中，必须要明确合同的主体资格，订好有关交易标的条款，以利于合同的履行。本项目除阐述合同主体资格及当事人条款外，还重点介绍商品的品名、质量、数量和包装诸条款。

学习目标

了解有关包装知识，理解包装条款的意义、内容及注意事项；

理解当事人条款的意义和内容，掌握合同主体资格和当事人条款的注意事项；

了解商品品名条款的作用，理解品名条款的内容，掌握品名条款的注意事项；

理解商品品质条款的意义和内容，掌握商品品质的表示方法和订立品质条款的注意事项；

理解商品数量条款的意义和内容，掌握商品重量的计量方法和订立数量条款的注意事项。

本项目内容结构图

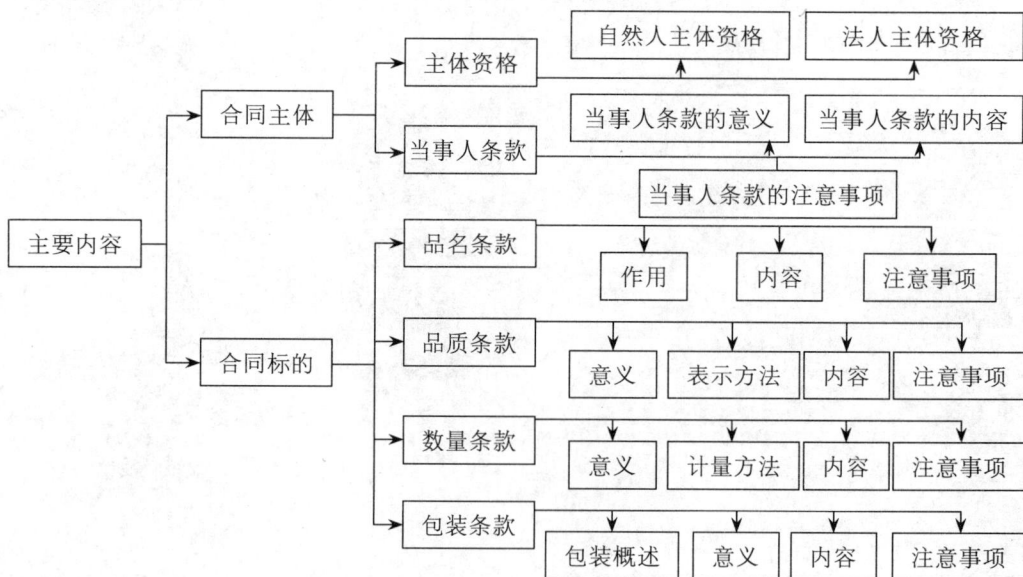

任务一　合同主体

合同主体是指具有缔约能力的合同当事人。在订立合同时，首先要明确当事人的主体资格，然后约定清楚当事人条款。这是合同成立和顺利履行的首要条件。

一、合同的主体资格

合同的主体必须具备法定的主体资格，即具备法律规定的民事行为能力的人（自然人、法人及依法设立的其他组织），才可以成为合同的当事人。

（一）自然人的主体资格

各国法律一般规定，自然人必须是完全具有民事行为能力的人，未成年人、精神病人订立合同必须受到限制。我国《民法通则》第十一条规定："十八周岁以上的公民是成年人，具有完全民事行为能力，可以独立进行民事活动。十六周岁以上不满十八周岁的公民，以自己的劳动收入为主要生活来源的，视为完全民事行为能力人。"因此，在与自然人签订合同时，应当确认其具有完全民事行为能力；否则，与之签订的合同将会面临效力待定或无效的风险。

因此，与自然人订立合同时，必须要求其提供身份证、详细的家庭地址、联系方式及个人的健康状况等，以便对其进行实地的考察和确认主体资格。

（二）法人的主体资格

法人的主体资格较自然人略显复杂，必须是符合法人条件的能独立享有民事权利和承担民事责任的社会组织。

1.法人的概念和分类

法人是指具有民事权利能力和民事行为能力，依法独立享有民事权利和承担民事义务的社会组织。概括起来，法人可分为两类：一类是营业性的法人，即企业法人，属于经济组织；一类是非营业性的法人，包括国家机关、事业单位和社会团体法人。

2.法人需具备的条件

根据我国《民法通则》第三十七条的规定，法人必须具备下列条件：

（1）必须依法成立，即法人的设置、变更或者撤销都必须经过法定程序，由国家有关机关审查、批准和登记，取得法人资格。企业法人需经主管部门批准，经工商行政管理部门核准登记，领取营业执照；国家机关、事业单位和社会团体法人经主管部门批准成立，即取得法人资格，一般不需要在工商行政管理部门进行登记。

（2）有必要的财产和经费。法人通常要管理或参与社会经济活动，因此，要求其有必要的财产和经费。这是法人作为社会组织能够独立参加经济活动的物质基础和条件。

（3）必须有自己的名称、组织机构和场所。法人的名称要符合法律规定的要求。同时，法人要有进行活动的领导机构和具体办事机构，以及相对稳定的与其业务相适应的场所。

（4）能够以自己的名义行为。法人要能够以自己的名义独立地进行民事活动，享有民事权利和独立承担民事责任。

在实践中，不同种类的法人还必须符合有关法律、行政法规规定的具体条件。需要指出的是，法人内部的组织机构不是法人，不能独立地成为合同的主体，但可以经法人授权代理法人签订和履行合同。

3.法人主体资格审核

法人的主体资格是合同成立的前提条件，因此，在订立合同时，首先要对其主体资格进行审核。对法人的主体资格审核可以从如下三方面着手：

（1）营业执照。核查营业执照是否通过了最近一年年检，可以断定合同对方是否依法设立及有效存续；根据营业执照上载明的信息，可以断定合同约定的义务是否在对方的经营范围之内，以及合同金额是否超出其实收注册资本的范围。

（2）税务登记证。它是税务机关核发给企业的开展经营活动的凭证。企业要想从事经营活动，除依法应当取得营业执照外，还应当取得税务登记证。税务登记证不仅是判断合同对方能否为企业开具发票的凭据，也是验定其开具的发票是否有效的依据。

（3）资质证书。它是国家授予企业从事某种生产经营活动的资格证书。如机械制造业的压力容器生产许可证、建筑行业的建筑业企业资质证书、药品生产企业的药品生产许可证等，均为企业的资质证书。

当事人是合同的主体，要承担合同规定的义务，且享有合同规定的权利。所以，在合同签订、履行的过程中，要找准合同主体，以便合同的顺利履行及合同纠纷的及时解决。

【案例3-1】

2016年4月，上海B外贸公司受杭州A公司委托，按照CIF上海条件，同美国C公司（卖方）签订了一份进口纸浆的合同，合同的总价款为120万美元。合同项下盖章、签字的是上海B外贸公司。同年5月，出售纸浆的美国C公司又与上海B外贸公司在上述纸浆合同的基础上签订了一份"委托代理协议"，在协议中规定：代理费由杭州A公司支付。美方按照合同规定交付全部货物后便向上海B外贸公司催讨货款，而B外贸公司认为自己是杭州A公司委托代理人，故不承担付款责任。于是，卖方以买方拒付货款为由向中国国际经济贸易仲裁委员会提请仲裁。

问题：仲裁庭该如何裁决？

分析提示：首先，本案例应确定合同的主体关系，上海B外贸公司不是以代理人的身份同美国C公司签订的进口纸浆合同，因为，纸浆买卖合同项下盖章、签字的是上海B外贸公司，由此可以断定，上海B外贸公司是购买美国C公司纸浆的合同主体，即合同当事人。作为合同主体，就应该履行合同项下约定的义务。

其次，虽然B、C两公司在签订完纸浆买卖合同后，又签订了委托代理协议，但该协议是在买卖合同的基础上签订的，并没有改变B公司纸浆买卖合同的主体地位。

B、C公司是合同的当事人，其关系是买卖关系。

最后，本合同的当事人所在国都是《公约》的成员国，该《公约》是解决本案合同项下争议的法律依据。按《公约》的规定，卖方交货后，买方必须按照合同的规定支付货款，所以，作为买卖合同的买方——上海B外贸公司必须支付货款。

二、合同的当事人条款

合同当事人以自己的名义订立和履行合同，享有一定的权利并承担相应的义务。合同的当事人条款是说明合同当事人基本情况和明确合同主体的最基本的必要条款。

（一）明确当事人条款的意义

各方当事人都是合同的主体，具有平等的法律地位，分别享有合同规定的权利并承担约定的义务。如果出现合同当事人拒不履约或违约的情况，致使另一方当事人蒙受损失，则受损害方的当事人有权采取各种救济措施来追究违约方当事人的法律责任。这就要求在买卖合同中列明合同当事人的名称、地址和联系方式等，以明确合同的主体资格，从而有利于顺利履行合同和解决贸易纠纷。

（二）合同当事人条款的主要内容

在国际货物买卖合同中，当事人条款通常包括下列内容：

1.合同当事人的名称

国际货物买卖合同当事人通常为企业法人，是以盈利为目的的社会经济组织。这些组织是依法成立的，它们有自己的名称、机构和场所，并具有缔约能力。在国际贸易实践中，多数社会经济组织都有已经拟好的标准合同（格式）。通常，在合同开头部分印有"卖方"和"买方"字样栏目，供交易双方当事人分别载明各自公司的具体名称。此外，在合同尾部也印有"卖方"和"买方"字样的栏目，专供交易双方当事人分别签字和加盖公章。

2.合同当事人的地址及联系方式

国际货物买卖合同的当事人，分别处在不同的国家或地区，一般相距遥远。为了便于交易双方在履约过程中相互联系及顺利办理货物交接与货款结算等事宜，需要在合同中分别载明各自的详细地址以及电话、传真和电子邮箱等联系方式。

（三）约定合同当事人条款的注意事项

为使买卖双方订立的合同具有法律效力，并能顺利履行，在约定合同当事人条款时需要注意以下事项：

1.合同当事人必须具备缔约能力

各国法律对订立买卖合同的当事人都有特定的要求。一般规定，自然人必须是具有缔约能力的人，未成年人、精神病人订立合同必须受到限制；法人必须通过其代理人在法人的经营范围内订立合同，越权合同无效。因此，在订立合同时，一定要注意当事人的缔约能力和主体资格问题。

【案例3-2】

我国南方H公司与加拿大D公司以CIF条件订立了一份出口教学仪器合同，合同规定买方应于 2017 年 5 月底前将信用证开到卖方手中，卖方需于 2017 年 6 月底前完成装运。我方于 5 月 28 日催促买方开立信用证，否则，因买方延迟开证导致我方延期交货的损失将由买方承担。买方在我方催促后仍未开证，于 6 月 15 日来电称："我公司是加拿大 F 公司的分公司，本身无法人资格，因此银行拒绝开证，希望中方取消合同并将货物转售。"我方经多次协调未果，将货物转售给其他公司，造成我方损失20 000 美元的后果。

问题：本案例中我方应该吸取什么教训？

分析提示：合同当事人的缔约能力是合同成立的前提条件，因此在订立合同时，首先应确定交易对象的主体资格。在主体资格确定前不能贸然订立合同，更不能轻易备货。在本案例中，在没有明确加拿大 D 公司主体资格的条件下，就盲目签约和备货导致损失 20 000 美元的后果，其教训是深刻的。

2.合同当事人的名称表述要准确无误

合同当事人的名称要明确、具体、准确，并需列出全名，不能缩略，更不能漏写和错写，以免出现履约困难或引起误解等不良后果。

3.合同当事人的地址及联系方式应详细和准确

合同当事人的地址及联系方式应详细和准确，以利于当事人之间及时沟通信息，保障合同顺利履行。

在明确了合同当事人的主体资格及地址和联系方式的前提下，再行约定合同客体。合同标的是合同法律关系的客体，是合同当事人权利与义务共同指向的对象。在国际货物贸易中，买卖对象表现为实物形式，故又称作"标的物"，即商品品名，这是狭义的标的。广义的标的除了商品的品名外，还包括商品的质量、数量和包装。

任务二　商品的品名条款

在国际货物贸易中，成交商品的种类众多且名称各异。《公约》规定，载明标的物品名是合同成立的必要条件。因此，买卖双方洽商交易和订立合同时，需先明确标的物的名称，并在合同的品名条款中写明，以利于合同的成立与履行。

一、约定商品品名条款的作用

商品品名是某种商品区别于其他商品的一种称呼。在一定程度上，商品品名体现了商品的自然属性、用途以及主要的性能特征。商品品名是构成商品描述的重要组成部分，是买卖双方交接货物的基本依据，是明确买卖双方权利和义务的基础。若卖方所交货物与合同约定的品名不符，买方有权提出损害赔偿，甚至拒收货物或撤销合同。由此可见，品名条款是合同中不可缺少的一项，在进出口合同中占有重要地位。

二、商品品名条款的内容

进出口合同中没有统一的品名条款格式，通常是在商品名称或品名的标题下写明成交商品的名称；有时也可不加标题，只在合同开头部分写明交易双方同意买卖某种商品的形式；有时由于某些商品有不同的品种、规格、等级、产地等，为明确起见，在品名条款中还需将具体的描述质量的指标加进去，即名称和品质的综合表述，如山东红富士苹果。

三、约定商品品名条款的注意事项

品名条款虽然简单，但如果约定不好也容易导致贸易纠纷。在规定该条款时，要注意下列事项：

（一）品名条款的内容应明确具体

在约定品名条款时，要根据交易商品的特点，具体写明成交商品的名称，以利于合同的履行。比如，买卖双方成交的商品的名称是雅戈尔男西装，就不能空泛和笼统地仅表述为服装。

（二）合理描述成交商品的品名和品质

用名称和品质综合表述成交商品时，应考虑买方的需要及卖方的供货能力，恰当地运用描述性词句。既不能漏掉必要的描述，也不应列入不切实际或不必要的描述，以免给履约造成困难或引起不必要的争议。

【案例3-3】

我国北方某公司同韩国某公司于2017年3月签订了出口苹果500吨的合同，合同中载明的商品名称为大连红富士苹果，交货期为2017年5月。合同签订后，我方才开始备货。由于合同中载明的标的名称是大连红富士苹果，缩小了我方备货的范围，加之交货期较短，致使在合同约定期限内我方未完成备货任务，最后我方因延期装运而赔偿韩国公司10 000美元。

问题：此案例中我方应吸取什么样的教训？

分析提示：在合同中确定商品名称时，应恰当地运用限定性词语，避免不必要的描述，以免给履约造成困难。在该案例中，合同标的物被描述为大连红富士苹果，这就要求卖方所备货物需产自大连，如果这样表述的话，卖方需要充分了解货源情况；否则，不应轻易加此限定。

（三）使用国际通用名

在不同地区，相同的商品因习惯和风俗等不同，可能有不同的名称、叫法。在订立买卖合同的品名条款时，注意要使用国际通用名称。

（四）选用合适的品名

进出口商品需要向海关申报，因此，在选择商品名称时，要符合法律规定；有些需要缴纳海关税的商品，还要考虑是否有利于节省税费。

【案例3-4】

我国某公司与美国某公司签订了一份出口合同，商品名称为"熊猫"。结果在出口报关时受阻，海关没有在报关单上盖放行章，因为熊猫是国家的珍稀动物，受我国法律的保护。合同的标的物其实是"熊猫玩具"，为吸引眼球而故意将"玩具"二字去掉，却惹来大麻烦。后来，经与买方协商，买卖双方重新修改了有关货物单据，最后才顺利通关。

问题：从这个案例中我们应吸取什么教训？

分析提示：商品名称是买卖双方交接货物的基本依据，卖方所交货物名称要与合同约定相符，同时还不能与进出口国家的法律相抵触。在该案例中，本来货物标的是熊猫玩具，但为了吸引眼球起名为熊猫而导致通关受阻，虽没产生大的损失，但也应引以为戒。

（五）各项单证名称一致

不同单证上有关成交商品的名称要保持一致，以免在银行结汇时，因标的名称不同而导致结算困难。

【案例3-5】

中国青岛某公司同德国汉堡某公司签订了一份出口木材的合同。合同中规定：以信用证方式结算货款，品名条款中载明的商品名称是缅甸红木材。青岛某公司在装船后，备齐相关单证到银行结算货款。银行审单时发现，提单上记载的货物名称是缅甸木材，这同买卖合同中的商品名称不一致，因而拒绝议付。最后我方同买方沟通，同意买方降价1%的要求后，才得到银行议付的货款。

问题：从此案例中应吸取什么教训？

分析提示：以信用证方式结算货款时，银行严格按照单证相符和单单一致的原则审单结汇。在该案例中，提单上的货物名称和买卖合同中的货物名称虽然只差了一个"红"字，但是，银行还是因为单证不符而拒绝付款，给卖方造成了一定的损失。这就要求外贸相关人员要仔细核查单证间是否有矛盾，以免因小问题而造成不必要的损失。

任务三　商品的品质条款

在国际货物贸易中，买卖双方交易的每种商品都表现为一定的品质，这种品质是商品的内在成分和外观形态的综合表现，是构成标的物说明的重要组成部分。

一、商品品质条款的重要性

商品品质既包括商品的物理性能、机械性能、化学成分和生物特征等自然属性，也包括商品的色泽、款式和透明度等外观形态。商品的品质条款不仅是构成商品说明的重要组成部分，也是买卖双方交接货物的主要依据。鉴于此，商品品质条款是合同成立的必要条件。

进出口商品的质量优劣，直接影响商品的使用价值和价格，也是决定企业竞争力的重要因素。因此，买卖双方对商品质量都十分关注。国际贸易中的商品种类繁多，即使是同一种商品，在品质方面也可能因自然条件、技术和工艺水平以及原材料的使用等因素的影响而存在种种差异，这就要求买卖双方在签订合同时必须就品质条款做出明确规定。

在实际业务中，因品质问题而产生贸易纠纷的案件最多。为了减少和避免争议，在约定品质条款时，买卖双方应对成交商品的质量要求做出全面、清晰和准确的描述，以利于合同的履行。

二、对进出口商品品质的要求

合同中的品质条款是买卖双方交接货物的主要依据。卖方所交货物不仅要符合合同约定的品质，还要符合进出口国家的质量标准和使用安全的要求。所以，进出口从业人员需要清楚进出口商品的品质要求。通常，进出口商品的品质需要满足以下三个条件：

（一）符合买卖合同约定的品质条件

《公约》规定，卖方所交货物必须符合合同约定的品质和规格，必须适用于同一规格货物通常使用的目的。如果卖方所交货物不符合合同约定的品质和规格条件，买方有权要求损害赔偿；如有严重质量问题，买方甚至可以拒收货物或撤销合同。

（二）符合进出口国家的质量标准

交易的商品品质要符合有关国家行政当局的质量标准，即要符合卖方国家出口的质量标准和买方国家允许进口的质量标准。

（三）符合使用安全的要求

成交商品的品质必须符合使用安全的要求，如因商品质量有缺陷导致人身伤害或财产损失，生产厂商和销售者应承担相应的责任。

三、商品品质的表示方法

国际市场上交易的商品种类繁多，且商品的性质和特点各不相同，所以，表示商品品质的方法也各异。概括起来，国际货物贸易中惯常使用实物和文字说明两类方法来表示商品的品质。

（一）用实物表示成交商品的品质

用实物表示成交商品的品质，通常包括看货买卖和凭样品买卖两种方式。

1.看货买卖

看货买卖通常是先由买方或其代理人在卖方所在地验看货物，达成交易后，卖方即按验看过的商品交付，且只要卖方交付的是验看过的货物，买方不得对卖方的交货品质提出异议。

【案例3-6】

我国某公司出口一批罐头给美国商人，美国商人于2017年5月9日在现场验看货物后，与该公司签订了买卖合同。合同中载明该批罐头为降价商品，不退不换，交货期为2017年6月20日前。我方按约定条件将美国商人验看过的货物如期交付。但货到美国两个月后，美国商人来函称罐头全部变质，要求退货。

问题：我方应否答应买方的要求？为什么？

分析提示：我方不应答应买方的要求。因为该合同属于以看货买卖方式成交，只要我方按照约定条件将买方现场验看过的货物交付给买方，买方就不能再就商品质量问题提出异议，并且合同中还明确载明，该罐头属于降价商品，不退不换。

在国际货物贸易中，由于买卖双方距离遥远，买方到卖方所在地验看货物多有不便，即使卖方有现货在手，买方委托代理人代为验看货物，也无法逐一查验，因而在国际贸易实践中，凭看货买卖的情况较少。看货买卖多用于小批量的贵重物品（金银首饰、珠宝玉器、贵重工艺品、名人书画等）的现货交易（如拍卖、展卖、寄售等）。

2.凭样品买卖

样品是从一批商品中抽出来的，或由生产、使用部门设计并加工出来的，足以代表整批商品品质的少量实物。凭样品买卖是以样品表示商品的品质并以此作为交货依据的交易。在国际货物贸易中，根据样品的提供方不同，凭样品买卖又分为下列三种情况：

（1）凭卖方样品买卖（Sale by Seller's Sample）。由卖方提供的样品称为卖方样品，以卖方样品作为交付货物品质依据的，称为凭卖方样品买卖。以此种方式成交，需要在买卖合同中写明品质以卖方样品为准。履行合同时，卖方交付的批量货物品质必须与该样品相同，高于或低于样品的品质，均属于违约行为，都可能引起买方的异议。这就要求卖方向买方提供样品时，应该选择质量适中且有代表性的。同时，应留存一份或数份作为复样，并对留样妥善保管，以备将来处理品质纠纷时核对使用。

【案例3-7】

我国某公司与越南某客商达成一笔凭卖方样品买卖出口镰刀的交易。合同中规定复验有效期为货物到达目的港后的60天内。货物到达目的港，越商复验后未提出任何异议。但事隔半年，越商来电称：镰刀全部生锈，只能降价出售，越商因此要求我方按成交价格的40%赔偿其损失。我方接电后立即查看留存的复样，也发现了类似情况。

问题： 我方应否同意对方的要求，为什么？

分析提示： 对于凭样品买卖成交的买卖合同，样品表示商品的品质并以此作为交货的依据。在本案例中，我方查询留存的复样，也发现了镰刀生锈的问题，说明我方所交货物存在质量问题。如果出现质量问题，买方提请索赔的期限通常是两年。尽管买方在复验的60天有效期内，未提出异议。但是，如果镰刀生锈是由于潜在的质量问题引起的，或者说这种潜在的问题需要半年的时间才能暴露出来的话，卖方应予以赔偿。因为，买方并不是放弃了索赔权，而是在复验有效期内，这种潜在的质量问题无法检测出来。但是赔偿的比例或数额，需要买卖双方协商确定。通常，需要补偿买方因此而造成的损失。

综上所述，我方应赔偿买方的损失，但是，对于买方提出的按成交价格的40%进行赔偿的要求，我方不能苟同，双方可根据损失的实际数额并经充分协商后，确定合适的赔偿比例或数额。

（2）凭买方样品买卖。由买方提供的样品称为买方样品，以买方样品作为交付货物品质依据的，称为凭买方样品买卖。以此种方式成交，需要在买卖合同中写明"品质以买方样品为准"。履行合同时，卖方交付的批量货物品质必须与买方样品的品质相符。这对卖方来说需要注意如下三点：①来样是否有反动的、黄色的等违反公序良俗和法律的式样或图案；②原材料供应、加工生产技术和生产安排的实际情况，以确保日后顺利履约；②防止侵犯第三方的知识产权，最好在合同中明确规定：如果发生由买方来样引起的侵犯第三者知识产权的事件，概由买方负责，与卖方无关。

（3）凭对等样品买卖。由于原材料、生产设备和设施及生产工艺等的不同，卖方难以完全做到所交货物品质与买方提供的样品品质相符，或担心自己所交的货物品质与买方提供的样品不符而遭受买方索赔。为稳妥起见，卖方通常会根据买方提供的样品，先生产加工或采购少量的样品交由买方确认，这种经买方确认的样品称为对等样品、确认样品或回样。在这种情况下，卖方所交货物的品质需以对等样品为准。

凭对等样品买卖，实质上是将凭买方样品买卖转化成了凭卖方样品买卖，可以有效防止卖方交货品质与买方样品不符的矛盾，使卖方处于主动地位。

【案例3-8】

我国南方某公司与沙特阿拉伯某公司订立了一份出口 10 000 套穆斯林长袍的合同。合同中规定，以买方提供的样品为交货的品质依据。买方在约定时间内提供了样品，样品的前面留有5厘米长的开衩。我方根据我国穆斯林长袍开叉通常在后面的习惯，在没有征得买方确认的情况下，就私自将开叉留在了后面。交货后，买方因我方所交货物与样品不符为由而拒绝付款。最后，我方又重新返工将开叉留在了前面，因此多支出返工费、运费及赔偿费等共计 30 000 美元。

问题： 从此案例中我方应该吸取哪些教训？

分析提示： 凭买方样品成交时，买方提供的样品就是卖方所交货物的品质依据。在本案例中，我方私自将穆斯林长袍的开衩留在后面而导致 30 000 美元的损失，其教训是深刻的。如果我方认为买方样品开叉留在前面有问题的话，可以先生产出一件或几件，让买方确认我方生产的样品是否符合要求，买方确认后，样品就由买方样品变成了卖方样品，这时我方再进行批量生产就不会出现案例中的问题了。

此外，在国际贸易中，有时为了寻找贸易伙伴或增进对商品的了解，还采用寄送样品的做法，此时的样品应为参考样品。为避免出现不必要的纠纷，需要明确注明"所寄样品仅供参考"等字样。

（二）用文字说明表示商品的品质

在国际货物贸易中，更多情况下是以文字说明来表示成交商品的品质。凡是以文字、数据、图表、照片等形式来表示商品品质的，均属于以文字说明表示商品品质的范畴。在实际业务中，具体包括如下六种方法：

1.凭规格买卖（Sale by Specification）

商品的规格是指一些足以反映商品质量的主要指标，如化学成分、含量、纯度、性能、容量、长短、粗细等。凭规格买卖，即用足以反映商品质量的主要指标来表示成交商品的品质。如电池，从1号到5号，长短、粗细及容量都不相等。其特定的规格适应不同的用途，一般不能混用。买卖双方在洽谈交易时，对于适于凭规格买卖的商品，应提供具体的规格来说明商品的基本品质状况，并需要在合同中列明主要指标，而对商品品质没有重大影响的次要指标不要过多罗列。

例如：东北大豆，水分最高14%，杂质最高1%，不完善粒最高7%，含油量最低18%。

凭规格买卖时，反映商品质量的指标因商品不同而异，即使是同一种商品，因其用途不同，对规格的要求也会有较大差异。

【案例3-9】

我国某公司与美国某公司订立了两份大豆进口合同。其中一份合同的标的想用来做种子，因此，合同中规定，发芽率要在90%以上，不完善颗粒在5%以下，出油率在50%以上；另一份合同的标的想用来榨油，因此合同中规定，出油率在60%以上，不完善颗粒在10%以下，发芽率在40%以上。

问题：上述选用的规格指标是否有问题？

分析提示：用规格表示商品品质时，应在合同中列明主要指标，对商品品质没有重大影响的次要指标不要过多罗列，以免造成履约困难和因此增加不必要的交易成本。在本案例中，用作种子使用的大豆合同，发芽率是最重要的指标，不完善颗粒对种子而言也是必要的，而出油率多少对种子的用途影响甚小，所以把这个指标删除为好，否则可能会增加不必要的交易成本；对另一份合同而言，榨油使用的大豆，显然出油率是最重要的指标，而其他的不完善颗粒和发芽率等指标没有必要罗列。

凭规格表示成交商品品质的方法，具有简单易行、明确具体且可根据每批商品的具体品质状况灵活调整的优点，所以这种方法在国际贸易实践中使用最为广泛。

2.凭等级买卖（Sale by Grade）

商品的等级是指同一类商品，按其成分、效能、形状、重量、含量、纯度等的差异，分为品质优劣各不相同的若干等级。

货物的等级，通常是由制造商或出口商根据长期生产和了解该类货物的经验，在掌握其品质规格的基础上制定出来的。它有助于满足各种不同的需要，也有利于根据不同的需要安排生产和加工整理。买卖双方可根据合同当事人的意愿予以调整或改变，并在合同中具体订明。如我国出口的冻带骨兔肉分为如下四个等级：①特级，每只净重不低于1 500克；②大级，每只净重不低于1 000克；③中级，每只净重不低于600克；④小级，每只净重不低于400克。

一般情况下，卖方所交货物品质低于合同要求，显然是违约行为。需要特别注意的是：若卖方所交货物品质高于合同要求，也有可能构成违约。其原因有多方面，如品质过高，买方办理进口手续时可能会多交税；品质过高，可能会使货物不适应买方的使用目的，买方需重新加工后使用，从而会增加买方的额外费用。

【案例3-10】

我国青岛某公司向日本出口一批苹果。合同及来证上均写明品质为三级。但到发货时我方公司才发现三级苹果库存告罄，于是该公司改以二级苹果交货，并在发票上加注"二级苹果仍按三级计价"。

问题： 这种以好顶次的做法是否妥当？

分析提示： 在国际货物销售合同中，质量条款是买卖双方交接货物时的品质依据。卖方所交货物的品质如果与合同规定不符，要承担违约的法律责任，买方则有权对因此而遭受的损失向卖方提出赔偿要求甚至解除合同。我方以好顶次的做法，是与合同约定不相符的，在价格下跌的情况下，买方仍然有可能提出索赔要求甚至拒收。当出现这种情况时，我方应采取主动措施，将情况电告对方，与其协商寻找双方均可接受的解决办法。但无论采取何种解决措施，发货前都要征得买方的同意和确认，切不可主观认为以好顶次的做法不会构成违约，否则日后就有可能由于货价下跌等原因而引发纠纷。

3.凭标准买卖（Sale by Standard）

商品的标准是指商品规格和等级的标准化。这有利于减少国际贸易纠纷和促进国际贸易的发展。商品的标准有的是国家或政府主管部门制定的，有的是同业公会或国际组织制定的。因此，商品标准有行业标准、国家标准和国际标准之分，但并非所有的标准对进出口贸易都有法律上的约束力。目前，被广泛认同且影响力最大的是国际标准化组织（ISO）制定的ISO 9000标准系列。

在实际业务中，对商品标准的选择既要考虑安排生产或组织货源的方便，又要考虑企业的战略和经营意图。通常，应采用我国有关部门制定的标准成交，也可酌情采用国外规定的品质标准，尤其是国际上已经被广泛采用的标准。由于各国制定的标准经常进行修改和完善，所以就存在不同的标准版本。版本不同，品质标准也会有差异，因此，在援引某个标准时，应载明采用的版本年份。

另外，对于农副产品，由于自然条件变化会导致其品质差异较大，因而难以规定统一标准。农副产品的品质往往采用良好平均品质（Fair Average Quality，FAQ）来表示。所谓良好平均品质，是指一定时期内某地出口货物的平均品质水平，一般是指中等货。如果用良好平均品质表示商品的品质，需要在合同中明确这种品质的确定方法。确定良好平均品质的方法通常有以下两种：

（1）每个生产年度的中等货。这种标准一般是指生产国在农产品收获后，通过对产品进行广泛抽样，从而制定出该年度的良好平均品质的标准和样品并予以公布，作为该农产品在该年度的良好平均品质标准。

（2）某一季度或某一装船月份在装运地发运的同一种商品的平均品质。这种标准一般是从各批出运的货物中抽样，然后综合起来，取其中有代表性的作为良好平均品质的标准。采用这种标准时，抽样可以由买卖双方联合抽取，或共同委托检验人员抽样后，将样品送交指定的机构检验决定。

4.凭说明书和图样买卖

在国际货物贸易中，大型的机械设备、精密的仪器仪表等技术密集型产品，因其结构复杂，很难用几个简单的指标来表明其品质全貌。因此，对于这类商品的品质，通常以说明书并附以图样、照片、设计图纸及各种数据来说明其具体性能和结构特点。以此方式交易，称为凭说明书和图样买卖（Sale by Descriptions and Illustrations）。

需要注意的是，凭说明书和图样买卖时，卖方所交货物必须符合说明书规定的各项指标要求。但是，由于这类商品的技术要求较高，有时即使品质与说明书和图样相符，在使用过程中也不一定就能达到设计时的要求。所以，在合同中除明确说明书的内容外，还需要订立卖方品质保证条款和技术服务条款。比如，在合同中规定质量保证期，并少付一部分款项，待到质保期结束后再付给卖方。

5.凭商标或品牌买卖（Sale by Trade Mark or Brand Name）

商标是指厂商用来识别其所生产或出售的商品的标志。它通常由文字、字母、图案等组成。品牌是工商企业给其制造或销售的商品冠以的名称。在国际市场上，一些名牌产品的品质比较稳定，在市场上树立了良好的信誉，买卖双方在交易时，习惯上就采用这些商品的商标或品牌来表示其品质。但是，当某种品牌的商品同时有多种不同型号或规格时，为明确起见，需要在规定品牌的同时，还列明其型号或规格。

6.凭产地名称买卖（Sale by Origin）

某些产品尤其是农副产品，因受产区特有的自然条件、传统加工工艺等因素的影响，其品质具有其他产区的产品所不具有的独特风格和特色。对于这类产品，可以用产地名称来表示其品质，如西湖龙井、景德镇瓷器、吉林人参等。

四、商品品质条款的内容

在国际货物贸易中，由于成交商品品种众多，商品品质千差万别，而表示商品品质的方法又各有优缺点，所以，品质条款的具体内容及形式，也应视成交商品的特性、买卖双方的交易习惯和具体要求而定。

（一）品质条款的一般内容

在品质条款中，对于能用科学的指标来表示其品质的商品，一般应写明商品规格、商品等级等内容。有些习惯上凭标准买卖的商品，则应在品质条款中列明采用何种标准。对于某些受自然条件影响较大并难以规定统一标准的农产品，则通常在品质条款中注明"良好平均品质"字样。对于性能和结构比较复杂的机械、电子、仪表等技术密集型产品，很难通过几个简单的指标来表示其品质的全貌，故应在品质条款中载明"卖方需提供说明书，并附随相关图样、照片、设计图纸及各类数据"等内容。此外，还应写明品质保障条款和售后服务条款。对于难以用科学指标表示其品质的商品，应在品质条款中注明"凭卖方样品、买方样品或对等样品交货"等字样。对于某些在国际市场上久负盛名的商品，在品质条款中只列明成交商品的商标或品牌即可。对于一些在品质方面有独特风格和地方特色的商品，也可以只用原产地名称来表示其品质。

（二）品质机动幅度

为了减少贸易纠纷，以便进出口合同顺利履行，应在品质条款中对表示品质的指标规定一定的变化范围。

1.约定品质的机动幅度

所谓品质的机动幅度，是指品质指标的变动范围。只要卖方所交付的货物的品质指标在约定的范围内，就算符合合同约定的品质要求。

2.约定所交货物与样品大致相同

如果用样品来表示成交商品的品质，由于卖方大批量交货时较难做到与样品完全一致，为减少贸易纠纷和便于履行合同，买卖双方在约定品质条款时，应加上交货品质与样品大致相同或相似的条文。需要注意的是，加上此条文，能在多大程度上减少贸易纠纷有待商榷，因为对什么算是大致相同恐怕也是见仁见智。

3.约定品质的增减价条款

为了体现按质论价，在约定品质机动幅度时，对于某些货物，也应该根据实际交货品质调整价格，即在合同中增加品质增减价条款。在约定增减价条款时，一般应该选用对价格有重要影响而又允许有一定机动幅度的主要质量指标；对于次要的质量指标或不允许有机动幅度的重要指标，则不要选用。

五、订立品质条款应注意的事项

在订立品质条款时，应注意选择恰当的方法，找到影响品质的关键指标并约定适中的品质条件。同时，表述品质条款要明确具体，还要把握指标之间的内在联系性。

（一）正确运用各种表示品质的方法

在规定品质条款时，要想能避免或减少贸易纠纷，就需要选用恰当的方法把品质条件表述清楚。

1.选用恰当的方法表示商品品质

表示商品品质的方法很多，每种方法都有其优缺点和适用的场合，所以要选用恰当的方法来表示品质。究竟采用哪种表示品质的方法，要依据商品的特性而定。一般而言，能用文字、图样、照片、设计图纸、数据等方法表示商品品质时，就不要轻易用看货成交或凭样品成交的方法。因为看货成交通常用于寄售、展卖和拍卖等业务中，卖方需要在成交前就备好货物，这样会增加卖方的风险，一般只适合小批量的贵重物品，所以，有一定的局限性。而凭样品成交，在卖方批量交货时，由于较难做到与样品完全一致，从而容易导致贸易纠纷，通常只在无法用科学的指标来表示商品品质时才采用。

2.最好用一种方法表示商品品质

能用一种方法表示商品品质时，一般不宜同时采用两种或两种以上的表示方法。特别是同时采用凭规格和凭样品成交，会给履约造成困难，对卖方极为不利。因为卖方所交付的货物，既要符合合同约定的规格，又要与样品一致，要做到两全其美很难。但需要特别指出的是，如果有某个或某几个指标不能用文字说明表述清楚，在这种情况下，用样品表示该商品的某个或某几个品质指标是可以的。比如，用样品表示手机的颜色，手机其他方面的品质指标用文字说明来表示。

【案例3-11】

我国某公司与美国某公司订立了出口一批纺织原料的合同，合同中的品质条款规定：该批原料含莫代尔纤维50%，所含水分最高不超过15%，杂质不超过3%。我方在合同签订前曾向买方寄过样品，订约后，我方又电告买方，成交货物与样品大体相似。我方按约定条件如期交付了货物。货到目的港后，买方复验并得到货物质量的主要指标比样品低7%的检验证明，因此，要求我方赔偿其损失共计50 000美元。最后经买卖双方协商一致，我方赔偿买方20 000美元了事。

问题：从本案例中我方应该吸取什么教训？

分析提示：能用一种方法表示商品质量的就不要用两种或两种以上方法。如果用两种或两种以上方法表示商品质量，那么每种方法都得满足条件才行；否则，将会构成违约。合同规定该批原料含莫代尔纤维50%，水分最高为15%，杂质不超过3%。从合同内容上看，双方以商品规格作为商品品质的表示方法，并以此作为检验商品的依据，属于凭规格买卖，只要我方所交货物符合合同规定的规格，我方就算履行了合同义务。但是成交前我方向对方寄送样品时并未声明是参考样品，签约后又电告对方成交货物与样品相似，这样对方就有理由认为该笔交易既凭规格又凭样品表示商品的品质。而在国际贸易中，凡属于凭样品买卖的，卖方所交货物必须与样品完全一致，否则买方有权拒绝接受货物或提出索赔。因此，在这种情况下，我方很难以该笔交易并非凭样品买卖为由不予理赔。在该案例中，卖方本意是所给样品仅供买方参考，但是，合同中并没有明确表示出来样品究竟是作为参考还是用来表示商品品质，这样就容易产生纠纷。

（二）正确选用商品品质指标

在约定品质条款时，除了要选择合适的表示商品品质的方法外，还要选择影响品质的重要指标，并要注意品质指标之间的内在联系及相互制约关系。

1.选择恰当的商品品质指标

表示商品品质的指标众多，在品质条款中，应选择对商品品质有重要影响的指标在合同中列明，注意不要遗漏重要指标。对于次要的品质指标，则可少列甚至不列，以免条款过于繁杂，给履约带来不便。某项品质指标重要与否，除与商品本身的特点有关外，还与购买此商品的目的有直接关系。以买卖玉米为例，如果玉米是用作饲料的，则淀粉含量就是最重要的品质指标，需在合同的品质条款中列明；如果玉米是用作种子的，则发芽率就变成了品质条款中的最重要指标。

2.注意品质指标之间的内在联系和制约关系

品质条款中的各项指标是从不同的角度来说明商品品质的。各项指标之间有其内在联系和相互影响的关系，如果其中某项指标规定不当，就可能影响其他指标。

【案例3-12】

我国某公司同瑞士某公司签订了一项出口玻璃杯的合同。合同中的质量条款规定，玻璃杯的透明度要达到85%以上，厚度不低于1毫米，强度能耐受2个大气压。

问题： 这种对质量指标的规定是否合适？

分析提示： 用规格表示商品质量时，不仅要根据商品用途的不同选择较为重要的指标，而且要注意各指标间的关联性，不能顾此失彼。在本案例中，玻璃杯的透明度、强度和厚度三个指标间就有冲突。比如，透明度好的玻璃杯，通常会较薄，而强度较差。相互矛盾的指标同时达到会比较困难，如果这样规定品质指标，将会对卖方极为不利。

（三）品质条件应适中

在国际贸易中，应根据客户的实际需要和卖方的供货可能性，实事求是、客观地规定较为适中的品质条件。

1.品质条件不宜偏高

在约定品质条款时，要根据客户的实际需要和卖方的供货条件，实事求是地确定品质条件。不应为了追求高价而盲目地提高品质，以免浪费原材料或给组织货源带来困难，甚至影响交货。这不仅会给自身造成损失，也会对外造成不良影响。总之，出口商品的品质应适销对路，不能盲目追求高品质，因为高品质通常会对应高价格，且高品质的商品在某些市场不一定适销。

2.品质条件不宜偏低

高品质的商品由于价格也高，因此未必有竞争力。但是也不能为了低价竞争而任意降低品质要求。卖方所交货物不仅要符合合同约定的品质条件，而且要符合进口国的法律规定，凡品质不符合法律规定的商品，一律不准进口，有的国家还要求就地销毁，并由货主承担由此产生的各项费用。

（四）品质条款要明确具体

合同中的所有条款都应明确具体，尤其是品质条款，更不能模棱两可，因为品质条件是买卖双方交接货物的主要依据。由品质条款约定不清而产生歧义所导致的国际贸易纠纷所占比例最高，所以，在约定品质条款时，应避免使用诸如"大约""左右""类似""可能"等笼统含糊的字样。

任务四　商品的数量条款

在国际货物贸易中，买卖双方成交的商品必须要明确数量。因为数量条款是买卖合同成立的必要条件，因此，买卖双方在洽商交易时，就要谈妥成交商品的数量，并在合同中具体列明。

一、约定商品数量条款的意义

商品数量表现为对合同标的物的计量，是以数字和一定的度量衡单位表示的商品重量、个数、长度、体积等。合同中约定的商品数量是买卖双方交接货物的法律依据，也是计算商品总价款、运费、佣金、折扣等的基础。因此，《公约》把商品数量作为构成有效发盘的三大基本要素之一。这充分表明，数量条件是国际货物买卖合同中必不可少的条件。此外，《公约》还规定，按约定的数量交付货物是卖方的一项基本义务。若卖方交货数量少于约定的数量，卖方应在规定的交货期届满前补交，但不得使买方遭受不合理的不便或承担不合理的开支，即使如此，买方也有保留要求损害赔偿的权利。若卖方交货数量大于约定的数量，买方可以拒收多交的部分，也可以收取多交部分中的一部分或全部，但应按合同价格付款。

【案例3-13】

我国某公司向国外某客商出口50吨小麦，实际交货时多交了2吨。买方以此为由拒绝收货。

问题：（1）买方的做法是否妥当？

（2）如果卖方少交了2吨货物，则买方可以主张什么权利？

分析提示：（1）买方对卖方多交的2吨货物有选择权，既可以选择要或不要，也可以选择要其中的一部分。在本案例中，买方因卖方多交2吨货而拒绝收整批货的做法是不合适的。

（2）如果卖方少交2吨货物，买方可以要求卖方在一定期限内予以补交，并需赔偿因晚交货物而给买方造成的损失。

二、计量单位和重量的计量方法

在国际货物贸易中，由于各国所采用的度量衡制度不同，再加上商品种类繁多、特点各异，故使用的计量单位和计量方法也是多种多样。

（一）计量单位

各国度量衡制度的不同，使得计量单位多种多样。在国际货物贸易中，究竟采用何种计量单位，除取决于商品的特点外，还与贸易习惯和交易双方的意愿有关。

1.国际贸易中的度量衡制度

世界各国由于经济、文化、风俗、习惯等的不同，所采用的度量衡制度也不尽相同，常用的有公制、英制、美制、国际单位制。

（1）公制（Metric System）。它又称米制，采用十进位制，换算方便，故使用较多。

（2）英制（British System）。由于其采用的不是十进位制，换算不方便，故使用范围主要在英联邦国家。

（3）美制（U.S. System）。它以英制为基础，多数计量单位的名称与英制相同，但含义有差别，主要体现在重量和容量单位中。美制主要在北美国家使用。

（4）国际单位制（International System of Units，SI）。它是在公制的基础上发展起来的，有利于计量单位的标准化，已被越来越多的国家所采用。

为了促进国际贸易的发展，克服各国度量衡制度不同带来的弊端，国际标准化组织在各国较为通用的公制基础上采用国际单位制（SI）。国际单位制的实施和推广，标志着计量制度日趋国际化和标准化，现在已有越来越多的国家采用国际单位制。我国现行《计量法》规定：中华人民共和国采用国际单位制，国际单位制的计量单位为国家法定的计量单位。一般不允许使用非法定计量单位，如确有特殊需要，需经有关计量管理部门批准方可使用。

2.计量单位的种类

国际货物贸易中不同种类的商品，需要采用不同的计量单位，通常使用如下几种：

（1）重量（Weight）单位。按重量计量的单位有：公制的公吨（Metric Ton）、英制的长吨（Long Ton）、美制的短吨（Short Ton）、千克（Kilogram）、克（Gram）、磅（Pound）、盎司（Ounce）等。其主要换算关系如下：

公制：1Metric Ton=1 000Kg

英制：1Long Ton=1 016Kg　　1Kg=2.2046 Pound

美制：1Short Ton=907.2Kg　　1Kg=35.2736 Ounce

按重量计量是当今国际货物贸易中使用较为广泛的一种，一般适用于农、矿等初级产品及部分工业制成品，如粮食、煤炭、钢材、水泥、化肥等。对于黄金和白银等贵重金属，通常用克或盎司计量，砖石用克拉（Carat）计量。

（2）数目（Number）单位。常用的数目单位有：件、只（Piece）、双、副（Pair），套、台（Set），打（Dozen），罗（Gross），辆（Unit），袋（Bag），包（Bale），令（Ream）等。其主要换算关系如下：

1罗=12打

1令=480张（英制）　　　　1令=500张（美制）

以数目单位计量的商品一般是日用消费品、轻工业品、机械产品以及部分土特产品，如文具、纸张、玩具、饮料、衣服、车辆、牲畜等。

（3）长度（Length）单位。常用的长度单位有：米（Meter）、英尺（Foot）、码（Yard）等。其主要换算关系如下：

1 Yard=3 Feet　　1 Foot=12 Inches　　1 Yard≈0.9144 Metres

以长度单位计量的商品一般是布匹、丝绸类的纺织品和绳索、电线、电缆等。

（4）面积（Area）单位。常用的面积单位有：平方米（Square Meter）、平方英尺（Square Foot）、平方码（Square Yard）等。其主要换算关系如下：

1平方米=1.19599平方码=10.7639平方英尺=1 550平方英寸

以面积单位计量的商品一般是皮革、塑料制品等。

（5）体积（Volume）单位。常用的体积单位主要有：立方米（Cubic Meter）、立方英尺（Cubic Foot）、立方码（Cubic Yard）等。其主要换算关系如下：

1立方米=1.308立方码=35.3147立方英尺

以体积单位计量的商品一般是木材、化学气体、砂石等。

（6）容积（Capacity）单位。常用的容积单位有：公升（Liter）、加仑（Gallon）、蒲式耳（Bushel）等。其主要换算关系如下：

1 Gallon≈4.54 Liters　　1 Bushel=8 Gallons

以容积单位计量的商品一般是谷物类及液体、气体等，如小麦、汽油、酒精、啤酒等。国际原油以桶（美制）来计量。

（二）计量方法

在国际货物贸易中，按重量计量的商品最多。根据一般商业习惯，计算重量的方法通常有如下几种：

1.毛重（Gross Weight）

毛重是指商品本身重量加上包装物的重量。包装物的重量又称为皮重。在国际贸易中，有些价值较低的商品，如粮食、饲料等农副产品，其包装物的价格和商品价格相差无几，包装物与商品分别计量意义不大，因而常将毛重作为计算价格和交付货物的依据。国际贸易中将这种按毛重计算重量的方法称为"以毛作净"（Gross for Net）。

2.净重（Net Weight）

净重是指商品本身的重量，即毛重扣除皮重后的重量。这是国际贸易中最常用的计算重量的方法。《公约》第56条规定：如果买卖双方在合同中没有明确约定是用毛重还是用净重计量，则应按净重计量。

【案例3-14】

我国某公司与日本一商人按每公吨500美元CIF东京条件签订了一份出口某农产品200公吨的合同，合同规定包装方式为双线新麻袋，每袋25千克，用信用证方式结算货款。我方按照信用证的要求完成了交货任务，并顺利结算了货款。待买方收到货物复验后发现，我方所交货物扣除皮重后，实际到货不足200公吨。因此，买方发来电传要求我方按净重计算价格，并退回多收的货款。我方以合同未规定按净重计价为由而拒绝退款。

问题：我方的做法是否可行？为什么？

分析提示：《公约》规定，如果买卖双方在合同中没有明确约定是用毛重还是用净重计量，则应按净重计量。在本案例中，买卖双方没有明确约定是按净重还是按毛重计量，故应适用《公约》的规定而按净重计量。因此，我方应退还多收的货款。

在国际贸易中，净重有时还包括销售包装的重量，如糖果常常包括糖纸的重量。商品本身的重量加上直接接触商品的包装物的重量，称为法定重量。海关在征收从量税时，是按照法定重量计算商品重量的。但是，有些贵重金属、化工原料等，往往以"净净重"（Net Net Weight）来计算重量，即从毛重中减去外包装的重量为净重，再从净重中减去内包装的重量。

在以净重计量时，对于如何计算包装重量，国际上有下列几种做法：

（1）按实际皮重计算。实际皮重指的是包装物的实际重量。按此种方法计算皮重，需要实际计量所有包装物的重量，对很多商品来说难以做到。

（2）按平均皮重计算，即从整批货物中抽出若干件，称出实际皮重，除以件数得到平均皮重，再乘以总的件数，从而求出全部皮重。此种方法通常适合包装整齐划一、重量相差很小的商品。随着包装技术的发展和包装材料及规格的标准化，按平均皮重计算的做法日益普遍。

（3）按习惯皮重计算，即按照习惯上公认的皮重乘以总的件数求得总皮重。有些商品，由于其使用的包装材料和规格已经定型，皮重已被市场所公认，因此，在计算皮重时，就无须对包装逐件过秤。

（4）按约定皮重计算，即将买卖双方事先约定的包装重量作为计算皮重的基础。

计算皮重的方法很多，究竟采用哪一种方法计算皮重和求得净重，应根据商品的性质、所使用包装材料的特点、交易商品数量的多寡以及贸易习惯等，由买卖双方协商确定并在合同中具体列明，以免履约时引起争议。

3.公量（Conditioned Weight）

公量是指商品的干重（烘去水分后的重量）加上公认的标准回潮率下的水分重量。这种计量方法较为复杂，通常适用于价值较高且含水量又极其不稳定的羊毛、棉花、生丝等容易吸潮商品的重量计量。公量的计算公式为：

公量=商品干重×（1+标准回潮率）

【例题 3-1】

内蒙古某出口公司向韩国出口10公吨羊毛，标准回潮率为11%，经抽样证明10千克纯羊毛用科学方法抽干水后净重为8千克干羊毛，求用公量计算的交货重量为多少？

解：（1）先求出干重。10千克羊毛抽干水后净重是8千克，则10公吨羊毛的净重应是8公吨。

（2）代入公式。

公量=商品干重×（1+标准回潮率）

　　　=8×（1+11%）=8.88（公吨）

答：用公量计算的交货重量为8.88公吨。

4.理论重量（Theoretical Weight）

理论重量是指根据每件商品的重量推算出的整批商品的总重量。这种计算方法建立在每件货物重量相同的基础上，主要适用于那些按固定规格生产、有固定尺寸的商品，如马口铁、钢板等。但每件商品的实际重量也不会完全相同，以这种方法计算总重量会产生差异，因此，理论重量只能作为计算实际重量时的参考。

三、数量条款的内容

在我国的进出口合同中，数量条款通常包括成交数量、计量单位、计量方法和数量机动幅度等内容。

（一）数量条款的必备内容

在国际货物买卖合同中，数量条款内容的繁简依据成交商品的性质和特点而定。一般而言，数量条款至少应包含成交数量和计量单位两个内容。例如，数量：2 000打（Quantity：2 000 Dozens.）。

（二）计算重量的方法

在国际贸易中，由于商品种类繁多，其性质和特点各不相同，加之各国度量衡制度不同，计量单位和计量方法也多种多样。在国际货物买卖中，成交商品按照重量计量的居多，因此，对于按重量计量的商品，还要订明计算重量的方法。

（三）数量的机动幅度

在国际货物贸易中，有些商品如粮食、煤炭等农副产品和矿砂等工矿产品，由于成交数量大且通常没有包装，因而不容易精确计量，卖方的实际交货数量往往较难做到与合同约定的数量完全相符。对于这类商品，为便于履行合同，避免因实际交货数量与合同不完全相符而产生贸易纠纷，买卖双方通常在合同中约定合理的交货数量变动范围，即数量机动幅度。该条款一般包括如下三个内容：

1.数量机动幅度的大小

数量机动幅度的大小，即溢装或短装的范围，通常都以百分比来表示。例如，某买卖合同中的数量条款规定：成交数量为500公吨，可有3%的增减。

2.数量机动幅度的选择权归属

在大宗散装货物的买卖合同中，除了要明确机动幅度的大小外，还应载明实际装货时，在约定的幅度变化范围内，由谁具体行使这种选择权。

【案例3-15】

2016年3月，广西某粮油进出口公司与南非某公司签订了一份出口食糖的合同。合同规定：数量5 000公吨，每公吨150美元，可有4%的增减，具体由卖方选择。

问题：（1）如果在交货前食糖市场价格上涨，在不违反合同的情况下，最少可装多少公吨？

（2）如果市场价格下降了，卖方最多可装多少公吨？

分析提示：在本案例中，合同中规定溢短装的大小为4%的增减，具体由卖方选择。这样卖方在装船时，可以根据实际情况在±4%的范围内选择，即可在溢短装200公吨的范围内灵活选择具体的交货数量。

（1）如果食糖价格上涨了，卖方就有少交货的动机，在±4%的可选择范围内，卖方最少可装4 800公吨。

（2）如果食糖价格下跌了，卖方就有多交货的动机，在±4%的可选择范围内，卖方最多可装5 200公吨。

3.溢装部分如何作价

在进出口合同中，应对溢装部分的作价办法做出明确规定。溢装部分可以按合同价格计价，也可以低于合同价格，还可以按照交货时某地的期货价格计价。

在订有溢短装条款并以信用证结算的买卖合同中，如果买方所开立的信用证仅对货物数量做了溢短装规定，对信用证金额没有做出相应的增减幅度的规定，会导致信用证项下数量与金额的规定不相匹配。在这种情况下，卖方溢装货物部分的收汇将没有信用证的保证。因为，按照《跟单信用证统一惯例》的规定，除非信用证另有约定，银行可拒受其金额超过信用证允许金额的商业发票。

【案例3-16】

2016年5月，我国某公司向俄罗斯出口一批小麦，合同规定数量为1 000公吨，每公吨200美元，可以有5%的增减幅度，用信用证方式结算货款。合同签订后，俄罗斯进口商开来信用证，金额为200 000美元。

问题： 我方最多、最少可交多少公吨小麦？为什么？

分析提示： 在本案例中，买卖合同规定数量是1 000公吨，可以有5%的增减幅度，那么我方最少可装950公吨，最多可装1 050公吨。但是，需要注意的是，买方所开立的信用证金额为200 000美元，没有约定相应的增减幅度，根据《跟单信用证统一惯例》的规定，银行可以拒绝接受超出信用证允许金额的商业发票。因此，如果我方装货1 050公吨，则会有50公吨的货款因超出信用证金额，而得不到信用证的保证，需要改由其他方式结算。这需要综合考虑其他方式收款的难易程度、风险大小及所获收益等情况来确定最多装货数量。通常，在这种情况下，最多装货数量应不超过1 000公吨。

四、约定数量条款的注意事项

在国际货物贸易中，商品数量是交易双方交接货物的重要依据。为便于合同履行，避免由于数量条款约定不清导致的贸易纠纷，在约定数量条款时，应注意下列事项：

（一）正确把握成交数量

成交数量的确定，不仅关系到合同能否顺利履行，还涉及企业的经营战略和长期的合作关系能否贯彻和维持。因此，在约定数量条款时，应该对市场供求状况做到了然于胸，防止盲目成交。

1.确定出口商品数量应考虑的因素

在确定出口商品的成交量时，应该考虑国外市场的供求状况、国内货源的供应情况、国际市场的价格动态、国外客户的资信情况和经营能力等因素。

2.确定进口商品数量应考虑的因素

对进口商品数量的把握应该考虑国内的实际需求、国内的支付能力、进口商品的性价比以及市场行情的变化等因素。

（二）合理约定数量的机动幅度

在洽商数量的机动幅度时，要综合权衡商品特性、贸易习惯、运输方式等因素后，就幅度大小、选择权、溢短装部分如何计价等做出合理的约定。

1.数量机动幅度的大小要适当

约定数量机动幅度的目的是防止由于客观因素使卖方无法完全按照合同约定的数量交货而导致贸易纠纷。如果数量机动幅度大小约定不合理，可能会导致卖方主观上由于市场行情的波动而故意多交货或少交货的情况出现。因此，买卖双方在约定数量机动幅度的大小时，应根据商品特性、运输方式及贸易习惯等确定适当的幅度。一般而言，数量机动幅度的大小以不超过正负10%为宜。

需要注意的是，在合同中未明确规定数量机动幅度的情况下，根据《跟单信用证统一惯例》的规定，除非信用证中规定货物数量不得增减，在发票金额不超过信用证金额的条件下，货物数量允许有±5%的机动幅度。但此项规定对交货数量以包装单位或个数（件、箱、套、台等）计量的商品不适用。

【案例3-17】

我国某公司向沙特阿拉伯某公司出口分体式空调2 000台，国外来证规定不允许分批装运。在出口装船时，我公司操作人员发现有40台空调的包装破裂，导致货物有不同程度的损坏，此时已经来不及更换。发货人员认为，根据《跟单信用证统一惯例》的规定，合同中没有明确约定机动幅度的大小，在实际交货时也可以有5%的伸缩。如甩下40台并未低于5%，结果实装1 960台空调。当我公司持相关单证到银行议付货款时，银行则不予议付。

问题：银行的做法是否妥当？为什么？

分析提示：银行的做法是妥当的。虽然《跟单信用证统一惯例》规定，合同中没有明确约定数量机动幅度的大小时，在实际交货时可以有5%的伸缩。但是，这种规定对于有包装或是以件、台、套等为计量单位的商品不适用。在本案例中，买卖双方交易的空调有包装且是以"台"为计量单位的，因此，不适用《跟单信用证统一惯例》对交货数量可以有5%的伸缩的规定。买卖合同中约定的数量是2 000台，卖方实际交货数量是1 960台。银行在议付货款时，会严格按照单单相符和单证一致的原则进行审单，银行发现提单数量和合同约定的数量不符，因而拒绝议付货款是有道理的。

【案例3-18】

黑龙江某贸易公司与俄罗斯某公司签订了一份出口黄豆的合同。合同规定：包装为双线麻袋，每袋黄豆净重100千克，共10 000袋，合计1 000公吨，以信用证方式结算货款。货物运抵俄罗斯后，经俄罗斯检验机构检查发现，每袋黄豆净重只有96千克，10 000袋共960公吨。当时正遇市场黄豆价格下跌，俄罗斯公司以单货不符为由，提出降价5%的要求，否则拒收。

问题：（1）俄方的要求是否合理？我方应采取什么补救措施？

（2）若该批黄豆不是用袋装而是散装，则结果又如何？

分析提示：（1）合同约定包装为双线麻袋，每袋黄豆净重100千克，共10 000袋，合计1 000公吨，而我方实际交货数量是960公吨，显然属于违约行为。对于违约行为，我方应首先同买方协商，以买方的实际损失为限予以赔偿。俄方拒收整批货物的要求并不合理。

（2）若该批黄豆不是用袋装而是散装，根据《跟单信用证统一惯例》对交货数量可以有5%的伸缩的规定，我方实际交货数量960公吨，在5%的机动幅度范围内，因而不构成违约。

2.数量机动幅度选择权的约定要合理

数量机动幅度的选择权归谁合适，应视成交条件和双方当事人的意愿而定。一般而言，实际交货时，在合同约定的数量机动幅度范围内，具体是多交多少货物还是少交多少货物，一般由卖方来决定。但是，在采用海运方式的情况下，由于交货数量与载货船舶的舱容及安全配载有着非常密切的关系，所以溢短装的选择权应由安排货物运输的一方掌握比较合适。此外，也可以规定由船长根据舱容和装载情况做出选择。

【案例3-19】

我国某公司与日本某公司签订了一份出口煤炭的合同，合同规定成交煤炭数量为10 000公吨，可有5%的增减，该选择权由卖方行使，溢装部分按合同价格计算。货物运抵日本后，经日本商检机构检查发现煤炭实际吨数为10 500公吨。据此日商提出降价5%的要求，否则拒收多交的500公吨煤炭。

问题： 日商的做法是否合理？

分析提示： 日商的做法不合理。因为，我方公司所交货物数量在合同约定的5%机动幅度范围内，且该机动幅度的选择权由我方行使。日商对机动幅度范围内溢装的货物不能拒绝接受。

3.溢装部分的计价要公平

通常情况下，在机动幅度范围内的多装部分按合同价格计价。但为了防止卖方利用市场行情的波动而故意多装或少装，也可以在合同中规定多装部分按装船时或到货时的市场价格计价，以体现公平合理的原则。

（三）数量条款应明确具体

在数量条款中，对于成交商品的具体数量、使用何种计量单位和计量方法、数量机动幅度的大小及选择权归属和溢短装部分如何计价等内容，都要具体明确地表述出来。对成交数量一般不宜采用"大约""近似"等模棱两可的字样表示，以免由于解释上的分歧而造成履约困难。

任务五　商品的包装条款

由于商品包装具有保护商品、方便储运和促进销售等重要作用，所以，在国际货物贸易中，大多数商品都需要一定的包装。商品包装涉及买卖双方的切身利益，故在洽商交易时，当事双方应该谈妥包装条件，并在合同中明确列明。

一、商品包装的相关知识

要想约定好商品的包装条款，需要了解有关包装的含义、种类、作用、标志和要求等相关知识。

（一）商品包装的含义

商品包装是指根据商品的特性，使用适当的材料或容器，将商品加以包封并进行装潢和印刷一定的标志。

（二）商品包装的种类

商品包装根据其在流通过程中所起的作用不同，分为运输包装和销售包装。

1.运输包装

运输包装也叫外包装或大包装，是用于安全运输、保护商品的较大单元的包装形式。其主要作用是保护商品，防止其在运输过程中毁损和方便储存及运输。根据不同标准可将运输包装分成若干类型：

（1）按包装方式划分，运输包装可以分为单件运输包装（箱、桶、罐等）和集合运输包装（集装箱、集装袋、托盘等）。

（2）按包装材料划分，运输包装可以分为纸制包装、金属包装、木制包装、塑料包装和竹、草制品包装及陶瓷包装等。

（3）按包装质地划分，运输包装可以分为软性包装、半软性包装、硬性包装等。

（4）按包装程度划分，运输包装可以分为全部包装和局部包装。

2.销售包装

销售包装也叫内包装或小包装，是直接接触商品、和终端消费者直接见面的包装。它除了能保护商品外，还有美化宣传和促进销售的作用。因此，对销售包装的用料、造型、图案和文字说明等应体现下列要求：

（1）便于陈列展售。商品在零售前，大多要陈列在商店或展厅货架上，以吸引顾客和供消费者选购。因此，商品的造型结构，必须要适合陈列展售。

（2）便于识别商品。顾客在选购商品时，一般都希望对包装内的商品有所了解。因此，可采用某些透明材料做包装，或在销售包装上辅以醒目的图案及文字标识，使人便于识别商品。

（3）便于携带和使用。销售包装的大小要适当，以轻便和易携带为宜，必要时还要附有提手装置。对于要求密封的商品，在保证封口严实的前提下，要容易开启以便使用。

（4）美观大方。销售包装要美观大方，有吸引力。造型考究和装潢美观的销售包装，不仅能显示出商品的名贵，而且包装本身也具有观赏价值，有利于吸引顾客和扩大销量。

（三）运输包装的标志

为了在装卸、储存、运输过程中帮助人们识别和操作，需要在运输包装上书写或刷制各种有关标志，从而有利于货物安全、及时、准确地交付收货人。运输包装上的标志按其用途可分为运输标志、指示性标志和警告性标志三种。运输包装标志如图3-1所示。

1.运输标志

运输标志俗称唛头，通常由图形、字母、数字和简单的文字组成，是用来区别其他同类货物的依据，能使有关人员在货物运输过程中易于辨认货物，避免错发、错运。运输标志的内容繁简不一，一般由买卖双方根据商品特点经协商后确定。典型的运输标志如图3-2所示。

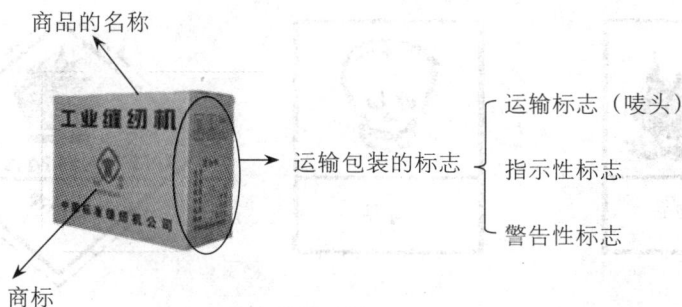

图3-1　运输包装标志

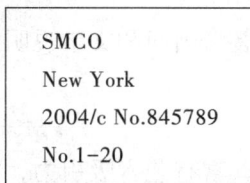

图3-2　典型的运输标志

（1）收、发货人的代号。

（2）目的地的名称或代号。目的地的名称如果是重名，还应加上国名；如果中途需要转船或转运，则应加列"转船"字样和转运地名称。

（3）件号、批号。在货物付运时，货主都要对每件货物按照顺序编号，件号标志一般用1/100、2/100等表示。其中，分母表示该批货物的总件数，分子表示该件货物在整批货物中的编号，目的是便于查对、点数。

（4）有的运输标志还包括原产地、合同号、许可证号、体积、重量等内容。

2.指示性标志

指示性标志又称操作标志，以简单、醒目的图形和文字在包装上标出，提示人们在装卸、运输和保管过程中需要注意的事项。典型的指示性标志如图3-3所示。

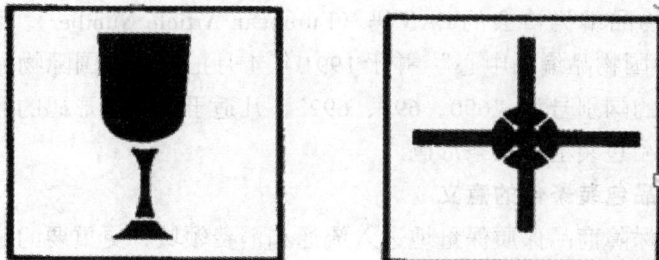

易碎，小心搬运　　　　　　　重　心

图3-3　典型的指示性标志

3.警告性标志

警告性标志又称危险品标志，是指在危险货物（爆炸品、易燃品、有毒品、腐蚀品、氧化剂和放射性物品）的运输包装上表明其危险性质的图形或文字说明。其作用在于警告有关装卸、运输和保管人员按货物的特性采取相应的措施，以保障人身和物资安全。典型的警告性标志如图3-4所示。

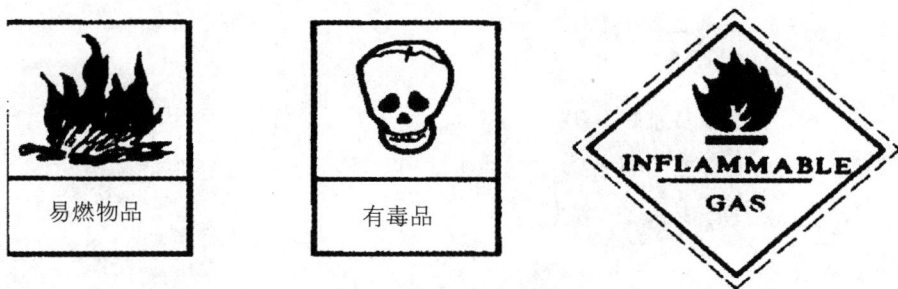

图3-4　典型的警告性标志

（四）销售包装上的标识和说明

在销售包装上，一般都附有装潢画面和文字说明。在设计和制作销售包装时，应做好以下几方面的工作：

1.包装的装潢画面

包装的装潢画面要美观大方，富有艺术吸引力，并突出商品的特点。其图案和色彩要适应有关国家的民族习惯和人们的爱好，以利于扩大出口。

2.包装上的文字说明

包装上的文字说明包括商标、品牌、品名、产地、数量、规格、成分、用途和使用方法等，要与装潢画面紧密配合、互相衬托、彼此补充，文字要简明扼要。

3.包装上的标签

包装上的标签包括生产国别、制造厂商、货物名称、商品成分、品质特点、使用方法等。

4.条形码

条形码由一组带有数字的黑白及粗细间隔不等的平行条纹所组成，是利用光电扫描阅读设备给计算机输入数据的特殊的代码语言。国际上通用的包装上的条形码有两种：①美国、加拿大共同组织的"统一编码委员会"的 UPC 码（Universal Product Code）；②国际物品编码协会的 EAN 码（European Article Number）。我国于1988年12月建立了"中国物品编码中心"并于1991年4月正式加入国际物品编码协会，该协会分配给我国的国别号为"690、691、692"，凡适于使用条形码的商品，特别是出口商品，应在商品包装上印刷条形码。

二、约定商品包装条件的意义

包装不仅能保障商品保质保量地进入流通和消费领域，更重要的是销售包装已成为增强市场竞争力的重要手段。因此，买卖双方都很关注包装条件，包装条件是构成买卖合同的重要内容。

（一）包装是商品进入流通领域的必然要求

包装是商品生产的继续，除少数不需要包装的商品外，多数商品只有完成了包装才算完成了生产过程，商品才能进入流通领域和消费领域，以实现其使用价值。这是因为包装是保护商品在流通过程中质量完好和数量完整的必要措施。有些商品，如饮料、牛奶等甚至无法离开包装而独立进入流通领域。

（二）包装条件是增强市场竞争力的重要手段

在国际贸易竞争日益激烈的情况下，很多企业都把改善包装特别是销售包装作为增强国际市场竞争力的重要手段之一。精美的销售包装，不仅能在销售过程中有效地保护商品，而且还能美化宣传和促进销售。

（三）包装条件是构成买卖合同的重要内容

很多国家的法律都规定，如果卖方违反了所约定的包装条件，买方有权提出索赔，甚至可以拒收货物。《联合国国际货物销售合同公约》第35条规定，卖方所交付的货物必须符合合同约定的包装条件，如果合同没有明确约定包装条件的，卖方需要按照同类货物惯常使用的包装方式装箱或包装，否则视为与合同不符。由此可见，包装是买卖合同中的重要交易条件。重视商品包装工作，并切实按照约定的包装条件与行业习惯进行包装，对顺利履行合同具有重要意义。

【案例3-20】

2017年7月，我国某出口公司同韩国某公司签订了出口玻璃的合同。合同中没有明确约定具体的包装材料，只是约定采用惯常的包装方式。我方为了节省包装费用，使用纸壳作为包装材料。货到韩国港口后，经约定的检验机构实施检验，其出具了因包装问题导致货损50 000美元的检验证书。买方因此向我方提请索赔。我方认为，合同中并没有明确约定使用何种包装材料，故拒绝赔偿。

问题： 我方的做法是否合理？为什么？

分析提示： 我方的做法不合理。因为尽管合同中没有明确约定使用何种包装材料，但是，依据《联合国国际货物销售合同公约》第35条的规定，如果合同没有明确约定包装条件，卖方需要按照同类货物惯常使用的包装方式装箱或包装，否则视为与合同约定不符。在本案例中，玻璃制品属于易碎商品，其惯常的包装方式是使用木质材料而非纸壳。故我方违反了包装条件，对所造成的损失应予以赔偿。

三、包装条款的主要内容

国际货物买卖合同中的包装条款，一般包括包装方式、包装材料、包装规格、包装标志和包装费用等内容。

（一）包装方式

包装方式是指用何种形式进行包装。比如，是采用集合包装还是单件包装，是用集装箱还是用托盘。若采用单件包装，是用桶装还是箱装或是用其他方式包装。不论是运输包装还是销售包装，其方式多种多样。买卖双方在洽商交易时究竟采用哪种包装方式，应在包装条款中具体写明。

（二）包装材料

包装材料多种多样，包括金属、塑料、木材、玻璃、陶瓷、竹、麻等，究竟采用哪种材料也应在包装条款中载明。

（三）包装规格

根据成交商品的形状、大小、特点及适合运输与销售等方面的要求来确定包装的尺寸和规格，并需要在包装条款中注明。

【案例3-21】

我国某公司对外销售杏脯1.5公吨，合同规定：用纸箱装，每箱15千克（内装15小盒，每小盒1千克）。交货时，由于此种包装的货物短缺，于是我方便以小包装（每箱仍为15千克，但内装30小盒，每盒0.5千克）货物代替。货到买方后，买方以包装不符合合同规定为由拒绝收货。卖方则认为数量完全相符，要求买方付款。

问题：案例中的责任在谁？应如何处理？

分析提示：包装规格是买卖合同包装条款的重要内容，卖方所交货物的包装规格必须与合同规定相符，否则要承担相应的违约责任。在本案例中，双方已经规定了包装规格，因此应该严格执行合同的规定。即使交货时此种包装的货物短缺，也应尽快致电买方，及时说明情况，如买方同意，再改为小包装发货。在未征得买方同意的情况下，就贸然发货，卖方需要承担相应的违约责任，应赔偿买方因此而造成的损失。

（四）包装标志

为了保证货物安全、准确、及时地交付给收货人，应在运输包装上书写、印刷、刷制唛头等，在销售包装上也应有装潢画面和文字说明等标志。交易双方在洽商包装条件时，对这些标志应事先谈妥并在合同中具体表述出来。

【案例3-22】

2017年5月，我国某出口公司与加拿大某公司订立了一份出口罐头的合同，合同总值为人民币528万元。合同中规定用纸箱做包装，每个纸箱上要刷制英、法两种文字的唛头。但我方实际交货时，因纸箱无货擅自改用塑料包装代替，并只刷制了英文唛头。货到目的地后，加拿大商人为了适应当地市场的销售要求，不得不雇人重新更换包装和唛头，后向我方提起索赔。

问题：我方是否应该赔偿？为什么？

分析提示：我方应予以赔偿。因为，我方所交货物明显违背了合同约定的包装材料和包装标志的要求。对于因我方的违约行为给买方造成的损失，我方应予以赔偿。

（五）包装费用

一般而言，包装费用应包含在货价当中。但有时也有例外，需要买方另行支付包装费用；也有要求买方在收到货物后，在合理的时间内将包装退交给卖方，这就存在退还包装的运费负担问题。这些与包装相关的费用如何分担，要在合同中明确表示出来。

四、约定包装条款的注意事项

为了合理、有效地约定好包装条款，以便合同顺利履行，买卖双方在商定包装条件时，应注意如下问题：

（一）要考虑商品特点和不同运输方式的要求

商品的特性、形状和使用的运输方式不同，对包装的要求也不相同。当事方必须从商品在储运和销售过程中的实际需要出发，使约定的包装条款科学、合理，并达到安全、适用和适销的要求。

（二）对包装的要求应明确具体

在国际贸易实践中，买卖双方应明确规定包装材料、造型和规格，一般不宜采用"海运包装""习惯包装"之类的术语。

（三）应订明包装费用由何方负担

按照国际贸易惯例，包装费用一般都包括在货价之内，不另行计收，因此，在包装条款中无须订明。但是，如果买方有要求，则需要在包装条款中订明如下事项：①由卖方供应包装，包装连同商品一起交付给买方。此种情况较为常见，包装费用一般都包括在货价之内，如果需要另行收取包装费用，则需要在合同中订明。②由卖方供应包装，但交货后，卖方将原包装收回。此种情况需要在合同中明确包装收回的时间及如何收回。③买方供应包装或包装物料。此种情况应明确规定买方提供包装或包装物料的时间，以及当包装物料未能及时提供而影响发运时买卖双方所负的责任。

【课后思考题】

1. 如何结合商品的特点，合理选择和运用各种表示品质的方法？

2. 约定溢短装条款需注意哪些方面？

3. 标准运输标志包括哪些内容？

4. 在国际贸易实践中，导致合同纠纷的主要原因是什么？

5. 如何能订立出清晰的品质条款？

6. 品质条款的主要内容有哪些？订立品质条款应注意哪些问题？

7. 数量条款的主要内容有哪些？订立数量条款应注意哪些问题？

8. 如何确定合同的主体资格？

9. 卖方所交货物的品质高出合同约定，是否会构成违约？为什么？

项目四

国际货物运输条款

在国际货物贸易中，商品只有通过运输才能弥补买卖双方空间上的距离，才能实现货物的使用价值。因此，国际货物运输是国际贸易中不可或缺的一个重要环节。国际货物运输涉及的问题主要包括由谁负责安排运输与支付相关费用；采用何种运输方式；如何确定货物装运和交接的时间与地点；可否分批装运或中途转运；装卸时间、装卸率、滞期费和速遣费怎么规定；如何发装运通知和提供装运单据等。交易双方应在运输条款中对这些问题做出明确、具体的规定，以便于合同当事人按约定条件发送和接运货物。

学习目标

了解运输方式的种类，理解租船运输和集装箱运输的营运模式，掌握班轮运输费用的计算方法及制定运输条款的注意事项；

了解滞期费和速遣费、装运期和装运港、目的港条款的意义，掌握装运时间、地点及装卸条件等条款的约定方法和注意事项；

理解装运通知的内容和注意事项，掌握分批装运和中途转运的注意事项；

了解铁路运输单据、航空货运单据，掌握海上运输提单的作用、种类和内容。

本项目内容结构图

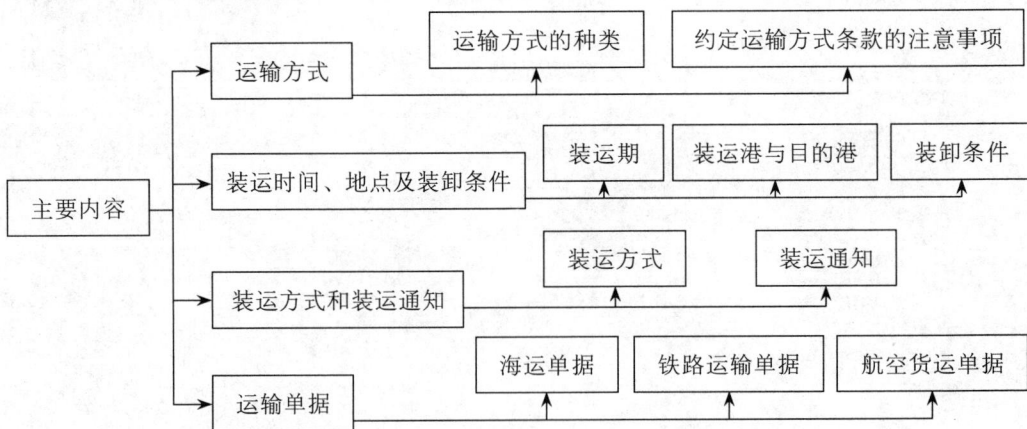

任务一　运输方式

国际货物运输方式有很多种，每种运输方式都有各自的优缺点及独特的运营规则。因此，买卖双方在洽商运输条件时，要根据实际情况，在权衡利弊的基础上，约定适当的运输方式，以利于完成进出口运输任务，从而确保买卖合同的顺利履行。有鉴于此，需要对各种运输方式的特点及运营知识有所了解，以便能合理地约定运输方式。

一、运输方式的种类

国际货物运输包括海洋运输、铁路运输、航空运输、公路运输、管道运输及在这五种基本运输方式的基础上衍生出的集装箱运输、邮包运输、国际多式联运等。

（一）海洋运输（Ocean Transport）

海洋运输是使用船舶通过海上航道运送货物或旅客的一种运输方式。在国际货物运输中，海洋运输是最主要的运输方式，其运量占国际货物运输总量的80%以上。这是因为海洋运输具有运输量大、通过能力强、运输费用低廉等优点。但海洋运输也有不足之处，如船舶航速较慢、受自然条件影响较大、货损货差较大及航期不容易准确把握等。

按照海洋运输中船舶经营方式的不同，海洋运输可分为班轮运输和租船运输两种方式。

1.班轮运输

班轮运输是按照船期表上的船期，在固定的航线和港口往返航行，并按照固定的费率收取运费的运输方式。班轮运输最主要的特点是"四固定"和"一负责"，即固定航线、固定港口、固定船期、固定的运费率和班轮公司负责装卸，装卸费用包含在运费当中。另外，货主选择班轮运输，通常货运量较少，灵活性较大，这样同船公司就运输条件讨价还价的能力就弱，因此就没必要签订较为详尽的运输合同了。船、货双方的权利、义务及责任豁免，可以船方签发的提单为依据。

班轮运输的运费按照运价表的规定收取，具体包括基本运费和附加运费。

（1）基本运费。它是构成全程运费的主要部分，在班轮运价表中，不同的商品计费标准不同，通常有下列标准：

第一，按照货物毛重（又称重量吨）计收运费，运价表中用"W"表示。

第二，按照货物体积（又称体积吨）计收运费，运价表中用"M"表示。

第三，按照货物毛重或体积计收，又称重量体积二者择其大，船公司选择其中收费较高的作为计费吨，运价表中用"W/M"表示。

第四，按照货物价格计收，又称从价运费，运价表中用"A.V"表示。从价运费一般按照FOB价格的百分之几收取。

第五，按照货物毛重、体积和价格三者中最高的一种计收，又称重量、体积、价格三者择其大，运价表中用"W/M or A.V"表示。

【例题4-1】

出口箱装货物共100箱，报价为每箱4 000美元FOB上海，基本费率为每运费吨26美元或从价费率1.5%，以W/M or A.V选择法计算，每箱体积为1.4m×1.3m×1.1m，毛重为每箱2公吨。

问题： 应核收多少基本运费？

解： 按"W"计算为：26×2×100=5 200（美元）。

按"M"计算为：26×（1.4×1.3×1.1）×100=5 205.2（美元）。

按"A.V"计算为：4 000×1.5%×100=6 000（美元）。

三者比较，按"A.V"计算的运费最高，故实收基本运费6 000美元。

第六，将每件货物作为一个计费单位收取运费。

第七，按照临时议定的价格收取运费。

实际业务中，基本运费的计费标准以货物毛重和体积二者择其大（"W/M"）的方式居多。在计算运费时，无论是重量吨还是体积吨，都统称为运费吨或计费吨。计费吨通常使用公制，重量单位为公吨，1公吨为1重量吨；体积单位为立方米，1立方米为1体积吨。

（2）附加运费。它是除去基本运费外，另外加收的各种费用。计算附加运费通常有两种方法：在基本运费的基础上加收一定的百分比，按每运费吨加收一个绝对数计算。

附加运费名目繁多，一般会随着航运市场的波动而变化。在班轮运输中，常见附加运费有超长和超重附加费、选卸附加费、港口附加费、直航附加费、转船附加费、燃油附加费等。班轮运费的计算公式为：

运费=运费吨×（基本运费＋附加运费）

=运费吨×基本运费×（1＋附加费率）

【例题4-2】

我国某公司出口箱装货物一批，报价为CFR利物浦每箱35美元，英国商人要求改报FOB价。该批货物每箱的体积为45厘米×40厘米×25厘米，每箱毛重为35千克，商品计费标准为W/M，基本运费为120美元/运费吨，并加收燃油附加费20%、货币贬值附加费10%。

问题： 我方应如何报价？（装运港：上海）

分析提示： 在本案例中，报价为CFR利物浦每箱35美元，后英国商人要求改报FOB价。对于CFR术语，因卖方要负责装运港到目的港的运费，故所报价格中包含了海上运费。将运费求出后减掉就变成了FOB的价格。

解： 每箱毛重35千克，等于0.035公吨。

每箱体积=45厘米×40厘米×25厘米=0.045（立方米）

二者比较：0.035＜0.045，故应按尺码吨计算运费。

海运运费=基本运费＋附加运费

　　　=120×0.045＋120×0.045×（20%＋10%）=7.02（美元）

FOB价=CFR价－运费

　　　=35－7.02=27.98（美元）

答： 改报价为 USD27.98 per case FOB上海。

2.租船运输

租船运输也称不定期船运输，是指租船人在租船市场上洽商签约，向船东包租船舶装运货物。租船运输主要适用于大宗低值的货物，如粮食、矿砂、煤炭、化肥、木材等。

（1）租船运输的特点。租船运输没有固定的航线、船期和港口，运输货物的种类、航行时间和运费等都由承租双方协商确定；承租双方的责任、权利、义务以双方签订的租船合同为准。

（2）租船运输的方式。租船运输一般有三种方式：

第一，定程租船（Voyage Charter）。它又称航次租船，是由船舶所有人负责提供船舶在指定的港口之间进行一个航次或几个航次的运输指定货物的租船方式。在实际业务中，定程租船较为常见。

第二，定期租船（Time Charter）。其简称期租船，是由船舶所有人按照租船合同的约定，将一艘特定的船舶在约定的期间交给承租人使用的租船方式。

第三，光船租船（Bareboat Charter）。它是指在租船期内，船舶所有人只提供一艘空船给承租人使用，而配备船员、供应给养、船舶营运管理以及一切费用都由承租人负担。此种租船方式实际上具有融资租赁的性质，在实际业务中应用不多。

（3）租船运输的运费。由于定程租船较为常见，所以这里重点介绍定程租船运输的运费。定程租船运输的运费主要包括以下三项：

第一，定程租船的基本运费，即货物从装运港到目的港的海上基本运费。

第二，装卸费。定程租船需要承租双方在租船合同中明确装卸费用由谁负担。在国际贸易中，贸易术语的变形就是为了明确装卸费用的分担。如果装卸港口条件较好，船舶能停靠在码头装卸货，则装卸费用约定较容易；如果不能停靠码头，需要用驳船装卸货物，则应明确哪一段的装卸费用由买方承担，哪一段由卖方承担。

第三，滞期费和速遣费。由于装卸货时间的长短会影响船舶的使用效率，直接关系到船方的利益，因而，在租船合同中，除规定装卸货时间外，还需要规定相应的奖惩措施，以督促租船人快装快卸。例如，租船人提前完成装卸，会得到船方奖励的速遣费；反之，若延迟装卸，则被罚滞期费。

（二）铁路运输（Rail Transport）

铁路运输具有运输速度较快、运载量较大、安全可靠、运输成本较低、办理货运手续较海洋运输简便等优点。在国际货运总量中，铁路货运量仅次于海洋货运量。铁路运输的方式有如下两种：

1.国内铁路货物运输

国内铁路货物运输是指在本国范围内按《铁路货物运输规程》的规定办理的货物运输。我国出口货物到港口装船和进口货物从港口运到内地的需用部门，往往离不开铁路运输。我国内地经由铁路运往港澳地区的货物，也属于国内铁路货物运输的范畴。

2.国际铁路货物联运

国际铁路货物联运是指使用一份统一的国际联运票据，由铁路部门负责经过两国或两国以上的铁路全程运送，无须发、收货人参与中间环节货物的移交。

（三）航空运输（Air Transport）

航空运输是一种现代化的运输方式，具有运输速度快、货运质量高、不受地面条件限制等优点。但航空运输运量有限，且运费一般较高。因此，它适合批量较小的急需物资及跌价损失较大的如海鲜、时装等商品。

1.空运货物的运输方式

随着国际贸易的发展，适合航空运输的商品不断增多，采用空运方式也日益普遍。空运货物的运输方式主要有如下几种：

（1）班机运输。它是指在固定时间、固定航线、固定机场间的航空运输，通常使用客货混合型飞机，也有全货机定期航班。

（2）包机运输。它是包租整架飞机或由几个发货人联合包租一架飞机来运送货物的运输方式。包机又分为整包机和部分包机两种形式。前者适合运送数量较大的商品，后者适合运送有多个发货人且到达站是同一地点的商品。

（3）集中托运。它是指将若干单独发运的货物组成一整批发运到目的地，由航空代理人收货、报关、分拨后交给实际收货人。采用这种方式时，航空公司只需开具一份总运单，相较单独发运来说，由于批量较大，其单位运价比国际航空运输协会公布的班机运价低7%～10%。因此，集中托运成为航空货运代理公司的主营业务。

（4）航空急件传送。它是指由一个专门经营此项业务的公司与航空公司密切合作，用最快的速度在发货人、机场和收件人之间传送急需的药品、医疗器械、图纸资料、货样、单证等。这种运输方式也被称为"桌到桌运输"。

2.航空运输的承运人

航空运输的承运人分为航空货物运输业务中的实际承运人和部分实力较强、规模较大的航空货运代理公司。

3.航空运输货物的运价

航空运输货物的运价是从起运地机场至目的地机场的运价，其中不包括如提货、仓储等项费用。空运货物的运价通常在一般货物和特殊货物的运价标准基础上，按照重量、体积二者收费较高者计收。

（四）公路运输（Road Transport）

公路运输具有机动灵活、速度快、容易实现门到门运输等优点，承担着港口、车站、机场等节点的进出口货物集散任务。随着高速公路网络的增加，公路运输因在多式联运过程中能有效衔接不同的运输方式而显得越发重要。但公路运输也有不足之处，如载货量有限、长距离运输成本高、容易发生货差货损等。

（五）管道运输（Pipeline Transport）

管道运输是货物在管道内借助高压介质的压力向目的地运送的一种运输方式。这种方式将运输通道与运输工具有效地合二为一，不受地面气候影响，可以实现连续作业，并具有运量大、速度快、运输成本低、货差货损小等优越性。但是，管道运输的适用范围较窄，通常只用于液态和气态货物的运输。

（六）成组化运输

成组化运输是将分散的单件物体组合在一起，使之成为一个规格化、标准化的大型运输单位，应用机械化、自动化的设备设施来实现运输的一种现代化运输方式。

1.托盘运输（Pallet Transport）

托盘运输是指将货物按一定要求组装在一个标准托盘上组成一个运输单位，便于用铲车或托盘升降机进行装卸、搬运和堆存的一种运输方式。这种运输方式能有效减少货损货差，便于点数、理货、交接。托盘运输所需设备设施简单，因而投资少，但可以提高运输效率一倍以上。

2.集装箱运输（Container Transport）

集装箱运输是以集装箱这种大型容器为载体，将货物集合组装成集装单元，以便在现代流通领域内运用大型装卸机械和大型载运车辆进行装卸、搬运作业和完成运输任务，从而更好地实现货物"门到门"运输的一种新型、高效率和高效益的运输方式。它是衡量一个国家运输现代化的重要标志。集装箱运输适合包括国际多式联运在内的任何运输方式，尤其在国际主要班轮航线上占有支配地位。

（1）集装箱。它是一种能反复使用的运输辅助设备，外形像一个箱子，因而又称货柜、货箱。集装箱具有耐久性，适合多种运输方式，便于装卸，容积在1立方米以上。集装箱有3个系列13种规格，在国际航运市场上主要为20英尺和40英尺两种。一个20英尺的集装箱称为一个TEU，也就是一个标准箱。

（2）集装箱运输的优点。

第一，有利于形成连贯的成组化运输。集装箱运输由于适用于任何运输方式，因而有利于把传统单一的运输方式转变为连贯的成组化运输。

第二，方便货物的交接。集装箱运输可以根据整箱和拼箱的实际情况，采取场、站、门等任何交接方式，从而大大简化了货运手续，为交接货物提供了方便。

第三，有利于提高货运质量。由于集装箱本身是牢固耐用的容器，因此能很好地保护内部商品在运输过程中免受损坏，从而有利于提高货运质量，保证货物安全并减少货差货损。

第四，有利于提高货运效率。由于集装箱运输使用现代化的设备设施，装卸效率高、装卸时间短，因此有利于加速车船周转和提高货运效率。

（3）集装箱货物装箱方式。其分为整箱货和拼箱货。前者是指发货人负责装箱、计数、填写装运单，并由海关加铅封的货物；后者是指不满一整箱的小票货物，这种货物通常由承运人或其代理人在货运站集货后，根据货物性质和流向进行分类整理，把到同一目的地的多票货物拼装在同一个集装箱内，待货物运到目的地货运站后拆箱交给相应的货主。

（4）集装箱货物的交接地点。集装箱货物可以在发运地的门（托运人的仓库）、场（码头堆场）、站（货运站）和目的地的门（收货人的仓库）、场（码头堆场）、站（货运站）间根据需要自由组合，这样就有九种交接地点可供选择。

（5）集装箱货物的交接方式。集装箱货物的交接共有以下四种交接方式：

第一，整箱交、整箱接。发货人在仓库内将装满货后的整箱交给承运人，待运到目的地后收货人同样以整箱接货。

第二，拼箱交、拆箱接。发货人将不足整箱的小票货物运到货运站交给承运人，由承运人负责装箱，待运到目的地货运站后也由承运人负责拆箱，拆箱后收货人凭单接货。

第三，整箱交、拆箱接。发货人在仓库内将装满货后的整箱交给承运人，待运到目的地货运站后由承运人负责拆箱，拆箱后收货人凭单接货。

第四，拼箱交、整箱接。发货人将不足整箱的小票货物运到货运站交给承运人，由承运人负责装箱，待运到目的地后收货人以整箱接货。

（6）集装箱运输的费用。

第一，集装箱运输的运费构成。除装运地到目的地的基本运费外，还包括市内运费、拼箱服务费、堆场服务费、集装箱及设备使用费等。

第二，集装箱运输运费的计算方法。其主要由干线运费（主要是海运运费）和一些有关的杂费组成。计收运杂费的方法有两种：一种是按件杂货或基本费率以每运费吨为计算单位，再加收一定的附加费；另一种是按包箱费率（以集装箱为计费单位）计收，包箱费率视船公司和航线不同而略有不同。

（七）国际多式联运（International Multimodal Transport）

国际多式联运是在集装箱运输的基础上产生和发展起来的一种综合性的连贯运输方式。它一般以集装箱为媒介，把海、陆、空各种传统的单一运输方式有机地结合起来，形成一种国际连贯运输。确切地说，国际多式联运并非一种新的运输方式，而是一种新的运输组织方式。

1.国际多式联运的定义

《联合国国际货物多式联运公约》对国际多式联运所下的定义是："国际多式联运是指按照多式联运合同，以至少两种不同的运输方式，由多式联运经营人把货物从一国境内接运货物的地点运至另一国境内指定交付货物的地点。"

2.国际多式联运的构成条件

根据《联合国国际货物多式联运公约》对国际多式联运所下的定义，构成国际多式联运应具备下列条件：①必须有一份多式联运合同，明确规定多式联运经营人和托运人之间的权利、义务、责任、豁免的合同关系和多式联运的性质；②必须是两种或两种以上不同运输方式的跨国连贯运输；③必须使用一份全程的多式联运单据，并由多式联运经营人负责全程运输；④必须是全程单一运费率，计算运费时包括全程各段运费、经营管理费和合理的利润。

【案例 4-1】

2016年2月18日，我国A公司委托B公司运输一批参加巴拿马国际博览会的展品，并向其提交了一份出口货物托运单。2月22日，B公司签发了一份多式联运提单，该提单中载明，货物由汽车运往中国香港后，装上驶往巴拿马的定期班轮。但是，当货物到达巴拿马时，已超出合同约定的期限，结果A公司的商品未能参展。经查明，该批货物中途曾被卸下，由他船转运至巴拿马。A公司指出，作为多式联运经营人的B公司擅自转船，导致A公司错过参展日期，要求其赔偿经济损失。

问题： B公司是否应该向A公司赔偿经济损失？为什么？

分析提示： B公司应该向A公司赔偿经济损失。因为，作为多式联运经营人的B公司应对货物运输的全程负责。在本案例中，B公司擅自将货物转船运输是导致货物延期运抵目的地的根本原因，而B公司不能证明有转船的必要，因此应该承担不合理转船造成货物延误的责任。

3.国际多式联运的优点

开展国际多式联运是实现"门到门"运输的有效途径。它简化了运输手续，减少了中间环节，由专业的多式联运经营人负责组织和衔接，有利于加快货运速度和提高货运质量。

二、约定运输方式的注意事项

为了合理选择和恰当地运用各种运输方式，以利于进出口合同的顺利履行，在洽商运输方式时，一般应考虑如下事项：

1.要充分考虑各种运输方式的优缺点

每种运输方式都有其自身的优越性和不足之处，没有最好的运输方式，只有最合适的运输方式。因此，在洽商运输方式时，应注意比较各种运输方式的优缺点，统筹考虑并在权衡利弊的基础上选择合理而有利的运输方式。

2.要考虑所选用的贸易术语

选择运输方式同选用的贸易术语密切相关。各种贸易术语都分别适用一定的运输方式，如FOB、CFR、CIF这三种贸易术语只适用于水上运输方式，而FCA、CPT、CIP这三种贸易术语则适用于任何运输方式。由此可见，在约定运输方式时，应一并考虑使用何种贸易术语；而在选用贸易术语时，也应同时考虑选用何种运输方式。只有这样，才能使约定的运输方式与合同中的其他交易条件相吻合，而不至于出现相互矛盾的情况。

3.要考虑成交商品的特点

在国际贸易中，商品种类繁多，且都各有自身的特性，因而对运输条件的要求也各不相同。如有些商品易腐，需要在低温冷藏的条件下运输，这需要有专门的设备设施做保障，同时在途时间也不宜过长。因此，在洽商运输条件时，必须注意成交商品的特性，以确保运输质量。

4.要考虑成交商品数量的大小

由于不同运输方式适合的运量不同，所以在选择运输方式时，要充分考虑成交商品数量的多少。如系大宗低值货物，一般适于采用海洋运输或铁路运输，以降低运输成本；如系小宗货物，成交量较少，可酌情选用航空运输或公路运输。

5.要考虑运输距离的远近

由于每种运输方式都有其经济运输距离，如海洋运输和铁路运输适合较长距离的运输，而公路运输适合较短距离的运输，所以在选择运输方式时，要根据运输距离的远近，选用在其经济运输距离范围内的运输方式，这样有利于降低单位距离的运输成本。

6.要统筹考虑货物需求的轻重缓急和运费因素

各种运输方式的运送速度不同，一般说来，航空运输速度最快，公路和铁路运输次之，海洋运输速度最慢。而运输费用的高低和速度快慢正好成正相关，即运输速度快的方式费用也高，而运输速度慢的方式费用也低。所以，在选择运输方式时，要统筹考虑货物需求的轻重缓急和运费因素，以期在满足需求的前提下尽可能地降低运输成本。

7.要综合考虑货运安全和商品包装的特点

各种运输方式的风险大小不同，因而导致的货差货损程度也不同。例如，海洋运输易受恶劣的海况影响，船舶在航行途中可能会摇来晃去，货物由于撞击和颠簸而造成毁损的可能性就大；在航空运输中，飞机一般运行较为平稳，货损较少。

商品外包装的主要作用是保护商品免于在储运过程中损坏，而商品包装的材质不同，所起到的保护作用也不同。因此，在选择运输方式时，还要考虑商品包装的特点。

总之，买卖双方在洽商运输方式时，需要考虑的因素很多。为了合理地约定运输方式，合同当事人应该综合考虑上面提到的各种因素，权衡利弊，审慎地做出适当的选择。

任务二　装运时间、地点及装卸条件

装运时间和地点是国际货物运输条款的重要内容。确定装运时间和地点时，买卖双方需要在考虑采用何种贸易术语、货源情况、安排运输的难易程度、港口的自然条件等诸多因素的基础上，就装运期、装运地、目的地、装卸效率以及滞期费和速遣费等进行协商，达成一致后形成运输条款。

一、装运期

装运期是卖方在约定的装运地点，将合同规定的货物装上运输工具或承运人接管的时间。常用的6个贸易术语都属于装运合同术语，如果使用这6个术语，则装运期与交货期是一致的，即卖方完成装运也就完成了交货义务。但如果使用的是到达合同术语，则装运期比照交货期差一个跨国运输的时间。

（一）约定装运期的意义

根据有关的国际贸易法律与惯例的解释，装运期是买卖合同中运输条款的主要内容，其重要性如下：

1.合同当事人必须按约定时间装运或交付货物

按合同约定的时间装运或交付货物，是当事人应尽的法律义务，如一方当事人违反装运期的规定，另一方当事人有权要求赔偿损失甚至是撤销合同。这里需要特别注意的是，人们一般认为延迟装运或交货才算违约行为，似乎对提前装运或交货不认为有何不妥，这种认识是极其错误的。实际上，提前装运或交付货物也同样属于违约行为，买方同样有权要求损害赔偿。

【案例4-2】

2017年5月，我国某公司与马来西亚某公司以CIF条件签订了一份出口玉米的合同。合同规定装运期为2017年8月，装运港为锦州港。我方于2017年7月26日取得船公司签发的提单后，备齐相关单证到银行结算货款，结果银行以单证不符为由拒绝议付货款。

问题：银行的做法是否妥当？为什么？

分析提示：按合同约定的装运期交付货物是卖方应尽的义务，无论延迟交付还是提前交付都属于违约行为。在本案例中，合同约定的装运期是2017年8月，而提单的签发日期是2017年7月26日，这明显是违反了合同约定的装运期。银行在议付货款时，会严格依据单单相符和单证一致的原则进行审单，结果发现提单签发日期与合同约定的装运期不符，因而，银行拒绝议付货款的做法是正当的。

2.装运期条款对买卖双方都有约束力

买卖双方约定的装运期条款，不单单是约束卖方的条款，对买方也同样有约束力。因为，要想如期完成装运，通常需要买卖双方密切配合才能做到。比如，在FOB项下，卖方应在合同约定的日期在指定的装运港，将符合合同约定的货物装到买方指派的船上。这就要求买方必须要在合同约定的日期，派船到指定的装运港接运或受领货物。如果买方没有及时派船到装运港而出现货等船的情况，可视为买方违反装运期条款并应承担相应的违约责任。

总之，买卖双方很容易因装运期约定不清而引起争议，因此交易双方对合同中有关装运期条款的规定非常重视，要确保其具体明确和切实可行。

（二）约定装运期的方法

在装运期条款中，应当写明成交商品的装运与交付期限。关于装运期的约定方法，应由买卖双方协商确定。

1.规定明确、具体的装运期限

规定明确、具体的装运期限的方法又可以分为如下两种：

（1）规定一段时间。例如，2017 年 8 月份装运（Shipment during August 2017）。只要卖方在此时间段内完成装运，都视为符合合同要求。一段时间究竟应该多长，应视具体情况而定，不宜过长，也不宜过短，通常情况下，以规定一个月时间的为多。

（2）规定最迟期限。例如，装运期不迟于 2017 年 8 月 31 日（Shipment not later August 31st 2017）。只要卖方在此最迟期限前完成装运，都视为符合合同要求。

2.规定收到信用证后若干天装运

例如，"收到信用证后 40 天内装运"，这种规定方法只适用于以信用证结算的情况。为防止买方不按时开立信用证，一般还规定"买方必须不迟于某月某日将信用证开到卖方"的限制性条款。如果对买方的资信不够了解，可采用此种方法。

（三）约定装运期的注意事项

约定装运期需要考虑的因素较多，而有些因素又是相互联系的，所以在约定装运期时，要在买卖双方充分协商的基础上统筹考虑，避免为签订合同而盲目确定装运期。

1.应充分考虑买卖双方市场的供需状况

市场的供求状况决定着商品的价格，而价格是影响买卖双方利润的最敏感因素，因此，买卖双方要在充分了解各自所在市场供求状况的基础上，审慎确定装运期。对卖方而言，首先应着重考虑拟要组织货源的目标市场的供求状况及价格走势，在了解市场行情的前提下，再确定装运期，以免到时不能如期交货而造成不必要的损失；对买方而言，应根据自身的实际需要和拟要销售的目标市场的供求状况、价格走势来确定装运期，以免过早到货而增加仓储费用或过晚到货影响实际需求的情况出现。

2.应充分考虑与运输有关的各种因素

在约定装运期时，负责安排运输的一方必须要充分考虑与运输有关的各种因素，如租船市场的供求状况、安排运输所需的必要时间、港口的自然条件和文化特点等。这些因素对能否按预期完成装运有着直接影响。

【案例4-3】

2017 年 8 月，加拿大某公司欲以每公吨 800 加元 FOB 蒙特利尔条件向我国出口一批商品。合同规定装运期为 2017 年 12 月，即期信用证付款。

问题：装运期为 2017 年 12 月这一条件能否接受？

分析提示：确定装运港和装运期时，应考虑港口的自然条件和实际情况。在本案例中，蒙特利尔位于加拿大的东海岸，属于季节性封冻港口，12 月份正是封冻期，因此，在 12 月装船不可以接受。

3.装运期的长短要适度

装运期的长短要视商品的产销情况、安排运输的时间、市场的实际需求等因素而定。装运期规定过短，势必会给组织货源或安排运输带来困难；装运期规定过长，也会给买卖双方带来不利影响。比如，就卖方而言，较长的装运期容易错过最佳销售时机而遭受损失；对买方而言，较长的装运期会影响商品的使用或销售和承担货价波动的风险等。因此，当事双方所规定的装运期的长短要适度。

4.应注意装运期同开证日期和信用证有效期之间的联系

在采用信用证结算方式时，装运期、开证日期和信用证有效期三者之间是相互关联的，需要做好衔接和留出必要的结算时间。

（1）要做好装运期同开证日期之间的衔接。由于装运期和开证日期的联系极为紧密，如果没约定或没约定清楚开证日期，可能会出现延期装运甚至不能履行合同的严重后果。所以，在约定装运期时，应一并约定好开证日期，并考虑与开证日期相互衔接。通常，卖方希望买方早开立信用证，而买方因开立信用证会占用资金等原因不愿意早开信用证，这就需要买卖双方就开证日期充分协商。一般说来，买方要比装运期早一个月将信用证开到卖方，这对双方都较为合适。

【案例4-4】

我国某公司与英国某公司达成一笔圣诞节应季礼品的出口交易。合同规定的交货期为2016年12月1日前，以信用证方式结算货款，但在合同中未明确规定买方的开证时间。我方自2016年11月上旬开始向买方催开信用证（L/C），经多次催证，买方于11月25日将信用证开抵我方。我方于12月5日将货物装运完毕，当我方向银行提交单据时遭到银行拒付。

问题：（1）银行拒付有无道理？为什么？

（2）在本案例中，我方有哪些失误？该如何处理？

分析提示：（1）银行拒付是有道理的。因为，以信用证方式结算时，银行会严格按照单单相符和单证一致的原则进行审单付款。在本案例中，买卖合同规定的交货期是2016年12月1日前，而我方实际上是12月5日将货物装运完毕的，这显然是违反了装运期条款。

（2）买方在开立信用证时，银行会根据其信用核收相应的保证金。这样，买方为延迟占用资金，通常不愿意早开信用证。因此，我方应该在买卖合同中明确信用证的开立时间。如果发生案例中没有规定开证日期的情况，我方也应至少早于装运期一个月进行催证，而且需要向买方明确表示，买方晚开立信用证，必然会影响到我方备货及装运，由此造成的后果应由买方承担。

（2）要注意装运期和信用证有效期之间的间隔。为了便于卖方在完成装运后有充足的时间缮制有关单据向银行结算货款，装运期和信用证有效期之间应留有合理的间隔时间。一般说来，信用证有效期应比装运期长20天左右。

5.约定装运期应明确、具体且要留有余地

为了便于在约定日期完成装运任务，交易双方对装运期的规定应明确、具体且要留有余地。对明确、具体的理解是尽可能不要使用"立刻装运""即期装运""尽早装运"等容易产生歧义的字样。但也不能将装运期规定为某一时间点，而应是一段时间或是限定截止时间点。

二、装运港（地）与目的港（地）

国际货物运输可能采用各种不同的运输方式，因此，装运地和目的地因运输方式不同可以是港口、车站、机场等。但是，鉴于80%以上的国际货物都是通过海洋运输方式完成交付的，故这里侧重介绍装运港和目的港的约定。在国际货物贸易中，装运港（地）一般由卖方提出，经买方同意后确定；目的港一般由买方提出，经卖方同意后确定。

（一）约定装运港（地）与目的港（地）的意义

在国际货物贸易中，不同的装运港（地）与目的港（地）意味着买卖双方承担的风险和费用各不相同，涉及合同当事人的利益得失，因而成为交易双方所关注的重要问题。

1.有利于买卖双方履行合同义务

约定清楚装运港（地）与目的港（地），既有利于卖方按约定地点组织货源和装运货物，也有利于买方按约定地点接运和领受货物。因此，约定装运港（地）与目的港（地）有利于买卖双方履行合同义务。

2.有利于买卖双方明确责任

在海洋运输方式下，装运港和目的港的重要性因使用的贸易术语不同而有差异。比如，按FOB术语成交，卖方要负责货物装上装运港的船舶之前的风险和费用，而买方负责货物装上装运港的船舶之后的风险和费用。装运港是划分风险和费用的分界点，涉及买卖双方的利害关系，其重要程度可见一斑，因此，装运港一经确定，交易双方均不得擅自更改。又如，按CIF术语成交时，装运港会影响买卖双方风险的划分，目的港会影响卖方对运费和保险费的承担问题。所以，对装运港和目的港的确定十分重要，这有利于明确当事人应承担的责任，从而可以有效减少贸易纠纷。

（二）约定装运港（地）和目的港（地）的方法

在国际货物买卖合同中，一般各规定一个装运港（地）和目的港（地），并列明具体名称；也可以根据实际需要酌情规定一个以上的装运港（地）和目的港（地），或规定采用选择港办法，即在两个或两个以上的港口中任选一个或几个为装运港或目的港。

（三）约定装运港（地）和目的港（地）的注意事项

约定装运港（地）和目的港（地）时，应从商品产销情况、运输安排和装卸条件等方面综合考虑并要审慎行事，且需要注意下列事项：

1.要充分考虑装运港（地）和目的港（地）的具体条件

在选择装运港（地）和目的港（地）时，要充分考虑当地的社会文化、自然情况、有无直达班轮、装卸设备设施的现代化程度、装卸费用的大小等因素。在综合考虑上述条件的基础上，做出恰当抉择和采取相应的措施。

2.要注意装运港（地）和目的港（地）有无重名问题

世界上港口重名的有很多，如维多利亚（Victoria）港，世界上有12个之多；波特兰（Portland）港，也有数个。为防止发生差错，引起纠纷，在约定装运港（地）

和目的港（地）时，应同时列明其所在国家和地区的名称。

3.按就近原则选择装运港（地）和目的港（地）

一般说来，装运港（地）应尽可能靠近货源地，目的港（地）应尽可能靠近用货地或销售的目标市场。这样有利于缩短运输里程、节约运输费用、减少中间环节和货差货损，从而提高运输质量。

4.审慎使用选择港办法

当需要使用选择港办法时，要注意选择的港口应在同一航区和同一航线上，而且备选港口数量一般以不超过三个为宜。同时，应明确规定由谁行使港口的选择权和选港费由谁负担。

5.装运港（地）和目的港（地）的规定应明确、具体

装运港（地）和目的港（地）的规定应明确、具体，不能笼统。比如，有的公司在约定运输条款时，在目的港一栏中写的是"欧洲主要港口"，这样约定装运港（地）和目的港（地）就过于笼统，会给履约带来困难。

另外，不同贸易术语后面所接的港口意义不同，如FOB术语后面接的是装运港；而CFR和CIF术语后面接的是目的港。因此，在约定装运港（地）和目的港（地）条件时，要同贸易术语后面的港口相一致，不要出现自相矛盾的情况。

三、装卸条件

在国际货物贸易中，成交的商品以大宗低值的居多，而大宗低值的商品适合采用程租船运输。以这种方式运输时，负责安排运输的一方与船公司应在租船合同中约定好装卸时间、装卸率和滞期费、速遣费条款，以促使租船人快速装卸，加速船舶运营周转。但是，负责租船的当事人不一定也负责装卸货物，如果装卸货物由另一方当事人负责的话，还需要在买卖合同中约定好装卸时间、装卸率和滞期费、速遣费条款。这有利于明确各方的责任，便于合同顺利履行。

（一）装卸时间和装卸率

装卸时间和装卸率二者密不可分，在约定装卸条件时，要统筹考虑，确定合适的装卸时间和装卸率。

1.装卸时间

装卸时间是指完成装卸任务所约定的时间，通常以天或小时数来表示。装卸时间的规定方法很多，主要有下列几种：

（1）按日（Days）或连续日（Running Days）计算，即连续满24小时算一日。这种计算方式是有一天算一天，不管任何情况都不作扣除。这对船方有利，通常适用于石油和矿石等产品。

（2）按工作日（Working Days）计算，即按港口法定工作时间计算装卸时间，节假日等不计算在内。至于多少小时算一个工作日，各地港口的规定不同。

（3）按良好天气工作日（Weather Working Days）计算。这是指在工作日的基础上，再扣除因恶劣天气不能进行装卸作业的日子。

（4）按连续24小时晴天工作日（Weather Working Days of 24 Consecutive Hours）

计算。它是指连续工作满24小时为一个工作日，再扣除节假日和因恶劣天气不能进行装卸作业的日子。这种方法适合昼夜作业的港口。

（5）按累计24小时工作日（Working Days of 24 Hours）计算。它是指不管港口习惯工作时间如何，累计装卸作业24小时为一个工作日。

为了便于计算装卸时间，合同中还必须对装卸时间的起讫加以明确。关于起算时间，一般规定船长递交装卸准备就绪通知书的时间为始算时间；关于止算时间，习惯上以货物装卸完成的时间为止算时间。

【案例4-5】

2016年10月，我国某公司与泰国某公司以CIF曼谷条件签订一份出口食糖的合同。合同约定：装运期为2017年1月，货船到达曼谷港口后，买方负责在9天内将承运船舶上的货物卸完，超过上述规定时间，买方负责承担由此引起的包括滞港、滞卸费在内的一切费用。在履行合同的过程中，买卖双方因40 000美元滞期费问题产生纠纷，协商不成后提请仲裁。卖方提交的所租货船航海日志记载，2017年2月21日11时46分，船舶抵达东经96度北纬16度处抛锚。3月1日3时30分做进港准备，4时55分领航员登轮开始进港，9时26分靠泊，10时30分开始卸货。3月6日4时40分卸毕。该轮的卸货准备就绪通知书（NOR）上记载，该NOR是承运人于2月22日11时45分于锚地时递交的，但被接受的时间是3月1日9时30分。

问题： 买方应否承担滞期费？为什么？

分析提示： 滞期费是安排运输的一方当事人与船公司签订租船合同时约定的超出约定的装卸时间后给付给船公司的罚金。船公司在计算滞期费时，通常以船长递交卸货准备就绪通知时起算。在本案例中，由于使用的是CIF术语，由卖方（我方）安排运输，因此，一旦产生滞期费，船公司将依据租船合同要求我方给付。我方给付船公司滞期费后，可以再行依据买卖合同追究买方的责任。买卖合同约定，买方需在9天内将承运船舶上的货物卸完。本案例争议的焦点应是买卖合同中的卸货起算时间。从2月21日11时46分起到3月1日4时55分止，船舶在曼谷港外抛锚，此段时间不应计算为卸货时间。尽管船长在锚地递交了准备就绪通知书（NOR），但是该通知书并未被无条件地接受。因此，卸货时间应从船舶实际开始卸货时计算，即从3月1日10时30分起算，至3月6日4时40分卸货完毕。该段时间未超过货物买卖合同所约定的9天卸货时间，故买方不应承担滞期费。

2.装卸率

所谓装卸率，是指单位时间内装卸货的数量。装卸率的高低直接关系到完成装卸任务的时间和运费水平，因此，规定装卸率时，应按照港口习惯的正常速度实事求是地确定，装卸率规定过高和过低都不合适。规定过高，不能如期完成装卸任务，需要承担滞期费；反之，规定过低，虽能提前完成装卸任务，可得到船方的速遣费，但船方会因装卸效率低、船舶在港时间长而增加运费，致使租船人得不偿失。

（二）滞期费和速遣费

滞期费和速遣费是一对相对的概念，规定滞期费和速遣费条款的目的是促使快速装卸，提高船舶运营效率和降低运营成本。

1.滞期费

滞期费是指在规定的装卸时间内，租船人未能完成装卸任务，增加了船舶在港等待时间，租船人因此向船方支付的一定的罚金，用来弥补给船方造成的经济损失。船舶一旦滞期，在计算滞期时间时，装卸时间的除外情况（如节假日、恶劣天气等）便不再扣除。

2.速遣费

速遣费是指在规定的装卸时间内，租船人提前完成了装卸任务，使船方减少了船舶在港等待时间，船方就节省的时间给予租船人的一定的奖励金。

滞期费和速遣费的比例可以协商，一般情况下，速遣费是滞期费的一半。

任务三　装运方式和装运通知

国际贸易的标的物通常是大宗货物，对于交付大宗货物，有时不需要或不方便一次完成装运，这就需要分批装运；有时还需要中途转换运输工具。为了明确交易双方的责任和义务，需要约定好装运方式，并要加强沟通和密切协作，只有这样才能顺利履行合同。

一、装运方式

装运方式主要指大宗货物的分批装运和中途转运。

（一）分批装运（Partial Shipment）

分批装运是指一个合同项下的货物分若干批次装运。在大宗货物交易中，买卖双方应根据交货数量、运输条件和市场需求等因素，在合同中规定分批装运条款。

1.分批装运的规定方法

分批装运直接关系到买卖双方的利益，因此，交易双方应根据需要在合同中做出具体规定。有关分批装运的规定方法有如下两种：

（1）只规定允许分批装运，对具体分几个批次、每个批次的装运时间和每批的装运数量不做规定。

（2）在规定允许分批装运的同时，对具体分几个批次、每个批次的装运时间和每批的装运数量都做出详细的规定。

2.《跟单信用证统一惯例》（《UCP600》）对分批装运的相关规定

《跟单信用证统一惯例》是国际贸易跟单信用证结算中应遵循的重要惯例，对指导贸易实践有着极为重要的作用。其中，有关分批装运的规定如下：

（1）除非信用证另有规定，分批支款或装运均被允许。意思是说，信用证中没有明确规定不允许分批装运时，则视为允许分批装运。但是，有些国家的法律却做出相反的规定，即合同未规定允许分批装运，则视为不得分批装运。这就产生了矛盾，为了避免引起争议，对于是否允许分批装运，交易双方应在买卖合同中明确注明。一般来说，在大宗的国际货物贸易中，允许分批装运对卖方交货比较有利。

（2）运输单据上注明同一运输工具、同一航次、同一目的地的多次装运，即使注明不同的装运日期或不同的装货港，也不视为分批装运。

【案例4-6】

北京某公司向新加坡某公司出口2 000公吨大豆。买方开来的信用证中规定，不允许分批装运。我方在规定的期限内分别在大连和青岛各装1 000公吨大豆于同一航次的同一船只上，提单上也注明了不同的装货港和不同的装船日期。

问题： 我方的做法是否违约？银行能否议付？

分析提示： 我方的做法不构成违约，银行应予以议付。因为根据《跟单信用证统一惯例》的规定，运输单据上注明同一运输工具、同一航次、同一目的地的多次装运，即使注明不同的装运日期或不同的装货港，也不视为分批装运。在本案例中，我方于大连和青岛各装1 000公吨大豆于同一航次的同一船只上，不属于分批装运，因此我方不构成违约。

（3）如信用证规定在指定的期限内分批装运，而其中任何一批未按期装运或有严重质量问题，则信用证对该期及以后各期均告失效。

【案例4-7】

2016年8月，中国某公司与泰国某公司订立了一份出口中国大米10 000公吨的合同。合同中规定："自2017年2月份开始，每月装船1 000公吨，分10批交货。"我方按照合同约定从2月份开始交货，但交至第5批时，发现大米有霉变，不适合人类食用。买方以此为由，主张以后各批均应撤销。

问题：（1）买方要求撤销以后各批的主张是否合适？为什么？

（2）若此交易凭信用证结算货款，则买方又能主张什么权利？为什么？

（3）若此合同交易的是大型成套的机械设备，同样发现第5批品质不符，买方又能享有什么权利？为什么？

分析提示：（1）买方要求撤销以后各批的主张是不合适的。因为，第5批大米出现严重的质量问题，与以后各批大米有质量问题没有必然的因果关系，故买方只能主张撤销第5批大米。

（2）如以信用证方式结算货款，对于分批装运中的任何一批未按期装运或有严重质量问题，则信用证对该期及以后各期均告失效。因此，买方可以主张以后各批不能再以信用证的方式结算。

（3）若此合同交易的是大型成套的机械设备，发现第5批品质严重不符，买方则可以要求撤销以后各批。因为，成套的机械设备是一个整体，构成整体的一部分第5批有严重问题，不论以后各批是否有质量问题，则作为成套的机械设备就有严重质量问题。

3.规定分批装运的注意事项

合同当事人在约定分批装运条款时，应当注意下列三点：

（1）应具体列明分批装运的批次、时间和数量。交易双方如果同意分批装运，应在买卖合同中具体列明分几个批次、每个批次装运的数量与时间。

（2）要明确是否允许分批装运。对在合同中没有明确约定是否允许分批装运的问题的处理，《跟单信用证统一惯例》和有些国家的法律存在着矛盾，所以，为避免引起纠纷，就需要在买卖合同中明确约定是否允许分批装运。

（3）不宜规定对一笔交易的货物在短时间内分批装运。根据需要和可能，每批装运的时间要有适当间隔，一笔交易货物，不宜在短时间内分批装运，以免给装运带来实际困难，从而影响整个合同的履行。

（二）转运（Transshipment）

转运是指一个合同项下的货物从装运地运至目的地的过程中，需要转换运输方式或运输工具。

1.转运的原因

转运的原因主要是用一种运输方式或同一运输工具不能到达目的地或不经济。比如，海运方式中的班轮因某种原因不挂靠目的港；或是大宗商品采用租船方式运输时，由于目的港的吃水限制等原因无法直接到达。

2.《跟单信用证统一惯例》对转运的相关规定

《跟单信用证统一惯例》规定：除非信用证另有规定，可准许转运。意思是说，信用证中没有明确规定不允许中途转运时，则视为允许中途转运。

货物中途转运，不仅延误时间和增加费用开支，而且还有可能出现货损货差，所以买方一般不愿意中途转运，往往要求在合同中增加"限制中途转运"条款；与此相反，卖方为了便于装运，往往要求在买卖合同中增加"允许中途转运"条款。

【案例4-8】

我国某公司向马来西亚某公司出口一批货物，目的港为槟城。马来西亚公司开来的信用证中未明确可否转船，而实际上从装运港锦州到槟城无直达船。

问题：这种情况下是否需要买方修改信用证，加上"允许转船"字样？

分析提示：不用修改信用证。因为根据《跟单信用证统一惯例》的规定，除非信用证另有规定，可准许转运。

3.规定中途转运的注意事项

合同当事人在约定中途转运条款时，应当注意以下三点：

（1）应明确约定转运办法及转运费的负担。如果交易双方同意中途转运，最好在买卖合同中明确载明，并对具体如何转运和转运费的负担一起做出约定。

（2）转运条款应同装运时间条款结合起来约定。例如，规定2017年6月装运，允许由新加坡转运。

（3）应视具体情况约定是否允许转运。买卖合同中是否规定允许转运，应视具体情况而定。一般说来，不允许转运多由买方提出，但需经卖方同意后方可确定。但如果是买方负责安排运输的话（如 FOB 合同），买方不宜提出不许转运的要求，以免约束自己而导致不利的后果。

二、装运通知（Advice of Shipment）

在国际贸易业务中，买卖双方为了顺利履行合同，需要相互配合和密切协作，只有这样才能做好车、船、货的有效衔接和及时办理货运保险。因此，交易双方应就备货、派船等事宜加强联络和相互通知。装运通知也是装运条款的一项重要内容。

（一）装运通知的内容

装运通知的内容，应根据不同的成交条件、不同的运输方式和不同的通知目的而定。

1.按 FOB 条件成交

如果买卖双方按 FOB 条件成交，卖方一般在约定的装运期开始前至少 30 天向买方发货物备妥通知，以便买方派船接运货物，防止出现货等船的情况。买方接到此项通知后，应将所派船舶的名称及到港日期等事项及时通知卖方，以便卖方安排装船事宜，防止出现船等货的情况。卖方在约定的时间和地点装船后，应及时将合同项下的货物装载情况向买方发出通知，以便买方及时投保货运险，并做好接货准备和安排办理进口通关手续。

2.按 CFR 条件成交

如果买卖双方按 CFR 条件成交，卖方在约定的时间和地点装船后，应及时将合同项下的货物装载情况向买方发出通知，以便买方及时投保货运险，并做好接货准备和安排办理进口通关手续。需要特别强调的是，按 FOB 和 CFR 条件成交时，如果由于卖方没有及时向买方发出装船通知，而使买方漏上保险，在此期间货物发生毁损和灭失的风险应由卖方承担。对按 CFR 条件成交来说，卖方向买方所发的装船通知尤为重要，因为，按 CFR 条件成交时，卖方负责租船，而买方负责投保，买方对租船、装运事宜可能完全不清楚，买方何时投保完全取决于卖方何时通知。

3.按 CIF 条件成交

买卖双方按 CIF 条件成交时，卖方发出装船通知的意义主要是方便买方接运货物和追加保险。以 CIF 条件成交时，卖方通常只投保最便宜的平安险，如果买方认为平安险的覆盖范围太窄，那么负担风险的买方有可能需要追加保险。故就买方而言，当然希望卖方尽快向其发出装船通知，以便自己及时办理追加保险事宜。

以上只介绍了三种成交条件下的装运通知，其实，不论采用何种贸易术语，买卖双方加强沟通、及时传递备货和装船等相关事宜都是顺利履行合同所必需的。

（二）约定装运通知的注意事项

鉴于装运通知的重要性，交易双方在约定装运通知时，应明确相关细节，特别应注意下列事项：

1.装运通知是买卖双方都应尽的义务

要想合同顺利履行，买卖双方必须密切协作，加强信息沟通，而装运通知是交易双方信息传递的内容，这种沟通并非是单向的，而是买卖双方都应尽的义务。因此，在规定装运通知时，既要考虑卖方通知买方的事项，也要考虑买方通知卖方的事项。

2.明确装运通知的时间

为了便于装运各环节的有效衔接和及时投保货物运输险，明确相互通知的时间很有必要。比如，以 FOB 条件成交的合同，一般规定卖方在装运期开始前若干天向买方发出货物备妥通知，买方接到此项通知后，应在若干天内向卖方发出船舶到港受载通知。卖方在约定的时间和地点装船完毕后若干小时内应向买方发出已装船通知，以便买方及时投保货运险。由此可见，买卖双方应在合同中列明装运通知的具体发出时间，以便于合同的顺利履行。

任务四　运输单据

运输单据是承运人签发的证明货物已经收妥的文件，是交接货物、处理争议及结算货款的重要依据。国际货物运输的单据种类繁多，主要有海运提单、海运单、铁路运输单据、航空运单、多式联运单据和邮件收据等。

一、海洋运输单据

海洋运输环节众多，因而其海运单据较多，这里只介绍最重要的两种单据——海运提单和海运单。

（一）海运提单（Ocean Bill of Lading）

海运提单，简称提单（B/L），是一种用以证明海上运输合同和货物由承运人接管或装船，以及承运人据以保证在目的港交付货物的单证。

1.海运提单的性质和作用

海运提单是物权凭证，是一种有价证券，可以背书转让，可以抵押贷款等。其作用包括如下三点：

（1）物权凭证（Document of Title）。海运提单是货物所有权的凭证，在法律上具有物权证书的作用，承运船舶抵达目的港后，承运人应向海运提单的合法持有人交付货物。海运提单可以通过背书转让，以实现货物所有权的转移。

（2）货物收据（Receipt of Goods）。海运提单是承运人（或其代理人）出具的货物收据，证明承运人已经收到或接管提单项下所记载的货物。

（3）运输契约的证明。海运提单是在履行海洋运输合同的过程中衍生出来的最为重要的单据，是承运人与托运人之间订立运输契约的证明。海运提单的背面条款明确规定了承托双方的权利、义务、责任与豁免等，是处理承运人与托运人之间争议的法律依据。

2.海运提单的格式

海运提单并没有统一的格式和内容，但不同船公司的海运提单大同小异，下面以较有代表性的中国远洋运输（集团）总公司的提单为例进行说明。其提单格式如下：

BILL OF LADING

1）SHIPPER		10）B/L NO. COSCO 中国远洋运输（集团）总公司 CHINA OCEAN SHIPPING（GROUP）CO. ORIGINAL COMBINED TRANSPORT BILL OF LADING
2）CONSIGNEE		
3）NOTIFY PARTY		
4）PLACE OF RECEIPT	5）OCEAN VESSEL	
6）VOYAGE NO.	7）PORT OF LOADING	
8）PORT OF DISCHARGE	9）PLACE OF DELIVERY	

11）MARKS	12）NOS.& KINDS OF PKGS	13）DESCRIPTION OF GOODS	14）G.W.（kg）	15）MEAS（m³）

16）TOTAL NUMBER OF CONTAINERS OR PACKAGES（IN WORDS）

FREIGHT & CHARGES	REVENUE TONS	RATE	PER	PREPAID	COLLECT
PREPAID AT	PAYABLE AT		17）PLACE AND DATE OF ISSUE		
TOTAL PREPAID	18）NUMBER OF ORIGINAL B（S）/L				
LOADING ON BOARD THE VESSEL 19）DATE			20）BY		

3.海运提单的内容

海运提单中记载的事项，分别由托运人和承运人或其代理人填写。

（1）托运人（Shipper），即与承运人签订运输契约、委托运输的发货人。

（2）收货人（Consignee）。收货人要按合同和信用证的规定来填写。

（3）被通知人（Notify Party）。原则上该栏一定要按信用证的规定填写。被通知人即收货人的代理人或提货人，货到目的港后承运人凭该栏提供的内容通知其办理提货，因此，提单的被通知人一定要有详细的名称和地址，供承运人及时通知其提货。

（4）船名（Ocean Vessel），即由承运人配载装货的船舶名称。另外，班轮运输通常还加注航次（Voy.No.）。

（5）装运港（Port of Loading）。该栏填实际装运货物的港名。L/C项下一定要符合 L/C 的规定和要求。如果 L/C 规定为"中国港口"（Chinese Port），此时不能照抄，而要按装运货物的我国某一港口的实际名称填。

（6）卸货港（Port of Discharge）。原则上，L/C 项下提单中的卸货港一定要按 L/C 的规定办理。但若 L/C 规定两个以上的港口或笼统写"××主要港口"，如"European Main Ports"（欧洲主要港口），则只能选择其中之一或填明具体卸货港的名称。

（7）运输标志（Shipping Marks/Marks & Nos.）。如果信用证中有明确规定，则按信用证缮打；如果信用证中没有规定，则按买卖双方的约定缮打，或由卖方缮制，并注意做到单单一致。

（8）件数与包装（No. & Kind of Packages）。对于一般散装货物，该栏只填"In Bulk"，大写件数栏可留空不填。单位件数与包装都要与实际货物相符。

（9）商品名称（描述）（Description of Goods）。原则上提单中的商品描述应按信用证的规定填写并与发票等其他单据相一致。若信用证上货物的品名较多，提单上允许使用类别总称来表示商品名称。如出口货物有餐刀、水果刀、餐叉、餐匙等，信用证上分别列明了各种商品名称、规格和数量，但包装都用纸箱，提单上就可以笼统地写：餐具×××Cartons。

（10）毛重和体积（Gross Weight & Measurement）。除非信用证有特别规定，提单上一般只填货物的总毛重和总体积，而不标明净重和单位体积。一般重量均以千克表示，体积用立方米表示。

（11）运费支付（Freight & Charges）。信用证项下提单的运费支付情况，按其规定填写。一般根据成交的价格条件分为两种：在 CIF 和 CFR 条件下，注明"Freight Prepaid"或"Freight Paid"；在 FOB 条件下，则填"Freight Collect"或"Freight Payable at Destination"。

（12）签发地点与日期（Place and Date of Issue）。提单的签发地点一般是货物装运港所在地；日期则按信用证的装运期要求填写，一般是全部货物装船完毕的时间。

（13）承运人签章（Signed for the Carrier）。提单必须由承运人或其代理人签字才能生效。

（14）提单签发的份数（No.of Originals B/L）。信用证支付方式下提单正本的签发份数一般都有明确规定，因此，一定要按信用证的规定出具要求的份数。

（15）提单号码（B/L No.）。其一般位于提单的右上角，是为便于工作联系和核查，承运人对发货人所发货物承运的编号。在其他单据中，如保险单、装运通知的内容往往也要求注明提单号。

海运提单除上述正面内容外，背面一般是托运人与承运人间的运输条款，理论上应是托运人与承运人双方约定的事项，但实际上是承运人单方面印定的，托运人很少有修改的机会。这也是为什么说提单是双方运输契约的证明，而不能说是运输契约或合同的原因。由于各国航运公司提单的格式不同，其条款规定也不一样，如托运人与承运人的定义、承运人责任条款、运费和其他费用条款、责任限额、共同海损等。但内容大同小异，一般首要条款中要规定所适用的国际公约（如《海牙规则》《维斯比规则》《汉堡规则》），以便在发生争议时作为依据。

4.海运提单的分类

依据不同的标准，海运提单可以分为如下几种：

（1）按提单收货人的抬头不同划分。

第一，记名提单（Straight B/L）。它是指提单上的收货人栏中已具体填写收货人名称的提单。提单中所记载的货物只能由提单上特定的收货人提取，或者说承运人在卸货港只能把货物交给提单上指定的收货人。这种提单失去了代表货物可转让流通的便利，但同时也可以避免在转让过程中可能带来的风险。

记名提单一般只适用于运输展览品或贵重物品，特别是短途运输中使用较有优势，而在国际贸易中较少使用。

第二，指示提单（Order B/L）。它是在提单正面"收货人"一栏内填上"凭指示"（To order）或"凭某人指示"（To Order of…）字样的提单。指示提单是一种可转让提单。提单的持有人可以通过背书的方式把它转让给第三者，而无须经过承运人认可，所以这种提单为买方所欢迎。指示提单在国际海运业务中使用较广泛。

第三，不记名提单（Bearer B/L）。它是提单的"收货人"一栏内没有指明任何收货人，而注明"提单持有人"（Bearer）字样或将这一栏空白的提单。这种提单不需要任何背书手续即可转让或提取货物，极为简便。对于不记名提单，承运人应将货物交给提单持有人，谁持有提单，谁就可以提货，承运人交付货物只凭单不凭人。这种提单丢失或被窃的风险极大，若转入善意的第三者手中时，极易引起纠纷，故国际上较少使用这种提单。

（2）按货物是否已装船划分。

第一，已装船提单（Shipped/On Board B/L）。它是货物装船后由承运人或其授权代理人根据大副收据签发给托运人的提单。如果承运人签发了已装船提单，就是确认他已将货物装在船上。这种提单除载明一般事项外，通常还必须注明装载货物的船舶名称和装船日期，即提单项下货物的装船日期。由于已装船提单对收货人及时收到货物有保障，所以在国际货物买卖合同中一般都要求卖方提供已装船提单。

第二，收货待运提单（Received for Shipment B/L）。它又称备运提单，是承运人在收到托运人交来的货物但还没有装船时，应托运人的要求而签发的提单。签发这种提单，说明承运人确认货物已交由承运人保管并存在其所控制的仓库或场地，但还未装船。所以，这种提单通常不载明所装船名和装船时间，在跟单信用证支付方式下，银行一般都不肯接受这种提单。但当货物装船后，承运人在这种提单上加注装运船名和装船日期并签字盖章，待运提单即成为已装船提单。

（3）按提单上有无批注划分。

第一，清洁提单（Clean B/L）。在装船时，货物外表状况良好，承运人在签发提单时，未在提单上加注任何有关货物残损、包装不良等妨碍结汇的批注的提单称为清洁提单。使用清洁提单在国际贸易实践中非常重要，买方要想收到完好无损的货物，首先必须要求卖方在装船时保持货物外观良好，并要求卖方提供清洁提单。

第二，不清洁提单（Unclean/Foul B/L）。在货物装船时，承运人若发现货物包装不牢、破残、渗漏、玷污、标志不清等，大副将在收货单上对此加以批注，并将此批注转移到提单上，这种提单称为不清洁提单，我国《海商法》第七十五条规定："承运人或者代其签发提单的人，知道或者有合理的根据怀疑提单上记载的货物品名、标志、包数或者件数、重量或者体积与实际接收的货物不符，在签发已装船提单的情况下怀疑与已装船的货物不符，或者没有适当的方法核对提单记载的，可以在提单上批注，说明不符之处、怀疑的根据或者说明无法核对。"

在国际贸易实践中，银行是拒绝出口商以不清洁提单办理结汇的。为此，托运人应对损坏或外表状况有缺陷的货物进行修补或更换。习惯上的变通办法是由托运人出具保函，要求承运人不要将大副收据上所做的有关货物外表状况不良的批注转批到提单上，而根据保函签发清洁提单，以使出口商能顺利完成结汇。但是，承运人如未将大副收据上的批注转移到提单上，可能要承担对收货人的赔偿责任，承运人因此遭受的损失，应由托运人赔偿。那么，托运人是否能够赔偿呢？在向托运人追偿时，往往难以得到法律的保护，承运人因此要承担很大的风险。承运人与收货人之间的权利、义务是提单条款的规定，而不是保函的保证。所以，承运人不能凭保函拒赔，保函对收货人是无效的；如果承、托双方的做法损害了第三者收货人的利益，有违民事活动诚实信用的基本原则，容易构成串通，对收货人进行欺诈。

由于以保函换取提单的做法，有时确实能起到变通的作用，故在实践中难以完全拒绝。我国最高人民法院在《关于保函是否具有法律效力问题的批复》中指出："海上货物运输的托运人为换取清洁提单而向承运人出具的保函，对收货人不具有约束力。不论保函如何约定，都不影响收货人向承运人或托运人索赔；对托运人和承运人出于善意而由一方出具另一方接受的保函，双方均有履行之义务。"承运人应当清楚自己在接受保函后所处的地位，切不可掉以轻心。

（4）按运输方式的不同划分。

第一，直达提单（Direct B/L）。它又称直运提单，是货物从装货港装船后，中途不经转船，直接运至目的港卸船交与收货人的提单。直达提单上不得有"转船"或"在某港转船"的批注。凡信用证规定不准转船者，必须使用这种直达提单。如果提单背面印有承运人有权转船的"自由转船"条款，则不影响该提单成为直达提单的性质。

使用直达提单，货物由同一船舶直运目的港，对买方来说比中途转船有利得多。它既可以节省费用、减少风险，又可以节省时间，及早到货。因此，通常买方只有在无直达船时才同意转船。在国际贸易实务中，如信用证规定不准转船，则买方必须取得直达提单才能结汇。

第二，转船提单（Transshipment B/L）。它是指货物从起运港装载的船舶不直接驶往目的港，需要在中途港口换装其他船舶转运至目的港卸货而签发的提单。转船提单上会注明"转运"或"在某某港转船"字样，往往由第一程船的承运人签发。由于货物中途转船，增加了转船费用和风险，并影响到货时间，故一般信用证内均规定不允许转船，但如果直达船少或没有直达船的港口，买方也会同意转船。

第三，联运提单（Through B/L）。它是指需经两段或两段以上的运输方式（如海陆、海空或海海等）联运的货物，由第一承运人（第一程船运输的承运人）收取全程运费后，在起运地签发的到目的港的全程提单。联运的范围超过了海上运输的界限，货物由船舶经水域运到一个港口，再用其他运输工具送至目的港，可以先海运后陆运或空运，或者先空运、陆运后海运。当船舶承运由陆路或飞机运来的货物继续运至目的港时，货方一般选择使用船方所签发的联运提单。

（5）按提单内容的简繁划分。

第一，全式提单（Long Form B/L）。它是指除正面印就的提单格式所记载的事项外，背面列有关于承运人与托运人、收货人之间权利、义务等详细条款的提单。由于条款繁多，所以又称繁式提单。在海运的实际业务中，大量使用的是这种全式提单。

第二，简式提单（Short Form/Simple B/L）。它又称略式提单，是相对于全式提单而言的，是（提单）背面没有关于承运人与托运人及收货人之间的权利、义务等详细条款的提单。这种提单一般在正面印有"简式"（Short Form）字样，以示区别。简式提单中通常列有如下条款："本提单货物的收受、保管、运输和运费等事项，均按本提单全式提单的正面、背面的铅印、手写、印章和打字等书面条款和例外条款办理，该全式提单存本公司及其分支机构或代理处，可供托运人随时查阅。"

（6）按签发提单的时间划分。

第一，倒签提单（Anti-dated B/L）。它是承运人或其代理人应托运人的要求，在货物装船完毕后，以早于货物实际装船日期为签发日期的提单。当货物实际装船日期晚于信用证规定的装船日期时，若仍按实际装船日期签发提单，托运人就无法结汇。为了使签发提单的日期与信用证规定的装运日期相符，以利于结汇，承运人往往应托运人的请求，在提单上仍以信用证的装运日期填写签发日期，以免因单证不符而影响结算货款。

签发这种提单，尤其是当倒签时间过长时，收货人有可能推断承运人没有使船舶尽快速遣，因而承运人可能要承担货物运输延误的责任，特别是市场上货价下跌时，收货人可以"伪造提单"为借口拒绝收货，并向法院起诉要求赔偿。承运人签发这种提单是要承担一定风险的。但是在一定条件下，如船方所要签单的是零星货物而不是大宗货物，或倒签的时间与实际装船完毕的时间间隔不长，为满足托运人的要求，在取得了托运人保证承担一切责任的保函后，可以考虑签发。

【案例 4-9】

2015 年 9 月，我国某公司与荷兰某公司以 CIF 鹿特丹条件签订了一份出口某农产品的合同。合同规定装船时间为 2015 年 12 月。我方公司在租船装运时，因原定船舶出现机械故障，不能在预定时间到达我国口岸装货，于是临时改派香港某公司期租船装运，但又因连日风雪，迟至 2016 年 1 月 25 日才装完货，并于同日起航。我方为取得符合信用证规定的装船日期的提单（B/L），要求承运人按 2015 年 12 月 31 日签发提单，并以此提单向银行办理了议付。货到鹿特丹后，买方聘请律师上船查阅航行日志，查实 B/L 的签发日期是伪造的，随后向法院起诉并由法院发出扣船通知。我方经过 4 个月的谈判，赔偿了 20 600 英镑后，买方才撤回诉讼而结案。

问题： 从本案例中我方应吸取什么教训？

分析提示： 因倒签提单损害了买方利益，所以，尽管是租船人和承运人双方同意倒签，也仍然属于违法行为。在本案例中，因所租船舶出现机械故障而临时改用其他船舶导致延期装运，卖方为取得符合信用证规定的装船日期的提单，而要求船公司予以倒签提单。这对承运人而言，风险是很大的，如果是短期的倒签，买方一般不予追查，则问题不大；而对于本案例中船公司倒签了 25 天的提单，如果正赶上该产品市场价格下跌，则买方追究的可能性就非常大。倒签提单通常需要一系列的造假行为，追查起来很难自圆其说，即使有卖方的保函，船公司也不能免责。

第二，预借提单（Advanced B/L）。它是货物尚未装船或尚未装船完毕的情况下，信用证规定的结汇期（即信用证的有效期）即将届满，托运人为了能及时结汇，而要求承运人或其代理人提前签发的已装船清洁提单，即托运人为了能及时结汇而从承运人那里借用的已装船清洁提单。

这种提单往往是当托运人未能及时备妥货物或船期延误，船舶不能按时到港接受货载，估计货物装船完毕的时间可能超过信用证规定的结汇期时，托运人从承运人那里借出提单用以结汇，当然必须出具保函。签发这种提单，承运人要承担更大的风险，可能构成承、托双方合谋对善意的第三者（收货人）进行欺诈。

签发倒签或预借提单，承运人的风险很大，由此引起的责任和损失承运人必须承担，尽管托运人往往向承运人出具保函，但这种保函同样不能约束收货人。相比较签发倒签提单，签发预借提单承运人的风险更大，因为预借提单是承运人在货物尚未装船或者装船还未完毕时签发的。我国法院对承运人签发预借提单的判例，不但由承运人承担由此而引起的一切后果，赔偿货款损失和利息损失，还需赔偿包括收货人向第三人赔付的其他各项损失。

【案例 4-10】

我国某公司以 CIF 马赛条件与外商订立了一份冷冻食品的出口合同。外商开来的信用证规定，最迟装运期和议付有效期均为 2016 年 10 月 31 日，不准转船。我方租用的中远公司某船于 2016 年 10 月 25 日到港，10 月 27 日开始装船，预计 10 月 31 日才能装完。我方为在信用证结算有效期内顺利结汇，以保函向船方预借 10 月 30 日已装船提单并于次日向银行议付了货款。不料此船的冷冻机于 11 月 1 日损坏，无奈将该批货物卸下，由中远公司另行安排船只运输，至 11 月 20 日才运出。货物到马赛时圣诞节已经过完。买方以实际到货船名与结汇单据中的船名不符，同时以货物转船而迟交为由，要求赔偿其损失。

问题：（1）买方的要求是否合理？

（2）本案例中银行是否有责任？

（3）卖方应如何处理？

分析提示：（1）买方的要求是合理的。因为买卖合同规定的装运期或信用证有效期已到，我方为了能顺利结汇而采取预借提单的办法，这种做法既违约又违法。因此，拒绝赔偿是不可能的，只能尽量争取少赔偿。

（2）银行没有责任。因为信用证业务的特点是纯单据买卖，银行只管单据而不问货物。所以，只要受益人提交的单据没有任何矛盾，符合信用证条款的规定，银行就应该无条件付款。

（3）卖方处理此案时，要明确以下三个关键点：①如果买方向卖方索赔，卖方可以按照CIF贸易术语进行解释。在CIF条件下，卖方在装运港将货物装上船并提交货运单据就算完成了交货任务。②如果买方向船方索赔，船方无法以卖方保函而免责，当船方依法向买方做出赔偿后，可以根据保函条件向卖方进行索赔。所以，这种以保函方式预借提单的做法，其风险最终还是会落到卖方头上。③船公司在提单背面条款中均列有"自由转船条款"，由合理转船而造成的风险损失，船方不负责任。

基于以上分析，在我方收到外商开来的双到期信用证（最迟装运期和议付有效期均为2016年10月31日）时，就应要求买方修改。因为，即使我方在10月31日取得提单，恐怕也来不及制单结汇。如果我方未要求修改信用证，且发生了案例中预借提单结汇的情况，则应立即致电买方，说明CIF条件下卖方的责任。同时，说明载货船只冷冻机发生故障而转船装运这一实际情况，以争取买方的谅解。对于到货时已过销售旺季，致使买方遭受损失这一事实，表示可以理解，希望能协商解决。为在协商中处于有利地位，我方应设法通过国外其他渠道了解该商品目前的市场行情；以及圣诞节期间的市场价格，做到心中有数。

第三，过期提单（Stale B/L）。它有两层含义：一是指出口商在装船后延滞过久才交到银行议付的提单。按《跟单信用证统一惯例》的规定，如信用证无特殊规定，银行将拒受在运输单据签发日期后超过21天才提交的单据。在任何情况下，交单都不得晚于信用证到期日。二是指晚于货物到达目的港的提单。因此，近洋国家的贸易合同一般都规定有"过期提单也可接受"（Stale B/L is acceptable）的条款。

【案例4-11】

我国某公司与俄罗斯某公司订立了一份出口合同。俄方开来不可撤销信用证，证中规定最迟装运期为2015年12月31日，议付有效期为2016年1月15日。我方按证中规定的装运期完成装运，并取得签发日为2015年12月10日的提单。当我方备齐议付单据于2016年1月4日向银行议付交单时，银行以我方单已过期为由拒付货款。

问题：银行的拒付是否有道理？为什么？

分析提示：银行的拒付是有道理的。《跟单信用证统一惯例》规定："如信用证无特殊规定，银行将拒受在运输单据签发日期后超过21天提交的单据。在本案例中，提单签发日期是2015年12月10日，而我方议付交单日是2016年1月4日，超过了惯例规定的 21 天。

（7）按收费方式划分。

第一，运费预付提单（Freight Prepaid B/L）。按 CIF、CFR 价格条件成交的，在安排货物运输时通常需要运费预付。运费预付提单正面载明"运费预付"字样，运费付后才能取得提单。

第二，运费到付提单（Freight to Collect B/L）。以 FOB 条件成交的货物，不论是买方订舱还是买方委托卖方订舱，运费均为到付（Freight Payable at Destination），并在提单上载明"运费到付"字样，这种提单称为运费到付提单。货物运到目的港后，只有付清运费，收货人才能提货。

（8）其他各种特殊提单。

第一，舱面货提单（On Deck B/L）。它又称甲板货提单，是指货物装于露天甲板上承运时，在提单上注明"装于舱面"（On Deck）字样的提单。

在国际贸易实践中，有些体积庞大的货物以及某些有毒货物和危险物品不宜装于舱内，只能装在船舶甲板上。货物积载于甲板上承运时，遭受灭失或损坏的可能性很大，除商业习惯允许装于舱面的货物（如木材）、法律或有关法规规定必须装于舱面的货物、承运人和托运人之间协商同意装于舱面的货物外，承运人或船长不得随意将其他任何货物积载于舱面上承运。如果承运人擅自将货物装于舱面上，一旦货物灭失或损坏，承运人不但要承担赔偿责任，而且还将失去享受的赔偿责任限制的权利。为了减轻风险，买方一般不愿意把普通货物装在舱面上，有时甚至在合同和信用证中明确规定，不接受舱面货提单。银行为了维护开证人的利益，对这种提单一般也予以拒绝。

第二，集装箱提单（Container B/L）。它是集装箱运输方式下主要的货运单据，是负责集装箱运输的经营人或其代理人，在收到集装箱货物后签发给托运人的提单。它与普通货物提单的作用、法律效力基本相同。由于集装箱货物的交接地点不同，一般情况下，由集装箱堆场或货运站在收到集装箱货物后签发场站收据，托运人以此换取集装箱提单结汇。

（二）海运单

海运单（Sea Waybill），又称海上运送单或海上货运单，是"承运人向托运人或其代理人表明货物已收妥待装的单据。海运单是一种不可转让的单据，即无须以在目的港解释该单据作为收货条件，无须待单据寄到，船主或其代理人可凭收货人收到的货到通知或其身份证明而向其交货。

1.海运单的作用

海运单是承运人接收货物或装船并由其照管货物的收据，是海上货物运输合同或其证明。收货人在提货时无须出示海运单，可避免短距离海运常发生的货到而提单未到的现象，或提单遗失及背书不符要求等造成延迟提货而增加滞期费和仓租费；同时，可减少利用假单据诈骗的现象。因海运单简单和高效，故其更适用于 EDI 系统（电子数据交换系统）。

2.海运单的形式与内容

（1）海运单是由承运人签发、分正面内容和背面条款的一种书面单证。

（2）通常，海运单只签发一份。

（3）海运单的所有条款均属承托双方共同的意思表示，其正面通常标有"不可流通"（Non-Negotiable）字样。

（4）海运单的正面内容一般包括以下事项：托运人与收货人的名称以及通知方的名址、船名、装卸港、货物标志、品名或种类、数量或重量等由托运人提供的事项，以及运费和其他费用的承担、海运单的签发时间、地点和签发人等。海运单的背面条款与提单的背面条款类似。

二、铁路运输单据

国际铁路货物运输主要以国际铁路联运的方式为主，这种方式使用国际铁路联运运单。我国内地通过铁路运输到港澳地区的货物，由于铁路运单不能作为对外结汇的凭证，故使用承运货物收据这种具有特定性质和格式的单据。

1.国际铁路联运运单

国际铁路联运运单是国际铁路联运的主要运输单据，是参加联运的发送国铁路运输公司与发货人之间订立的运输契约，其中规定了参加联运的各当事人的权利、责任和义务，对相关各方均具有法律约束力。当发货人向始发站提交全部货物并付清一切相关费用，经始发站在联运运单及副本上加盖承运日期，证明货物已被接管后，即认为运输合同已经生效。

运单正本随同货物到达终到站并交给收货人。国际铁路联运运单既是铁路运输公司承运货物出具的凭证，也是铁路运输公司与货主交接货物、核收运杂费和处理索赔与理赔的依据。运单副本于运输合同缔结后交给发货人，是卖方凭以向收货人结算货款的主要单据。

2.承运货物收据

承运货物收据是在特定运输方式下所使用的一种运输单据，既是承运人出具的货物收据，也是承运人与托运人签订的运输契约。我国内地通过铁路运往港澳地区的货物装车发运后，铁路运输公司即签发一份承运货物收据给托运人，作为其对外办理结汇的凭证。同时，承运货物收据也是收货人凭以提货的凭证。

三、航空货运单

航空货运单简称航空运单（Air Waybill，AWB），是托运人和承运人之间签订的航空运输契约，也是承运人或其代理人签发的货物收据。航空运单还可以作为承运人核收运费的依据及海关查验放行的基本单据。航空运单不是货物所有权的凭证，也不能背书转让和抵押等。通常，航空货运单由货运代理代为填制。

（一）航空货运单的构成

航空货运单一般一式十二联，其中三联正本、六份副本联、三份额外副本联（见表4-1）。

表4-1 航空货运单的构成

顺序	各联名称	英文名称	颜色	用途
1	正本3	Original 3	黄	交托运人（For Shipper）
2	正本1	Original 1	白	开单人（For Accounting）
3	副本9	Copy 9	白	交代理人
4	正本2	Original 2	白	交收货人（For Consignee）
5	副本4	Copy 4	白	提货收据
6	副本5	Copy 5	白	交目的地机场
7	副本6	Copy 6	白	交第三承运人
8	副本7	Copy 7	白	交第二承运人
9	副本8	Copy 8	白	交第一承运人
10	额外副本10	Extra Copy 10	白	供承运人使用
11	额外副本11	Extra Copy 11	白	供承运人使用
12	额外副本12	Extra Copy 12	白	供承运人使用

（二）航空货运单的分类

航空货运单依签发人不同，可分为主运单和分运单两种。两种运单在内容上基本相同，具有相当的法律效力。航空主运单（Master Airway Bill，MAWB）是由航空公司签发的运单，内容较为详细；航空分运单（House Airway Bill，HAWB）是由航空货运代理人签发的运单，主要适用于集中托运的货物。

【课后思考题】

1.定程租船和定期租船有什么区别？

2.班轮运输有哪些特点？

3.《公约》对分批装运和转运有哪些规定？

4.如何区分"装运时间"和"交货时间"？

5.提单的性质和作用有哪些？

6.构成国际多式联运需具备哪些条件？

7.延期装运是违约行为，那么提前装运是违约行为吗？为什么？

8.各种运输方式有哪些经济特征？约定运输方式需要注意哪些问题？

9.为何装运期条款对买卖双方都有约束力？约定装运期条款需要注意哪些问题？

10.约定装运港和目的港需要注意哪些事项？

项目五

国际货物运输保险

国际货物运输保险是19世纪在英国国际海上货物运输保险的基础上发展起来的。本项目主要讲述海运货物保险承保的范围、我国海运货物保险的险别与条款及进出口货物运输保险实务等内容。

学习目标

了解国际货物运输保险的特点和作用，理解国际货物运输保险的原则和主要内容，掌握国际货物运输保险合同的内容；

掌握国际海上货物运输保险的风险和损失；

了解国际海上货物运输特殊附加险和一般附加险的承保范围，掌握国际海上货物运输基本险的承保范围；

掌握如何约定国际海上货物运输保险条款。

本项目内容结构图

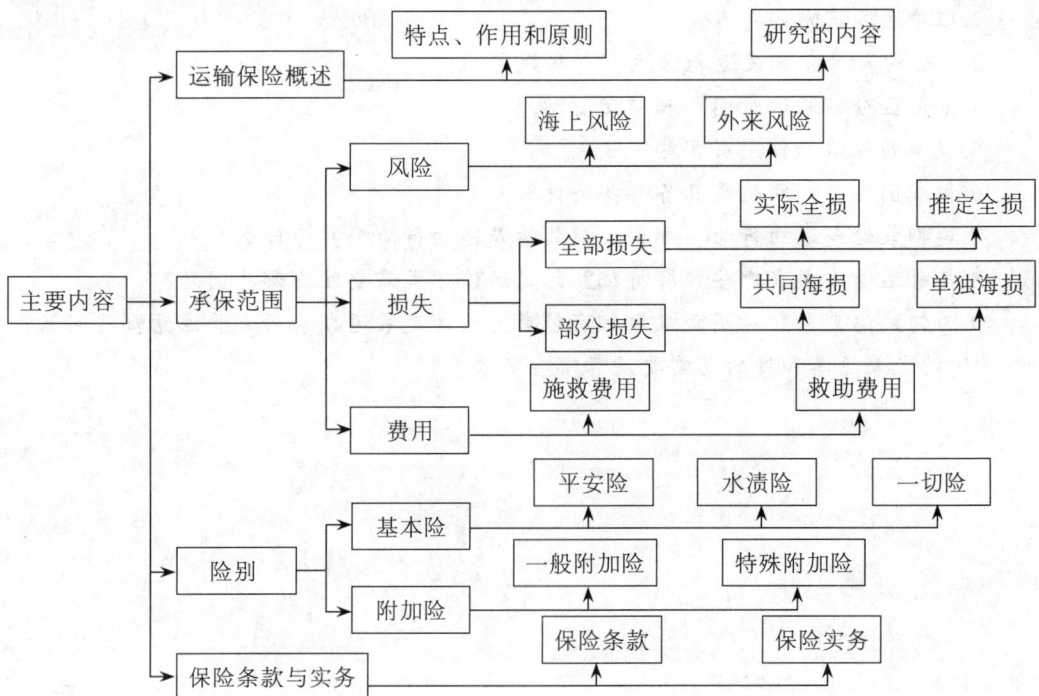

任务一　国际货物运输保险概述

国际货物运输保险是指投保人预先向保险人支付规定的保险费，当约定的货物在国际运输中发生保险责任范围内的损失时，保险人按照约定数额给予赔偿的一种法律关系。国际货物运输保险的种类很多，包括海上货物运输保险、陆上货物运输保险、航空货物运输保险和邮包运输保险等。其中，以海上货物运输保险起源最早，其他保险都是在海上货物运输保险的基础上发展起来的，因此，这里以介绍海上货物运输保险为主。

一、国际货物运输保险的特点和作用

国际货物运输保险的实质是投保人将可能遇到的运输风险转移给保险人，再由保险人在投保人之间进行分摊。

（一）国际货物运输保险的特点

国际货物运输保险保的是国际贸易中的标的物在跨国运输过程中发生毁损和灭失的风险，因此，国际货物运输保险的特点与国际货物贸易的特点紧密相关。

1.国际货物运输保险的国际性

由于国际贸易是国与国之间的商品交换，因此，国际货物运输保险的标的物需要跨国运输，故该种保险具有国际性。

2.保险标的的流动性

国际货物运输保险属于财产保险的范畴，但是，它所承保的标的处于运动当中，是具有商品性质的动产，这也增加了风险。

3.保险合同的可转让性

国际货物运输保险承保的货物在保险期限内可能会经过多次转卖，保险合同通常随着保险标的、保险利益的转移而转移，无须通知保险人，也无须征得保险人的同意。保险单可以用背书或其他习惯方式加以转让。

4.合同解除的严格性

国际货物运输保险属于航次保险，《保险法》《海商法》都规定，国际货物运输保险从保险责任开始后，合同当事人不得解除合同。

（二）国际货物运输保险的作用

1.转移风险

由于国际贸易中的大宗货物在运输过程中存在很大的风险，无论哪方当事人都难以承担因这些风险而造成的巨大损失，所以需要通过投保的形式把自己的风险转移出去，而接受风险的机构就是保险公司，它为众多有风险顾虑的人提供保险保障。

2.均摊损失

转移风险只是风险承担者变了，并非灾害事故真正离开了投保人，实际上是保险人借助众人的财力，给遭灾受损的投保人补偿经济损失。

3.实施补偿

如果国际货物运输中的风险真实发生了，投保人能从保险公司那里获得保险责任范围内的损失补偿，这也是国际货物买卖当事人投保的目的所在。在实施补偿时，要以双方当事人签订的合同为依据，保险人只对保险责任范围内的损失给予经济补偿。

二、国际货物运输保险的原则

国际货物运输保险的原则对指导当事人做好投保与索赔等事宜具有重要作用。因此，需要精准把握各原则的实质。

（一）保险利益原则

保险利益指被保险人对保险标的所具有的法律上承认的利益。依我国《保险法》第12条的规定，投保人对保险标的应当具有保险利益；投保人对保险标的不具有保险利益的，保险合同无效。此原则使被保险人无法通过不具有保险利益的保险合同获得额外利益。

【案例5-1】

我国某公司按CIF条件与西班牙某公司达成出口一批草编制品的交易，合同中规定由我方向中国人民保险公司投保一切险。在规定的期限内，我出口公司在指定的装运港装船完毕，船公司签发了提单，然后我出口公司在中国银行议付了款项。第二天，我出口公司接到西班牙客商的来电称：装货海轮在海上失火，草编制品被全部烧毁。对方要求我出口公司出面向保险公司索赔，否则要求我公司退回全部货款。

问题：该客户的要求是否合理？为什么？

分析提示：CIF术语项下，由卖方负责投保海上货物运输保险并承担相应的费用，但海运途中的风险是由买方承担的，所以，买方才是保险的受益人。根据保险的可保利益原则，保险承保范围内的损失只能由保险的受益人向保险公司主张权利。至于买方提出的退回货款的要求更是荒谬，我方已经尽到各项义务，风险自货物装完船时就已经转移给了买方。

（二）最大诚实信用原则

最大诚实信用原则指国际货物运输保险合同的当事人应以诚实信用为基础订立和履行保险合同，主要体现在订立合同时的告知义务和履行合同时的保证义务上。在被保险人的告知义务方面，我国《保险法》第17条与《海商法》第222条的规定不同，《保险法》采用的是有限告知，而《海商法》则采用了无限告知与有限告知的结合。《海商法》第222条第1款涉及的是无限告知，要求合同订立前，被保险人应当将其知道的或者在通常业务中应当知道的有关影响保险人据以确定保险费率或确定是否同意承保的重要情况，如实告知保险人。第2款涉及的是有限告知的情况，规定保险人知道或者在通常业务中应当知道的情况，保险人没有询问的，被保险人无须告知。依《海商法》第223条的规定，被保险人故意未将重要情况如实告知保险人的，保险人有权解除合同，并不退还保险费。合同解除前发生保险事故造成损失的，保险人不负赔偿责任。

（三）损失补偿原则

损失补偿原则指保险事故发生而使被保险人遭受损失时，保险人必须在责任范围内对被保险人所受的实际损失进行补偿。国际货物运输保险合同属于补偿性的财产保险合同，因此，在发生超额保险和重复保险的情况下，保险人只赔偿实际损失，因为保险的目的是补偿，而不能通过保险获利。

（四）近因原则

近因原则是判断风险事故与保险标的的损失是否有直接的因果关系，从而确定保险赔偿责任的一项基本原则，是保险当事人处理保险索赔或法院审理有关保险赔偿的诉讼案时，调查事件发生的起因和确定事件责任的归属所应遵循的原则。虽然我国《保险法》及《海商法》均没有对近因原则做出明文规定，但在国际货物运输保险实践中，近因原则是常用的确定保险人对保险标的损失是否负保险责任以及负何种保险责任的一条重要原则。

（五）代位求偿原则

如果保险标的的损失是由第三者的疏忽或过失造成的，保险人依保险合同向被保险人支付了约定的赔偿金后，即取得了由被保险人转让的对第三者的损害赔偿请求权，也就是代位求偿权。我国《保险法》和《海商法》均规定了被保险人在保险人行使代位求偿权时应履行的义务，如提供必要的文件，协助保险人向第三者追偿，不得因放弃或过失而侵害保险人行使代位求偿权等。在代位求偿的名义上，依《海事诉讼特别程序法》第94条的规定，保险人应以自己的名义向第三人提起诉讼。

三、国际货物运输保险合同的内容

国际货物运输保险与其他各类保险一样都必须通过签订合同才能实现，投保人向保险公司办理货物保险，填写保险单、支付保险费，保险公司向其签发保险单和相关收据。国际货物运输保险合同的内容主要包括以下几项：

（一）保险合同的当事人

国际货物运输保险合同的当事人包括保险人和被保险人。保险人是保险合同中收取保险费，并在合同约定的保险事故发生时，对被保险人因此而遭受的约定范围内的损失进行补偿的一方当事人。被保险人指在保险范围内的保险事故发生时受到损失的一方当事人。

（二）保险标的

国际货物运输保险合同的保险标的主要是货物，包括贸易货物和非贸易货物。

（三）保险价值

保险价值是被保险人投保的财产的实际价值。投保人在投保时需说明所要投保的标的的价值，而准确地确定标的的实际价值是很困难的，因此，保险价值通常是由被保险人与保险人协商确定。这个价值是估算形成的，因此它可以是标的的实际价值，也可能与实际价值有一定的距离。

（四）保险金额

保险金额指保险合同约定的保险人的最高赔偿数额。当保险金额等于保险价值时为足额保险；当保险金额小于保险价值时为不足额保险；当保险金额大于保险价值时为超额保险。财产保险中的保险金额通常以投保财产可能遭遇损失的金额为限，因此，不允许明显超额投保。

（五）保险责任

保险责任是保险人对约定的危险事故造成的损失所承担的赔偿责任。"约定的危险事故"就是保险人承保的风险。保险人承保的风险可以分为保险单上所列举的风险和附加条款加保的风险两大类，前者为主要险别承保的风险，后者为附加险别承保的风险。

（六）除外责任

除外责任就是保险人不承保的风险。保险所承保的是一种风险，所谓风险就是可能发生，也可能不发生。如果该风险必然发生，则保险人是不承保的，因此，自然损耗这种必然发生的风险保险人通常会约定不予承保。市价跌落引起的损失属于间接损失，保险人也往往将其列入除外责任的范围。此外，被保险人的故意行为或过失造成的损失，属于发货人责任引起的损失，不是由于自然灾害、意外事故或约定的人为风险引起的损失，保险人也不予承保。

（七）保险期间

保险期间也就是保险责任的期间。保险责任的期间有三种确定方法：

1.以时间来确定

例如，规定保险期间为1年，自某年、某月、某日起至某年、某月、某日止。

2.以空间的方法来确定

例如，规定保险责任自货物离开起运地仓库起至抵达目的地仓库止。

3.以空间和时间两方面来对保险期间进行限定

例如，规定自货物离开起运地仓库起至货物抵达目的地仓库止，但如在全部货物卸离海轮后60日内未抵达上述地点，则以60日期满为止。

（八）保险费率和保险费

保险费率是计算保险费的百分率。保险费率有逐个计算法和同类计算法之分。采用逐个计算法时，保险公司依标的的危险性大小、损失率高低来具体确定保险费率；同类计算法指对于某类标的，保险人采用统一的保险费率的方法。保险费是投保人向保险人支付的费用。保险费等于保险金额乘以保险费率。

四、国际货物运输保险的主要内容

国际货运运输保险主要包括以下三方面内容：

（一）国际货物运输保险的承保范围

掌握国际货物运输保险的承保范围，对选择投保险别和及时处理索赔等具有重要的指导作用。国际货物运输保险的承保范围通常包括以下三点：

1.风险

国际货物运输保险的风险是指买卖双方交易的标的物在跨国运输过程中发生毁损和灭失的可能性。

2.损失

国际货物运输保险的损失是指买卖双方交易的标的物在跨国运输过程中，承保范围内的风险真实发生了，从而导致货物部分或全部毁损或灭失。

3.费用

国际货物运输保险中的费用是指当风险真实发生时，当事人必须要采取适当的措施设法减少损失，而不能听任损失扩大。因当事人采取必要措施减少损失而产生的费用在保险公司承保范围内。这种费用主要包括施救费用和救助费用。

（二）国际货物运输保险的险别

国际货物运输保险的险别也就是保险的种类。国际货物运输保险种类繁多，但概括起来，可以分为基本险和附加险两大类。

（三）国际货物运输保险的保险条款与实务

国际货物在运输过程中，由于线长、面广、环节多等原因，容易出现毁损和灭失的风险。投保人为了降低风险而选择投保，目的是承保范围内的损失可以从保险人处获得经济补偿。这就需要对国际货物运输保险的承保范围、保险金额、保险费用、除外责任等保险条款十分了解，从而签订科学、完备的保险合同，只有这样，才能实现通过投保来降低货物在运输途中的风险的目的。

任务二　海上货物运输保险的承保范围

80%以上的国际贸易标的是通过海上运输方式完成空间转移的。因此，国际货物运输保险重点掌握的是海上货物运输保险。海上货物运输保险的承保范围主要包括海上及外来原因造成的风险、损失和费用。正确理解海上货物运输保险的承保范围，对于了解保险条款、选择投保险别以及一旦货物发生损毁和灭失能正确处理索赔等，都具有十分重要的意义。

一、风险

海上货物运输保险，主要保的是货物在海上运输过程中发生毁损和灭失的风险。这种风险包括海上风险和外来风险。

（一）海上风险

海上风险是运输保险的专门术语，一般指船舶在水上航行途中造成的货物毁损和灭失的可能性。海上风险主要包括自然灾害和意外事故。

1.自然灾害

自然灾害是指不以人的意志为转移的自然界力量所引起的灾害。但在海运保险业务中，它并不是泛指一切由于自然力量造成的灾害。我国海上货物运输保险条款中的自然灾害仅指恶劣气候、雷电、地震、海啸、洪水五种人力不可抗拒的自然力量造成的灾害。

2.意外事故

意外事故一般是指由于偶然的、非意料中的原因所造成的事故。但在海运保险业务中，它并不是泛指海上所有的意外事故。我国海上货物运输保险条款中的意外事故仅指运输工具搁浅、触礁、沉没、互撞、与流冰或其他物体碰撞以及失火、爆炸等。

（二）外来风险

外来风险一般是指海上风险之外的原因造成的货物毁损和灭失的可能性。它包括一般外来风险和特殊外来风险。

1. 一般外来风险

一般外来风险是指货物在运输途中由于一般外来原因导致的偷窃、玷污、渗漏、破碎、串味、短量、碰损、钩损、生锈、雨淋、受热受潮等风险。

2. 特殊外来风险

特殊外来风险是指由于社会动荡、政治、军事等特殊外来原因所造成的风险。它主要包括战争、罢工、船舶被扣、货物被有关当局没收或拒绝进口等风险。

二、损失

国际货物运输中的损失是指货物在运输途中由于风险真实发生而导致的损失。根据损失的程度不同，可分为全部损失和部分损失。

（一）全部损失

全部损失简称全损，是指货物全部遭受损失或价值全部失去。全部损失可分为实际全损和推定全损。

1. 实际全损

实际全损是指保险标的物完全灭失或完全失去使用价值或货物已不可能再归还给保险人或货物失踪达到一定期限。

2. 推定全损

推定全损是指保险标的物因实际全损不可避免而被放弃，或为挽救货物所花的费用超过标的本身的价值。

（二）部分损失

部分损失是指保险标的物的损失没有达到全部损失的程度。在部分损失中，根据损失的性质不同，可分为共同海损和单独海损。

1. 共同海损

共同海损是指载货船舶遭遇灾害或事故，威胁到船货的共同安全，为了解除这种威胁，船方采取合理有效的措施而导致的损失和费用。由于共同海损是为解除威胁船、货共同安全的危险，人为故意采取合理有效的措施而导致的，因此，这种损失由船主、货主等各方按受益价值大小，以一定的比例进行分摊。由此，需要严格界定共同海损。其构成条件如下：

（1）导致共同海损的危险必须是客观存在和不可避免的，并且这种危险必须是威胁到船、货共同安全的。

【案例 5-2】

我国某公司与新加坡某公司以 CFR 条件达成出口一批棉布的交易。装载该批货物的轮船在航行途中甲舱突然起火，乙舱并未着火，船长并未调查便认为两舱都已着火，命令对两舱进行灌水施救，结果甲舱中的棉布一半被火烧毁，一半发生严重水渍；而乙舱中的所有棉布都发生严重水渍。

问题：甲舱、乙舱所造成的损失各为何种性质的海损？为什么？各应由谁负责？

分析提示：甲舱被火烧毁的一半棉布属于单独海损，应由买方负责。由于灌水而发生严重水渍的另一半棉布属于共同海损，应由受益各方共同承担。而乙舱棉布发生严重水渍的损失是由于船长主观臆断，在没有发生火灾的情况下，采取不当措施所造成的，因此，既不属于单独海损，也不能界定为共同海损，应由船方负责该损失。

（2）损失是船方为消除威胁船、货共同安全的危险而人为故意采取合理有效措施所造成的。

2.单独海损

单独海损是指保险标的物遭受承保范围内的风险所造成的除共同海损以外的部分损失。

【案例5-3】

我国某公司与印度尼西亚某公司以FOB条件订立了1 000台拖拉机和两辆劳斯莱斯轿车的出口合同。该批货物装载在某海轮的舱面上。航行中海轮遇大风浪袭击，450台拖拉机被卷入海中，海轮严重倾斜，如不立即采取措施，则有翻船的危险，船长下令将余下的550台拖拉机和两辆劳斯莱斯轿车全部抛入海中。

问题：（1）这1 000台拖拉机的损失由谁承担，属于何种性质？

（2）两辆劳斯莱斯轿车的损失由谁承担，属于何种性质的损失？

分析提示：（1）被大风浪卷入海中的450台拖拉机属于单独海损。该损失由买方承担，如果买方已投保且在承保范围内，则应由保险公司承担损失。而船长下令抛入海中的550台拖拉机，是船长为解除威胁船、货共同安全的风险而故意采取合理措施所造成的损失。因此，属于共同海损，应由受益各方按受益的比例来分担其损失。当然，保险公司也会负责承保范围内分摊给投保人的损失。

（2）两辆劳斯莱斯轿车的损失不能界定为共同海损。因为，不符合共同海损构成条件之二，即船方必须是采取合理措施所造成的损失。在扔东西时，应该扔重的和便宜的，而两辆劳斯莱斯轿车的价值很高，没有证据表明非扔不可。因此，可以认定扔掉两辆劳斯莱斯轿车的措施是不合理的，不能认定为共同海损，故应由船公司承担损失。

3.共同海损和单独海损的区别

（1）造成海损的原因不同。单独海损是承保风险直接导致的损失；而共同海损是船方为了解除威胁船、货的共同危险，有意采取合理有效措施造成的损失。

（2）承担损失的责任不同。单独海损由受损方自行承担；而共同海损则应由受益各方按照受益大小的比例共同分摊。

三、费用

被保险货物遭受灾害和事故时，货物的实际控制人不能听之任之，应设法采取措施减少损失，这就会有费用产生。这些费用，保险人也给予补偿，其中主要有施救费用和救助费用两种。

（一）施救费用

施救费用是指保险标的物遭受承保范围内的灾害或事故时，货物实际控制人为了避免或减少损失，采取抢救措施所支出的合理费用。

1.施救费用的补偿条件

保险人对被保险人合理支出的施救费用会给予经济补偿，具体补偿条件如下：

（1）施救费用必须是为防止或减少损失所采取的措施而支出的。

（2）施救费用的支出必须是合理和必要的。

（3）施救费用的补偿不以施救效果为条件。

2.施救费用的补偿限额

保险人对保险标的的损失赔偿，以保险金额为限，而保险人对施救费用的赔偿是在对保险标的的损失赔偿之外另行支付的，且也是以保险金额为限的。因此，保险人对一次保险事故的损失赔偿，最高可达到两个保险金额。

（二）救助费用

所谓救助费用，是指保险标的遭受保险责任范围内的灾害事故时，由保险人和被保险人以外的第三者采取了有效的救助措施之后，由被救方付给的报酬。

1.救助费用的补偿条件

保险人对被保险人合理支出的救助费用会给予经济补偿，具体的补偿条件如下：

（1）救助费用的产生必须是为了避免承保责任范围内的风险所引起的损失。

（2）保险人对救助费用的补偿以获救财产的价值为限。

（3）保险人对救助费用的补偿以施救效果为前提条件，即有效果给予补偿，无效果则不予补偿。

2.救助费用的补偿限额

救助费用与对保险标的本身损失的赔偿相加，不得超过保险金额。如果在保险合同中没有明确约定救助费用如何赔偿，则一旦保险标的发生全损，保险人对救助费用通常就不再赔偿了。

（三）施救费用与救助费用的区别

根据现行海上货物运输保险条款的规定，施救费用和救助费用是分开承保的，二者存在如下区别：

1.费用产生的行为主体不同

施救费用是被保险人及其代理人、雇用人和受让人在为减少损失采取相应措施而产生的费用；而救助费用是保险人和被保险人以外的第三方采取救助措施所应取得的报酬。

2.保险人赔偿的前提不同

对于施救费用，不论施救措施是否取得了预期的效果，保险人对于合理支出的费用均予以赔偿；而就救助费用而言，必须是在救助措施取得了应有效果时，保险人才予以赔偿。

任务三　国际货物运输保险的险别

国际货物运输保险的险别也就是国际货物运输保险的种类。对于不同的险别或种类，保险人对风险和损失的承保责任范围不同。它是保险人与被保险人享有权利和履行义务的基础。

一、我国海洋货物运输保险的险别

海洋货物运输保险的险别较多，不同国家的险别也不同。概括起来，可以分为基本险和附加险两大类。

（一）基本险

基本险又称主险，是指可以单独投保的不必依附于其他险别的险种。

1.基本险的险别

根据我国《海洋运输货物保险条款》的规定，基本险别包括平安险、水渍险和一切险三种。

（1）平安险（Free from Particular Average，FPA）。"平安险"一词是我国保险业的惯常叫法，其英文原意是"单独海损不赔"。现行保险公司对平安险承担的责任范围如下：

第一，被保险货物在运输途中由于自然灾害造成的全部损失。

第二，被保险货物在运输途中由于意外事故造成的全部或部分损失。

【案例5-4】

我国某公司以FOB条件分两批出口若干玻璃制品，分别由甲乙两轮载运，买方投保了平安险。甲轮在航行途中与他船发生碰撞事故，玻璃制品因此而发生2 000美元的部分损失；乙轮在航行途中遇到暴风雨袭击，使玻璃制品相互碰撞导致3 000美元的部分损失。货到目的港后，货主向保险人提出索赔。

问题：保险公司该如何赔偿？为什么？

分析提示：甲轮因与他船发生碰撞事故导致的玻璃制品的2 000美元损失，保险公司应予以赔偿；乙轮发生的玻璃制品的3 000美元损失，保险公司不负责赔偿。因为，甲轮中的2 000美元损失是由意外事故造成的部分损失，在平安险的承保范围内；而乙轮中的3 000美元损失是由自然灾害造成的部分损失，不在平安险的承保范围内。

第三，被保险货物在运输途中由于意外事故和自然灾害都发生了（谁先谁后皆可）而导致的全部或部分损失。

【案例5-5】

有一批货物已投保了平安险，载运该批货物的海轮于2017年5月3日在海上航行途中遇到暴风雨的袭击，使该批货物部分受到水渍，损失货值1 000美元。该海轮在继续航行途中，又于2017年5月8日发生触礁事故，使该批货物又损失1 000美元。

问题：保险公司如何赔偿？为什么？

分析提示：被保险货物在运输途中由于意外事故和自然灾害都发生了（谁先谁后皆可）而导致的全部或部分损失在平安险的承保范围内。在本案例中，载运该批货物的海轮于2017年5月3日在海上航行途中遇到暴风雨的袭击，损失货值1 000美元；该海轮在继续航行途中，又于2017年5月8日发生触礁事故，使该批货物又损失1 000美元。这属于自然灾害和意外事故都发生了，在平安险的承保范围内。因此，保险公司应赔偿货主2 000美元损失。

第四，被保险货物在装卸或转船过程中由于落海造成的全部或部分损失。

第五，被保险人对遭受承保责任范围内的危险货物采取减少货损的措施所支付的合理费用。但是，此费用要以不超过该批被毁货物的保险金额为限。

第六，运输工具因自然灾害或意外事故需要在中途港口停靠而产生的卸货损失及卸货、存仓、运送等特别费用。

第七，共同海损的牺牲、分摊和救助费用。

第八，运输契约订有"船舶互撞责任"条款，根据该条款的规定应由货方偿还船方的损失。

（2）水渍险（With Particular Average，WPA）。其英文原意是"负责单独海损"，责任范围是在平安险的基础之上，还负责由于自然灾害造成的部分损失。也就是说，水渍险和平安险的区别是，由自然灾害造成的部分损失不在平安险的承保范围内，但是在水渍险的承保范围内。

（3）一切险（All Risks）。它在平安险和水渍险的基础上，还负责被保险货物在运输过程中由于一般外来原因所造成的全部或部分损失。实际上，一切险是水渍险和一般附加险责任的总和。

【案例5-6】

我国某公司向澳大利亚某公司以CIF条件出口棉布500包。我方按合同规定加一成投保水渍险。货物在海上运输途中因货舱内食用水管漏水，致使该批布中的50包浸有水渍。

问题：（1）对于该项损失，应向保险公司索赔还是向船公司索赔？为什么？

（2）如果是因为货舱内海水管漏水导致50包货损，保险公司是否应该赔偿？为什么？

（3）如果案例中投保的是一切险，则保险公司应否赔偿因食用水管漏水造成的损失？为什么？

分析提示：（1）水渍险和平安险保的都是海上风险造成的损失；而一切险承保海上风险和一般外来风险。在本案例中，因投保的是水渍险，它只对海上风险（海水浸渍）负责，而对淡水所造成的损失则不负责。但货主可凭清洁提单向船公司进行交涉。

（2）如果是因为货舱内的海水管漏水导致50包货损，则属于海上风险造成的损失，在水渍险的承保范围内，因此，保险公司应予以赔偿。

（3）假如该批货物投保了一切险，便可向保险公司索赔。因为，食用水管漏水属于一般外来风险，所造成的损失在一切险的承保范围内。

【课堂讨论5-1】

问题1：在国际货物运输保险业务中，有必要投保一切险吗？

问题2：如果投保了一切险，货物发生毁损或灭失是否能从保险人处获得赔偿？

问题3：比较平安险、水渍险和一切险三者的联系和区别。

2.基本险的除外责任

除外责任是指保险公司明确规定不予负责的损失或费用。保险公司保的是一种不确定性的风险，如果是非意外或非偶然性的因素导致的损失，就不应该在承保范围内。我国《海洋运输货物保险条款》中对海运基本险的除外责任规定有如下五点：

（1）被保险人的故意行为或过失所造成的损失。

（2）属于发货人责任所引起的损失。

（3）在保险责任开始前，被保险货物已经存在品质不良或数量不足所造成的损失。

【案例5-7】

我国某外贸公司与德国某进口商以CIF Hamburg条件达成一项皮衣出口交易。支付方式为即期不可撤销信用证，合同约定投保一切险。生产厂家在最后一道工序未充分降低皮衣湿度的情况下，就用牛皮纸将皮衣包好装入双层瓦棱纸箱，再装入集装箱备运。货物到达目的港后，经约定的检验机构实施检验，全部货物发霉、玷污和变色，实际损失达USD80 000。据分析，该批货物出口地不异常热，进口地不异常冷，完全属于正常运输。买方向保险公司索赔，遭到保险公司的拒绝。买方又向卖方索赔，卖方以风险已经转移为由而拒绝赔偿。

问题：（1）保险公司对该批货物是否负责赔偿？为什么？

（2）卖方能以风险转移为由拒绝赔偿吗？为什么？

分析提示：（1）海运一切险保的是货物在运输过程中由于海上风险和一般外来风险所造成的损失。在本案例中，运输过程完全正常，货损产生的原因来自生产环节，由于生产厂家在最后一道工序未充分降低皮衣湿度的情况下，就用牛皮纸将皮衣包好装入双层瓦棱纸箱。因此，保险公司不负责赔偿损失。

（2）卖方不能以风险转移为由拒绝赔偿。因为，采用CIF术语时，货物装船之后的风险由买方承担的前提条件是卖方所交货物在风险转移时不能有任何质量问题（包括潜在的质量问题）。而本案例中卖方所交货物在风险转移之前就存在潜在的品质缺陷，最后一道工序未充分降低皮衣湿度是导致货损的直接原因。

（4）被保险货物的自然损耗、本质缺陷以及市场跌价、运输延迟等所造成的损失和费用。

（5）属于特殊附加险规定的责任范围，如因战争和罢工等导致的损失。

3.基本险的责任起讫

我国《海洋运输货物保险条款》规定，保险公司对平安险、水渍险和一切险三种基本险别的责任起讫，均采用国际保险业惯常使用的"仓至仓"（W/W）条款，即保险公司所承担的保险责任，从被保险货物运离保险单所载明的装运港（地）的发货人仓库开始，直至货物到达保险单所载明的目的港（地）收货人的仓库为止。货物一进入收货人仓库，保险责任即行终止。但是，仓至仓条款责任不是绝对的，有时采用FOB或CFR术语成交的合同，仓至仓条款责任通常不能全部实现。

【案例5-8】

我国某公司与菲律宾某公司按CFR条件达成了出口500箱餐具的交易。在装船前买方投保了平安险。货物在装运港装船时，有10箱货物因吊钩脱扣而落海。卖方向保险公司索赔遭拒，买方又向保险公司索赔也遭到拒绝。

问题： 仓至仓条款能实现吗？为什么？

分析提示： 本案例中仓至仓条款不能实现，即保险公司拒绝赔偿是有道理的。依据《2010年国际贸易术语解释通则》的规定，在装船时，10箱货物因脱扣而落海的风险应由卖方承担，依据保险的可保利益原则，买方所投保平安险的承保责任应起于风险转移之后。因买方不承担10箱货物脱扣落海的风险，所以不能享受保险利益。故采用FOB或CFR条件时，由买方负责投保，仓至仓条款将不能完全实现。当然，如果卖方投保了仓至船段的保险则另当别论。

另外，在下列情况下，被保险货物虽没有进入保险单载明的收货人仓库，但保险责任依然结束了：

（1）当货物从目的港卸离海轮时起算满60天，不论被保险货物是否进入保险单载明的收货人仓库，保险责任也告终止。

【案例5-9】

1 000件棉纱从天津新港装船被运往马来西亚吉隆坡，该批货物被投保了一切险。装载该批货物的海轮于2017年6月1日抵达吉隆坡港并开始卸货，6月3日全部卸在码头货棚而未运往收货人仓库。

问题：（1）2017年8月4日货物在码头货棚被雨淋损，保险公司是否该负责赔偿？为什么？

（2）假定该批货物于2017年7月1日被运至收货人仓库，7月3日有部分货物丢失，保险公司应否负责赔偿？为什么？

分析提示：（1）货物运抵保险单载明的收货人仓库，保险责任即告终止；当货物从目的港卸离海轮时起算满60天，不论被保险货物是否进入保险单所载明的收货人仓库，保险责任都告终止。在本案例中，2017年8月4日货物在码头货棚被雨淋损，而货物是2017年6月3日卸离海轮的，已超过了60天，保险责任已告终止。因此，保险公司不负责赔偿。

（2）如果该批货物于2017年7月1日被运至收货人仓库，则自货物运抵收货人仓库时起，保险责任即告终止。因此，保险公司不负责赔偿7月3日有部分货物丢失的损失。

（2）被保险货物需要转交到非保险单所载明的目的港或目的地，则保险责任以该货物转交时终止。

【案例5-10】

我国某公司以CFR上海条件从国外进口一批货物，并据卖方提供的装船通知及时向中国人民保险公司投保了水渍险。后来由于国内客户发生变更，该公司通知承运人将货物改卸黄埔港。货物由黄埔港装火车运往佛山途中遇到山洪暴发，致使部分货物受损，该公司据此向保险公司索赔，但遭到保险公司的拒绝。

问题：保险公司拒赔有无道理？为什么？

分析提示：被保险货物运抵非保险单所载明的目的港，再通过其他方式转运到目的地时，则保险责任自转运起即行终止。在本案例中，保险单所载明的目的港是上海港，而货物卸到了黄埔港，保险责任自转运装火车时已经终止。因此，保险公司拒绝赔偿是有道理的。

（3）被保险货物在运至保险单所载明的目的地以前的某一仓库而发生分配、分派的情况，则该仓库就作为被保险人的最后仓库，保险责任也从货物运抵该仓库时终止。

对于某些内陆国家，如在港口卸货转运内陆，无法按保险条款规定的保险期限到达目的地，可以申请扩展保险期。经保险公司出立凭证予以延长，每日需要加收一定金额的保险费。

（二）附加险（Additional Risks）

附加险依附于基本险之上，是对基本险的有益补充，因而，附加险不能单独投保。在海运保险实践中，通常是在基本险的基础上，再根据实际需要酌情选择一种或几种附加险别。

1.一般附加险

一般附加险承保的是一般外来风险所造成的损失。一般附加险种类繁多，主要包括以下几种：

（1）偷窃、提货不着险（Theft，Pilferage and Non-Delivery Risks）。它是指被保险货物在保险期限内被偷走，以及货物运抵目的地后，货物的全部或整件未交的风险。

（2）淡水雨淋险（Fresh Water and Rain Damage Risks）。它是指货物在运输中由于淡水、雨水以及冰雪融化所造成的损失。

（3）渗漏险（Risk of Leakage）。它是指装于容器中的具有流动性质的物体在运输过程中由于所盛容器损坏而引起的渗漏损失。

（4）短量险（Risk of Shortage）。它是指被保险货物在运输中数量或重量的短少损失。

（5）钩损险（Hook Damage）。它是指被保险货物在装卸过程中因为使用手钩或吊钩等工具而造成的损失。

（6）混杂、玷污险（Risk of Intermixture and Contamination）。它是指承保货物在运输中混进杂质所造成的损失。

（7）碰损、破碎险（Risk of Clash and Breakage）。碰损是指承保货物在运输中因受到震动、颠簸、挤压或搬运不慎等造成的货物凹陷、脱漆、划痕等损失；破碎是指承保货物因不当装卸或在运输中因震荡等造成的破裂和断碎等损失。

（8）锈损险（Risk of Rust）。它是指承保货物在运输中因为生锈所造成的损失。

（9）串味险（Risk of Odour）。它是指承保货物在运输中因为受其他带异味货物的影响而使其品质受到的损失。

（10）受潮受热险（Damage Caused by Heating and Sweating）。它是指承保货物在运输中因受气温变化或水蒸气的影响而使货物发生变质的损失。

（11）包装破裂险（Loss for Damage by Breakage of Packing）。它是指承保货物在运输中因为包装破裂造成的物资短少、沾污等损失。

一般附加险只能在投保平安险或水渍险的基础上，根据实际需要选择一种或几种进行加保。一切险中包含了所有一般附加险，所以，投保一切险时，不用再加保一般附加险。

2.特殊附加险

特殊附加险是指承保由于政治、军事、政策、法令和法规等特殊外来原因引起的风险所造成的损失。

（1）战争险（War Risk）。海运战争险承保战争或类似战争行为等引起的被保险货物的直接损失。此种险别的承保范围包括：①由于战争、类似战争行为和敌对行为、武装冲突或海盗行为等引起的捕获、拘留、扣押所造成的损失；②由于上述原因所引起的共同海损的牺牲、分摊和救助费用；③由各种常规武器（水雷、鱼雷、炸弹等）所造成的损失。

战争险的责任起讫不适用仓至仓条款，而仅限于承保货物在运输工具上面。海运战争险规定，保险责任自货物在保险单所载明的起运港装上海轮或驳船时开始，直到保险单所载明的目的港卸离海轮或驳船时为止。如果货物不卸离海轮或驳船，则保险责任最长延至货物自运抵目的港当日午夜起算满15天为止。如在中途港转船，则不论货物在当地卸载与否，保险责任以海轮到达该港或卸货地点的当日午夜起算满15天为止，待再装上续运的海轮时，保险人仍继续负责。

【案例5-11】

我国某公司以FOB条件出口一批货物，买方投保了一切险加战争险。该船抵达目的港开始卸货时，由于当地发生武装冲突，致使部分船上货物及部分已卸到岸上的货物被损毁。

问题：保险公司应如何赔偿？为什么？

分析提示：海运战争险的保险责任自被保险货物在保险单所载明的起运港装上海轮或驳船时开始，直到在保险单所载明的目的港卸离海轮或驳船时为止。在本案例中，部分在船上的货物由于武装冲突导致的毁损，应由保险公司负责赔偿；而卸到岸上的货物的毁损因保险责任已经终止，故保险公司不负责赔偿。

（2）罢工险（Risk of Strikes）。它是指保险人承保罢工者、被迫停工工人、参加工潮和民众斗争等的人员采取行动所造成的承保货物的直接损失。罢工险对间接损失不负责，如由于劳动力短缺或无法使用劳动力，致使堆放在码头上的货物遭到雨淋日晒而受损，或冷冻机因无燃料而不运转造成的被保险货物的损失，保险公司不负责赔偿。

二、我国其他运输方式的货运保险

我国其他运输方式的货运保险是在海运货物保险的基础上发展起来的。它们之间的联系较为紧密，主要有陆上运输货物保险、航空运输货物保险和邮政包裹运输保险。

（一）陆上运输货物保险

根据我国《陆上运输货物保险条款》的规定，陆上运输货物保险的险别也分为基本险和附加险两类。

1.基本险

陆上运输货物基本险有陆运险和陆运一切险两种。其承保责任范围如下：

（1）陆运险的责任范围。其承保被保险货物在运输途中遭受自然灾害或意外事故所造成的全部或部分损失。由此可见，保险公司对陆运险的承保范围，大致相当于海运货物保险中的水渍险。

（2）陆运一切险的责任范围。在陆运险的基础之上，保险公司还承保货物在运输途中由于一般外来原因造成的全部或部分损失。该险的承保范围大致相当于海运货物保险中的一切险。

2.附加险

在陆上运输货物保险中，投保人在投保陆运险或陆运一切险的基础上，还可以加保陆上运输货物附加险中的一种或几种，如陆运战争险等。陆运战争险与海运战争险的责任范围基本一致，但由于运输工具有其自身的特点，在承保时间上略有差异。

（二）航空运输货物保险

根据我国《航空运输货物保险条款》的规定，航空运输货物保险的险别也分为基本险和附加险两类。

1.基本险

航空运输货物基本险包括航空运输险和航空运输一切险两种。其承保责任范围如下：

（1）航空运输险的责任范围。其承保被保险货物在运输途中遭受自然灾害或意外事故所造成的全部或部分损失。由此可见，保险公司对航空运输险的承保范围，大致相当于海运货物保险中的水渍险。

（2）航空运输一切险的责任范围。在航空运输险的基础之上，保险公司还承保货物在运输途中由于一般外来原因造成的全部或部分损失。该险的承保范围大致相当于海运货物保险中的一切险。

2.附加险

在航空货物运输中，投保人在投保航空运输险或航空运输一切险的基础上，还可以加保航空运输货物附加险中的一种或几种，如航空战争险等。航空战争险与海运战争险的责任范围基本一致，但由于运输工具有其自身的特点，在承保时间上略有差异。

（三）邮政包裹运输保险

邮政包裹运输保险的险别也分为基本险和附加险两类。

1.基本险

邮政包裹运输基本险包括邮包运输险和邮包运输一切险两种。其承保责任范围如下：

（1）邮包运输险的责任范围。其承保被保险货物在运输途中遭受自然灾害或意外事故所造成的全部或部分损失。由此可见，保险公司对邮包运输险的承保范围，大致相当于海运货物保险中的水渍险。

（2）邮包运输一切险的责任范围。在邮包运输险的基础之上，保险公司还承保货物在运输途中由于一般外来原因造成的全部或部分损失。该险的承保范围大致相当于海运货物保险中的一切险。

2.附加险

投保人在投保邮包运输险或邮包运输一切险的基础上，还可以加保邮包运输附加险中的一种或几种，如邮包战争险等。

三、伦敦保险协会海运货物保险

在世界海上运输保险业务中，英国是一个有着悠久历史的国家，它所制定的保险规章制度对各国影响颇大。目前，许多国家在海运保险业务中都直接采用英国伦敦保险协会制定的《协会货物保险条款》（Institute Cargo Clauses，ICC）。该条款于1912年制定，后经多次修订和完善，目前适用的是2009年1月1日最新修订的版本。

（一）《协会货物保险条款》的险别

伦敦保险协会《协会货物保险条款》中的险别有如下六种：①协会货物条款（A）（Institute Cargo Clauses（A），ICC（A））；②协会货物条款（B）（Institute Cargo Clauses（B），ICC（B））；③协会货物条款（C）（Institute Cargo Clauses（C），ICC（C））；④协会战争险条款（货物）（Institute War Clauses（Cargo））；⑤协会罢工险条款（货物）（Institute Strikes Clauses（Cargo））；⑥恶意损害险条款（Malicious Damage Clauses）。

上述六种险别，除恶意损害险外，其他五种险别在结构和内容上非常相似且都有独立完整的体系，因而，这五种险别可以独立投保。

（二）《协会货物保险条款》中主要险别的承保风险与除外责任

《协会货物保险条款》对不同险别的承保范围规定方法不同，有的是用列举法，有的是用排除法。无论是哪种方法，投保人都应该明确了解不同险别的承保范围。

1.ICC（A）的承保风险和除外责任

ICC（A）的承保风险类似于我国海洋运输货物保险中的一切险，其责任范围最广，故协会货物条款采用排除法规定承保范围，即保险人除对"除外责任"项下的风险不予负责外，其他的所有风险均予负责。ICC（A）的除外责任包括以下四点：

（1）一般除外责任。其具体包括如下六点：①被保险人故意或违法行为造成的损失或费用；②保险标的的内在缺陷或固有特性如自然损耗、自然磨损、自然渗漏等产生的损失或费用；③包装不当或配装不适而无法抵御运输途中的惯常事项产生的损失或费用；④由于延迟所引起的损失或费用；⑤由于船东、租船人等经营不善或不履行义务所造成的损失或费用；⑥由于使用任何原子或核子等放射性武器或设备所造成的损失或费用。

（2）不适航、不适货的除外责任。它是指保险标的在装船或装箱时，被保险人或其代理人已经知道或理应知道船舶不适航或船舶、集装箱等不适货，则由不适航或不适货所引起的损失或费用，保险人不负责赔偿。

（3）战争的除外责任。其具体包括以下三点：①由于战争、内战、敌对行为等造成的损失或费用；②由于捕获、拘留、扣留等（海盗除外）所造成的损失或费用；③由于漂流水雷、鱼雷等造成的损失或费用。

（4）罢工的除外责任。它是指罢工者、被迫停工的工人等造成的损失或费用，以及由于罢工、被迫停工所造成的损失或费用。

2.ICC（B）的承保风险和除外责任

ICC（B）大致相当于我国的水渍险，但又略有不同，保险范围扩大到了陆地。

（1）ICC（B）的承保风险。《协会货物保险条款》对ICC（B）的承保风险范围采用列明风险的方法，即ICC（B）的承保风险是货物毁损或灭失要归因于下列保险人所列明的风险之一者：①承保货物因自然灾害造成的全部或部分损失；②承保货物因意外事故所致的全部或部分损失；③承保共同海损的牺牲、分摊和救助费用；④承保货物在运输途中或陆上储存期间被海水、湖水或河水浸湿造成的损失；⑤承保货物在装卸或转船过程中跌落造成的整件货物的全部损失；⑥承保货物被抛弃或浪击落海造成的全部或部分损失；⑦在避难港卸货引起的损失和费用。

（2）ICC（B）的除外责任。它是在ICC（A）的除外责任的基础之上，又增加了两点：①保险人对任何人的故意或违法行为所造成的损失或费用不负赔偿责任；②保险人对海盗行为所造成的损失或费用不负责赔偿。

3.ICC（C）的承保风险和除外责任

ICC（C）的承保风险类似于我国的平安险，但比平安险的承保范围窄。

（1）ICC（C）的具体承保范围。其包括：①承保意外事故所致的全部或部分损失；②共同海损的牺牲、分摊和救助费用；③在避难港卸货及抛货引起的损失和费用。

（2）ICC（C）的除外责任。ICC（C）的除外责任和ICC（B）的除外责任完全相同。

【拓展训练5-1】

问题：伦敦保险协会海运货物保险和我国海运货物保险有什么联系？

提示：我国海运货物保险分为基本险和附加险两类，在投保基本险的基础上可以选择投保附加险。伦敦保险协会海运货物保险的险别有六种，其中五种可以单独投保。ICC（A）的承保风险类似于我国海洋运输货物保险中的一切险，其责任范围最广，故协会货物条款采用排除法规定承保范围；ICC（B）的承保风险大致相当于我国的水渍险，但又略有不同，保险范围扩大到了陆地；ICC（C）的承保风险类似于我国的平安险，但比平安险的承保范围窄。

任务四　买卖合同中保险条款的约定和保险实务

学习国际货物运输保险的目的，是在国际货物买卖合同中订立恰当的保险条款，从而有效降低交易风险。买卖合同订立完成后，负责投保的一方当事人需要向保险公司办理货物运输保险并支付保险费，保险公司向其签发保险单。

一、买卖合同中保险条款的约定

在国际货物买卖合同中，为了明确双方在货物保险方面的责任，通常都订有保险条款。其具体内容繁简不一，主要取决于成交商品的特点和所使用的贸易术语。例如，按CIF或CIP条件成交时，由于货价里包含了保险费，所以在合同的保险条款中必须具体列明有关的保险事项。

（一）订立保险条款的依据

在国际货物买卖合同中，应订明保险条款的依据，即以哪一家保险公司及哪年的保险条款版本为准。目前，我国一般采用中国人民保险公司1981年1月1日生效的货物运输保险条款。如果国外客户要求采用伦敦保险协会2009年1月1日修订的《协会货物保险条款》，也可以酌情考虑接受。

（二）投保险别

保险公司对不同险别的承保范围不同，收取的保险费用不同，货物在运输途中受损后得到赔偿的结果也不同。投保人在选择保险险别时，既要考虑使货物得到充分保障，又要尽量节约保费的支出，在统筹考虑下列因素的基础上，选择合适的险别：

1.货物的性质和特点

保险标的在运输途中发生毁损和灭失的可能性，同其具有的性质和特点有较大相关性。因此，在选择保险险别时，应充分考虑到保险标的的固有特性。比如，玻璃的易碎性容易使其在运输过程中，由于受挤压、撞击、颠簸等原因造成破碎。所以，此类货物最好投保碰损破碎险。再如，茶叶等需要品味的商品，需要投保串味险，而橡胶等化学品就不需要投保此险。

2.运输情况

不同的运输方式、运输工具、运输线路、装卸条件、停靠港口等运输情况均会对货物可能遭受的损失有不同程度的影响。

需要注意的是，按CIF或CIP条件成交时，依术语惯例应由卖方负责投保，但运输途中（装运港至目的港）的风险由买方承担，这就相当于卖方拿钱给买方投保。如果买方不作特别声明，卖方只会投保承保范围最窄的险种。当然，如果买方要求投保费率更高的险种，卖方也会用提高货物价格的方式转移费用。

（三）保险金额

保险金额是承保货物发生损失时，保险人给予赔偿的最高限额，是保险人核收保险费用的基础。保险金额应由买卖双方协商确定，通常情况下按照CIF或CIP总值加10%计算，其所加的百分率，称为保险加成率。如果买方要求以较高加成率计算保险金额，在征得保险公司同意的前提下，卖方也可酌情接受。

（四）其他保险事项

在买卖合同的保险条款中，除约定清楚上述主要内容外，关于投保时间、起运地和目的地、检验代理人、保险单证等事项，也应一并予以明确为好。

二、保险实务

在履行买卖合同时，负责投保的一方当事人需要及时同保险人订立货物运输保险合同并支付保险费，保险公司向其签发保险单。

（一）出口货物保险实务

按CIF和CIP术语成交的出口货物，应由卖方向其所在地保险公司办理投保事宜。

1.投保手续

卖方在办理投保手续时，应根据出口合同和信用证的规定，在备妥货物、确定运输工具和装运日期后，按规定格式逐笔填制投保单，保单中应具体列明被保险人名称、保险标的名称、数量、包装及标志、保险金额、起止地点、运输工具名称、起止日期、投保险别等。在交付保险费并取得保险公司签发确认的保险单后，卖方的投保责任方算完成。

2.缴纳保险费

投保人按约定的方式向保险人缴纳保险费是保险合同生效的前提条件。保险费是保险金额乘以保险费率得到的。保险费率是保险公司根据一定时期不同种类货物的赔付率，并参照国际货物运输保险费率水平，按照不同险别和目的地加以制定的。保险费的计算公式为：

保险金额=CIF价或CIP价×（1+投保加成率）

保险费=保险金额×保险费率

【例题5-1】

某批CIF总金额为USD30 000的货物，投保了一切险加战争险，保险费率分别为

0.6%和0.03%，保险金额按CIF总金额加成10%计算。

问题：（1）若发生了保险公司承保范围内的风险，导致货物全部灭失，保险公司的最高赔偿金额是多少？

（2）该货主应交纳的保险费是多少？

解：（1）保险公司赔偿的最高金额即保险金额，根据保险金额的计算公式可得：

保险金额＝CIF价×（1＋投保加成率）

＝30 000×（1＋10%）＝33 000（美元）

（2）保险费＝保险金额×保险费率

＝33 000×（0.6%＋0.03%）＝207.90（美元）

从上面的保险费计算公式可以看出，保险金额是以CIF价或CIP价为基础计算的，如果买卖合同中使用的贸易术语不是CIF或CIP，需要将其转化成CIF或CIP价格。转化公式如下：

CIF价＝CFR价/〔1－（1＋投保加成率）×保险费率〕

CIP价＝CPT价/〔1－（1＋投保加成率）×保险费率〕

如果使用的是FOB或FCA术语，需要加上运费转成CFR或CPT的价格形式后再运用上面的公式计算。

【例题5-2】

我国某公司拟对外出售某农产品100公吨，我方对外报价为每公吨1 000英镑CFR伦敦。买方要求改报CIF价格，并加一成投保水渍险和短量险。已知水渍险和短量险的保险费率分别为0.3%和0.1%。

问题：我方该如何对外报价？

解：CIF价＝CFR价/〔1－（1＋投保加成率）×保险费率〕

＝1 000/〔1－1.1×（0.3%＋0.1%）〕＝1 004.42（英镑）

（二）进口货物保险实务

在进口合同中，采用FCA、FOB、CPT、CFR贸易术语条件成交时，应由买方负责办理投保事宜。

1.投保手续

为了简化投保手续和防止出现漏保及延误投保的情况，我国一些进口业务量较大的企业在办理投保业务时，通常采用预约保险的做法。投保人预约保险时，无须逐笔填送投保单，只需将卖方装运通知的内容（货物的起运时间、品名、数量及船名、航线等）和保险金额等，以书面形式告知保险人。保险人定期汇总后向被保险人收取保险费。

2.缴纳保险费

在我国的进口业务中，保险金额通常以CIF价为基础，不再另外加成。中国人民财产保险公司有两种费率表，分别是适合签订预约保险合同的特约费率表和适合单项逐笔投保的费率表。特约费率不分国别和地区，对某一大类商品只定一个费率，其实质是一种优惠的平均费率。预约保险合同的保险费计算公式为：

保险金额=CFR/（1-平均保险费率）

保险费=保险金额×平均保险费率

如果买卖合同中使用的是FOB术语，需要加上运费转换成CFR价格后再运用上面的公式计算。

（三）保险单据

保险单据是保险人和被保险人订立保险合同的证明文件。其反映了当事双方的权利和义务关系，是被保险人凭以向保险人索赔和保险人进行理赔的重要依据。在国际贸易中，保险单据项下的权利和义务关系可以通过背书的形式实现随着货物的转让而转移。

1.保险单

保险单俗称大保单，是保险人、被保险人权利和义务关系的正式凭证，是使用最为广泛的一种保险单据。保险单通常由保险人根据投保人的逐笔投保而逐笔签发，承保在保险单内载明的、经由指定船舶和航次所承运的货物在运输途中的风险。保险单的效力在货物抵达载明的目的地时告以终止。在以CIF或CIP价成交的出口合同中，卖方提交的保险单据的形式和内容必须符合合同和信用证的规定。

2.保险凭证

保险凭证俗称小保单，是一种简化的保险单。其正面同保险单相同，保险单的背面有较为详尽的保险条款，而保险凭证的背面通常是空白的或仅载明"按照保险人正式保单的条款办理"等字样。保险凭证同保险单具有相同的法律效力。

（四）保险索赔

保险索赔是指所保货物遭受承保责任范围内的损失时，被保险人向保险人提出赔偿请求。这也是投保的目的所在。因此，当货物发生毁损或灭失时，首先应考虑这种损失是否在保险人的承保责任范围内，如果在，应备好相关凭证及时向保险人索赔。

1.保险索赔条件

当货物抵达目的港（地），被保险人发现货物遭受毁损或灭失时，如果符合以下三个条件，应及时就近地向保险人或其代理人索赔：①货物的损失是保险人承保责任范围内的风险造成的；②被保险人是保险单（凭证）的合法持有人；③被保险人对保险标的拥有可保利益。

2.保险索赔的程序

要想索赔成功，必须备齐相关单证并按照正确的索赔程序，及时向保险人主张权利。

（1）及时采取合理的施救措施并设法减少损失。货物受损后，控制货物的当事人要有所作为，不能听之任之，应该及时采取合理有效的施救和整理措施，防止损失的进一步扩大。这是成功索赔所必须要做的，有时还需要提供采取抢救措施的证据。当然，如果当事人及时采取了必要的措施，但没有取得相应的效果，不影响索赔结果。

（2）立即向保险人报损。当被保险人获悉或发现保险标的毁损或灭失时，应该立即通知保险人或指定的检验、理赔代理人，以便保险人与当地商检部门联合检验损失及调查损失产生的原因。延迟通知会耽误保险人开展有关的调查和取证工作，会影响到被保险人索赔的顺利进行。

（3）确定合适的索赔对象。也就是确定货物的毁损和灭失是否在保险人的承保责任范围内，如果在承保责任范围内，那么保险人就是最合适的索赔对象；如果有部分损失不在承保责任范围内，比如是发货人的责任引起的，那就应该找直接责任人索赔。确定合适的索赔对象，是快速有效地获得赔偿的必要条件。

（4）备妥必要的索赔单证。进行保险索赔时，应提供必要的索赔单证，具体包括：保险单或保险凭证、海运提单、发票、检验报告、海事报告、货损货差证明、索赔金额及依据等。

（5）等候结果。等候过程中，如需补办手续或提供其他证明文件等，要积极配合并抓紧时间办理。如果证据确凿但迟迟没有结果，应及时催赔。

【课后思考题】

1.共同海损与单独海损有何区别？

2.什么是"仓至仓条款"？贸易术语如何影响仓至仓的起讫点？

3.我国海运基本险有哪些？它们的责任范围有什么关系？

4.如何进行投保险别的选择？

5.保险金额如何确定？

6.有必要投保一切险吗？一切险包含所有风险吗？

项目六

国际货物贸易价格

在国际货物贸易中，买卖双方最为关注的交易条件就是商品的价格。因为价格是影响利润率的最敏感因素，成交价格的高低，对买卖双方有直接的利害关系，故交易双方在洽商和订立合同时，都非常重视商品的价格条件。通过对本项目的学习，学生应正确掌握进出口商品的价格，合理采用各种作价方法，选用合适的计价货币，适当地运用有关的佣金和折扣条件，并订立好合同中的价格条款。

学习目标

了解国际货物贸易的作价原则，理解国际货物贸易的作价方法；

理解国际货物贸易价格的构成，掌握常用贸易术语间的价格转换方法；

理解影响计价货币选择的因素，掌握佣金与折扣的运用方法；

理解价格条款的意义，掌握价格条款的内容及注意事项。

本项目内容结构图

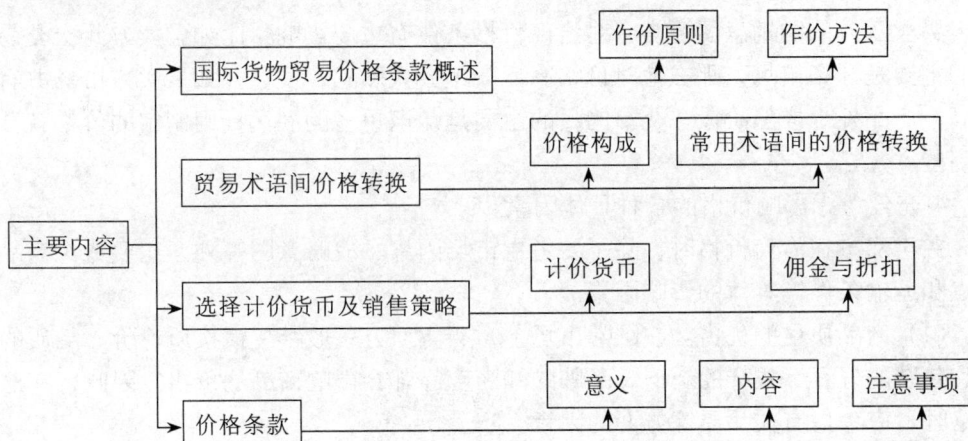

任务一　国际货物贸易价格概述

在国际货物贸易中，买卖双方洽商交易条件时，讨价还价通常是磋商的重点。而且，交易双方在其他交易条件上的利害得失，一般也会在商品价格上体现出来。这是因为价格条款是合同的核心条款，价格条款与其他条款之间有着密切的联系，故在确定进出口商品的价格时，必然要涉及与价格相关的其他交易条件，这就增强了确定进出口商品价格的复杂性。要想做好定价工作，需要严格按照定价原则，采用合适的定价方法，依据企业的经营战略来确定适当的价格。

一、作价原则

进出口商品作价原则是在平等互利的基础上，买卖双方按照国际市场价格水平，结合国别和地区的销售政策、意图及商品的特点等，协商确定合适的价格。

1.按照国际市场价格水平作价

按照国际市场价格水平作价，不仅要考虑在洽商交易时的国际主流市场如主要商品交易所、大型的此类货物集散地等的价格水平，还要考虑国际市场的供求状况及价格走势。

2.结合国别与地区的销售政策作价

由于不同国别或地区的市场环境差异较大，如市场的竞争状况、消费者的购买能力和消费偏好等都不相同，因此，买卖双方在洽商价格条件时要充分考虑这种差异，确定符合国别特点和地区政策的合适价格。

3.根据购销意图作价

买卖双方的购销意图通常会对洽商价格条件有重要影响。比如，卖方此次交易的目的主要是开拓市场，那么他对价格高低就不会太敏感；反之，如果卖方市场占有率较高，产品处于成熟阶段，交易的目的主要是赚取更多的利润，则制定的价格就会相对高些。

4.充分考虑影响价格的各种具体因素

买卖双方在洽商价格时，除了要考虑市场因素、战略意图等外，还要考虑商品的特点和运输条件等具体的影响因素。

（1）商品质量的优劣。在国际市场上，买卖双方一般都习惯按质论价。品质的优劣、包装的好坏、式样的新旧、品牌的知名度等都会影响商品的价格。因此，在洽商价格时，应考虑有关品质等方面的因素。

（2）成交数量的大小。商品价格通常会受成交数量大小的影响，一般而言，当成交数量大时，买方的讨价还价能力就强，卖方会以数量折扣等方式在价格上给予买方优惠；反之，如果成交量较小，卖方也可以适当提高商品价格。

（3）交货地点和交货条件。交货地点和交货条件不同，买卖双方承担的风险和费用也不同。在确定进出口商品价格时，必须要考虑这些影响因素，比如，卖方所承担的风险较大或费用较高时，通常价格就应该相应地定高些。

（4）商品需求的季节性。所谓商品需求的季节性，也就是淡旺季。绝大多数商品的需求都有这种周期性的波动，在淡季商品需求较少，通常价格也较低；而旺季商品的需求火爆，价格也会随之上涨。因此，应充分利用季节性需求的变化，切实掌握好季节性差价，争取到有利的价格成交。

（5）支付条件与汇率变动的风险。支付条件是否有利和汇率变动风险的大小，都会影响到商品的价格。比如，同一商品在其他交易条件相同的情况下，采用即期付款和远期付款方式，其价格应有不同。同时，在确定商品价格时，一般应争取采用对自身有利的货币作为计价货币，如果计价货币对自己不利，应当在货价中把汇率波动的风险考虑进去，即适当提高出售价格或压低购买价格。

二、作价方法

在国际货物贸易中，商品的作价方法有多种，每种方法都有其优缺点和适用条件，买卖双方应根据商品的特点和市场供求状况等，通过协商确定恰当的作价方法。

（一）固定价格法

固定价格法是指买卖双方在协商一致的基础上，在合同中明确、具体地规定成交商品的价格，履约时按此价格结算货款。按各国法律的规定，合同价格一经确定，就必须执行，任何一方都不得擅自变更。例如：USD300 per M/T CIF New York.如合同中没有其他规定，则这种作价形式即固定价格法。

固定价格具有明确、具体、便于核算和执行等优点，已成为国际货物贸易实践中的通行做法。但是，商品价格会受各种市场因素的影响而波动，因此，国际货物买卖合同中规定固定价格，就意味着买卖双方要承担交货周期内的市场价格变动风险。为了有效控制风险，在采用固定价格法时，需要注意下列事项：

1.商品价格的波动程度

一般而言，国际市场上商品的价格都是波动的，但是，不同商品价格的波动程度不同。比如，农产品价格波动幅度较小，因而，由于价格波动给交易双方带来的风险就较小，故较适宜采用固定价格作价法。

2.成交数量的大小及交货周期的长短

成交数量大的商品因国际市场价格波动所带来的风险就相对大些；对于交货周期长的商品，由于远期价格变动因素不容易把控，其带来的风险就会大些。因而，对于成交数量大或交货周期的长的商品，要慎用固定价格作价法。

3.审慎选择交易对象

价格波动会给买方或卖方造成损失，尤其是价格剧烈波动时，一些不守信用的商家可能会为逃避巨大损失而想方设法地不履行合同义务。因此，采用固定价格法时，需要深入了解和研究客户的资信情况，审慎地选择交易对象。

4.认真研究市场中该类商品的价格走势

商品价格的波动通常有规律可循，所以，在采用固定价格法时，要仔细研究影响商品价格的各种因素，并在此基础上对该种商品的价格波动趋势做出较为准确的判断。

（二）非固定价格法

在国际货物贸易中，对于某些价格波动较大或交货期较长的商品，为了控制价格剧烈波动的风险和有利于达成交易并顺畅履约，买卖双方在规定价格条件时，往往会采用一些灵活变通的做法，即按照非固定价格成交。这类定价方法又可以分为以下两种：

1.待定价格法

待定价格法是指在价格条款中不规定具体价格，而只规定定价时间和方法。此种定价方法又可以细分为下列两种：

（1）明确规定定价时间和定价方法。例如：金属买卖常用的"点价"作价条款——"以×年×月×日伦敦金属交易所（LME）某金属的收盘价为准"。

（2）只规定作价时间。例如："由双方在×年×月×日协商确定具体价格。"这种方式一般只适用于双方有着长期合作关系，并已形成比较固定的交易习惯的情况。

2.暂定价格法

暂定价格法是指在合同中先订立一个初步价格，作为开立信用证和初步付款的依据，待双方确定最终价格后再进行清算，多退少补。如"单价暂定 CIF 神户，每公吨2 000美元，作价方法：以××交易所3个月期货作价，按装船月份月平均价加8美元计算，买方按本合同规定的暂定价开立信用证"。

需要注意的是，由于非固定价格的做法是签约后再明确具体的价格，这就不可避免地给合同带来了较大的不确定性，存在着因价格不能取得一致意见而使合同无法履行的可能，以及因价格条款规定不当而使合同失去法律效力的危险。

（三）部分固定价格、部分非固定价格法

这种方式是为了照顾买卖双方的利益，解决双方在采用固定价格法或非固定价格法时的分歧，对交货期近的商品，价格在订约时固定下来，余者在交货前一定期限内作价。这是一种变通做法，在市场行情波动剧烈或洽商双方未能就价格条件达成一致时，采用这种方法有助于暂时解决双方在价格方面的分歧，对促成交易和繁荣市场有重要作用。

（四）滑动价格法

在国际货物贸易中，买卖双方为把价格变动的风险控制在一定范围内，对于加工周期较长的机械设备及一些初级产品的交易合同，一般在订约时只规定初步价格，交货时或交货前的一定时间内，根据原材料价格、工资等的变化情况，卖方保留调整价格的权利，即制定价格调整条款。例如："如卖方对其他客户的成交价高于或低于合同价格的5%，对本合同未执行的数量，双方协商调整价格。"

由于这类条款以工业品或消费品及工资的变动情况作为调整价格的依据，因此，在采用滑动价格法时，必须选择好调整价格的依据标准并确定波动范围。要调整价格，需要所依据的标准变化超过一定范围才予以实施，不能随意调整价格，否则会给履行合同带来困难。

任务二 常用贸易术语的价格转换

在国际货物贸易中,贸易术语是进出口商品单价的重要组成部分。在确定进出口商品的单价、金额时,必然会涉及贸易术语的选用问题,而在不同贸易术语项下,由于买卖双方所承担的风险和费用不同,其价格也各不相同。卖方通常需要报出不同贸易术语的价格,以便买方进行价格比较。

一、用成本加成法所报价格的构成

在对外报价时,很多时候是用成本加成的方法来确定价格的。用这种方法报价时,商品价格中通常包括成本、费用和预期利润三个主要部分。

(一)成本

成本是指出口企业为对外销售其产品而进行生产、加工或采购所实际支付的货币价值。其主要包括以下三项:①生产成本。它是指制造商生产某一产品所需的投入,包括原材料、折旧、工人工资等。②加工成本。它是指加工商对成品或半成品进行加工所需的支出。③采购成本。它是指贸易商向供应商采购商品的价格,亦称为进货成本。当物品从外部购买时,购入成本是指单位购入价格与购入数量的乘积。

许多国家为降低出口商品的成本,增强其产品在国际市场上的竞争力,往往对出口商品采取增值税款全额或按一定比例退还的做法。出口商在核算成本时,应该将含税的采购成本中的税收部分,根据出口退税比率予以扣除,以得出实际成本。

购货成本=货价+增值税额

　　　　=货价+货价×增值税税率

　　　　=货价×(1+增值税税率)

出口退税额=货价×出口退税率

　　　　　=购货成本×出口退税率/(1+增值税税率)

实际成本=购货成本-出口退税额

　　　　=购货成本-购货成本×出口退税率/(1+增值税税率)

　　　　=购货成本×(1+增值税税率-出口退税率)/(1+增值税税率)

(二)费用

费用核算较为复杂,概括起来可以分为国内费用和国外费用两部分。

1.国内费用

国内费用较多,主要包括下列各项:

(1)包装及整理加工费。对于有些需要重新加工、整理及包装的货物,会有这项费用支出。

(2)仓储费。在备货、交货过程中,需要通过仓储功能衔接不同的运输方式,这样可以有效降低成本。

(3)国内运输费。它是货物在运往装运港的过程中通过陆路运输而产生的费用。

（4）港杂费。它是货物在港口或码头发生的费用。

（5）装船费。租船运输时，通常由买方负责装船费用。

（6）报关及报检费。进出口货物需要向海关申报并要通过检验，才能进出口。通常，由代理报关和报检的公司为货主办理相关事宜并收取该项费用。

（7）财务费用。它主要指为筹集资金而产生的费用，如利息等。

（8）管理费用。它包括通信费、差旅费、招待费等。

2.国外费用

国外费用主要包括：①国外运费。它是指货物从装运港到目的港之间的运输费用，包括基本运费和附加费。②国外保险费。它是指货物因投保国际货物运输保险而缴纳给保险人的保险费。③佣金。它是指支付给帮助完成交易及装运和结算等中间环节的提供商的服务费用。

（三）预期利润

预期利润是指卖方在某次交易中希望获得的收益，通常是以成交价格的一定百分比来计算的。影响预期利润的因素很多，应根据具体情况灵活掌握。

二、常用贸易术语的价格换算

在国际货物贸易中，交易双方都希望选用于己有利的贸易术语。在洽商交易时，经常会出现一方要求另一方改用其他贸易术语报价的情况，这就需要掌握不同贸易术语间的价格转换。

（一）常用贸易术语的价格构成

常用贸易术语可根据适用的运输方式不同分为两类，分别是只适合水上运输的常用术语和适合任何运输方式的常用术语。

1.适合水上运输的常用贸易术语的价格构成

在我国对外贸易中，最常使用的适合水上运输的贸易术语有 FOB、CFR、CIF 三种。其价格构成通常包括实际成本、国内费用和预期利润三方面内容。

FOB 报价=实际成本＋国内费用＋预期利润

CFR 报价=实际成本＋国内费用＋出口运费＋预期利润

CIF 报价=实际成本＋国内费用＋出口运费＋出口保险费＋预期利润

2.适合任何运输方式的常用贸易术语的价格构成

在我国对外贸易中，最常使用的适合任何运输方式的贸易术语有 FCA、CPT、CIP 三种。其价格构成通常包括实际成本、国内费用和预期利润三方面内容。

FCA 报价=实际成本＋国内费用＋预期利润

CPT 报价=实际成本＋国内费用＋出口运费＋预期利润

CIP 报价=实际成本＋国内费用＋出口运费＋出口保险费＋预期利润

（二）常用贸易术语的价格转换

常用贸易术语的价格转换，通常仅限于承担风险相同的贸易术语间由于买卖双方所承担的运费和保险费不同而进行的价格转换。

　　1.适合水上运输的常用贸易术语的价格转换

　　从FOB、CFR、CIF三个贸易术语的价格构成及《2010年国际贸易术语解释通则》的规定中可以发现，这三个贸易术语的差异主要是买卖双方所承担的运费和保险费不同。

　　　　CIF价格=FOB价格+出口运费+出口保险费

　　　　　　　=CFR价格+出口保险费

　　这里需要注意的是，国外保险费是以CIF价格为基础计算的。因此，需要把出口保险费的计算公式代入上面的表达式中，整理出CIF价格和CFR价格的关系式。

　　　　CIF价格=CFR价格+出口保险费

　　　　　　　=CFR价格+保险金额×保险费率

　　　　　　　=CFR价格+CIF价格（1+保险加成率）×保险费率

　　经整理可得出如下关系式：

　　　　CIF价格=CFR价格/〔1-（1+保险加成率）×保险费率〕

　　如果已知FOB价格，要改报CFR价格，在FOB价格上加上出口运费即可；若要改报CIF价格，需要先换成CFR价格，再代入上面的公式即可。

【例题6-1】

　　我国A公司就某商品向新加坡B公司报价每公吨1 000美元CIF新加坡，这是我方可接受的最低价格。新加坡B公司还盘为902美元FOB广州。经查该货物由中国广州运往新加坡的运费为每公吨88美元，加一成投保水渍险和短量险，保险费率合计为0.95%。

　　问题：仅从价格的角度来考虑，我方能否接受此价格？为什么？

　　解：我方报价是CIF价格，而B公司还盘是FOB价格，二者不能直接比较，必须转换成同一术语项下的价格才能比较。基于此，可以将CIF价格转换成FOB价格，或将FOB价格转换成CIF价格，比较后再考虑能否接受。

　　解：（1）将CIF价格转换成FOB价格。

　　保险费=CIF价格×（1+保险加成率）×保险费率

　　　　　=1 000×（1+10%）×0.95%=10.45（美元）

　　FOB价=CIF价格-运费-保险费

　　　　　=1 000-88-10.45=901.55（美元）

　　∵902＞901.55，即B公司还盘价格高于我方可接受的底价

　　∴我方可接受此价格。

　　（2）将FOB价格转换成CIF价格。

　　CFR价格=FOB价格+运费

　　　　　=902+88=990（美元）

　　CIF价格=CFR价格/〔1-（1+保险加成率）×保险费率〕

　　　　　=990/（1-1.1×0.95%）=1 000.45（美元）

　　∵1 000.45＞1 000，即B公司还盘价格转换成CIF价格高于我公司可接受的底价。

∴我方可接受此价格。

2.适合任何运输方式的常用贸易术语的价格转换

从FCA、CPT、CIP三个贸易术语的价格构成及《2010年国际贸易术语解释通则》的规定中可以发现，这三个贸易术语的差异主要是买卖双方所承担的运费和保险费不同。

CIP价格=FCA价格+出口运费+出口保险费

　　　　=CPT价格+出口保险费

这里需要注意的是，国外保险费是以CIP价格为基础计算的。因此，需要把出口保险费的计算公式代入上面的表达式中，整理出CIP价格和CPT价格的关系式。

CIP价格=CPT价格+出口保险费

　　　　=CPT价格+保险金额×保险费率

　　　　=CPT价格+CIP价格×（1+保险加成率）×保险费率

经整理可得出如下关系式：

CIP价格=CPT价格/〔1-（1+保险加成率）×保险费率〕

如果已知FCA价格，要改报CPT价格，只需将FCA价格加上出口运费即可；若要改报CIP价格，需要先换成CPT价格，再代入上面的公式。

任务三　计价货币的选择及佣金与折扣的运用

计价货币的选择及佣金与折扣的运用，都会影响价格条款的核心即单价金额的确定。买卖双方在洽商交易时，要通过协商的方式确定用何种货币计价及佣金和折扣的比例等内容。

一、选择计价货币

在一般的国际货物贸易中，商品价格都表现为一定数量的特定货币。用来计价的货币可以是出口国家的货币，也可以是进口国家的货币，或交易双方同意的第三国货币。

（一）选择计价货币的原则

由于国际贸易交货周期较长，在此期间，计价货币的币值可能会发生波动，且不同种货币币值波动的幅度不同，由此会直接影响买卖双方的切身利益。因此，买卖双方需要协商确定究竟采用哪种货币作为计价货币。一般而言，用来计价的货币同时也作为支付货币。在确定计价货币时，应遵循下列原则：

1.贸易协定国间的交易要按规定的货币计价

随着国际贸易的纵深发展，不同国家间可能会订有双边或多边贸易协定。如当事双方的交易属于上述协定项下的交易，则必须按照协定规定的货币进行计价和支付。

2.使用可以自由兑换的货币

如果一种货币能兑换任何其他国家的货币而不受限制，则这种货币就被称为可自由兑换货币。买卖双方在选择计价货币或支付货币时，在允许的前提下，要首选可以自由兑换的货币进行结算。

3.控制汇率波动的风险

各国间的货币汇率经常波动，由此会给国际贸易结算带来风险。在出口业务中，一般应尽可能使用汇率稳定或有升值趋势的货币即"硬币"结算；在进口业务中，应尽可能争取使用汇率有下降趋势的货币即"软币"结算。

（二）使用不利于己方货币结算时应采取的补救措施

在实际业务中，究竟以何种货币作为计价和支付货币，还应视买卖双方的交易习惯、经营意图和具体单价金额的高低而定。如为了达成交易，而不得已采用于己方不利的货币计价，则可以采用如下补救措施：

1.调整所报价格

在对外报价时，就应考虑到所选择的计价货币由于汇率波动可能会造成损失。为弥补这种损失，需根据该种货币今后可能的汇率波动幅度，算出大致的损失并将其加到所报的价格中去。

2.争取订立保值条款

当前，很多国家都实行浮动汇率制，交易双方在洽商价格条款时，可以约定合同中的计价货币与另一种币值较稳定的货币之间的汇率关系。待到付款时，如果汇率发生变动，则可以按照事先规定的相应的比例适当调整合同价格，从而规避因计价货币汇率波动所带来的风险。

二、佣金与折扣的运用

在国际货物买卖合同的价格条款中，有时会涉及佣金与折扣的条件。商品所报价格中可以包含佣金或折扣，也可以是不包含这类条件的净价。

（一）佣金

佣金是指付给中间商的服务费。由于国际贸易较为复杂，很多环节都需要中间商的参与，这对顺畅国际贸易有重要意义。但是，佣金也增加了买卖双方交易的费用，因此，佣金率的高低应适中。一般来说，成交数量大或畅销的商品佣金率应低一点，新产品或滞销品佣金率可适当高一点。

1.佣金的规定方法

佣金可分为明佣和暗佣两种形式。凡将佣金明确表示出来并写入价格条款中的称为明佣；没有明确表示出来、由一方当事人按约定另行支付的称为暗佣。明佣的规定方法如下：

（1）规定佣金率。这种方法是以相对数来表示的，即佣金占价格的一定百分比。

第一，在贸易术语后面加英文字母C表示佣金，并注明佣金的百分比。例如，每公吨200美元 CIFC3% 香港（USD200 per metric ton CIFC3% HongKong）。

第二，在所报价格后面写明包含的佣金率。例如，每公吨1 000美元 CIF 伦敦，佣金3%（USD1 000 per metric ton CIF London including 3% commission）。

（2）用绝对数表示佣金。例如，每公吨200美元 CIF 香港，含20美元佣金

（USD200 per metric ton CIF HongKong including USD20 commission）。

2.佣金的计算方法

在国际货物贸易中，计算佣金所依据的基数不同，佣金计算有不同的方法。较为常见的是以买卖双方的成交额或发票金额为基础计算佣金。其计算公式为：

净价＝含佣价－佣金

　　　＝含佣价－含佣价×佣金率

　　　＝含佣价×（1－佣金率）

含佣价＝净价÷（1－佣金率）

【例题6-2】

我国某公司就某商品对外报价每公吨2 000美元CIF纽约，外商要求改报含佣金4%的价格。

问题：在保证净收入不变的前提下，我方应该报含佣价为多少？

解：含佣价＝净价÷（1－佣金率）

CIFC4%＝CIF净价÷（1－佣金率）

　　　　＝2 000÷（1－4%）＝2 083.33（美元）

答：我方应报价为 USD2 083.33 per metric ton CIF New York including 4% commission。

【例题6-3】

我国某公司对外报价 USD1 200 per metric ton CFR New York including 3% commission。外商要求改报含佣金5%的价格。

问题：在保持我方净收入不变的前提下，应如何报价？

解：CFR净价＝CFRC3%价×（1－佣金率）

　　　　　　＝1 200×（1－3%）＝1 164（美元）

CFRC5%价＝CFR净价÷（1－佣金率）

　　　　　＝1 164÷（1－5%）＝1 225.26（美元）

答：我方应报价为 USD1 225.26 per metric ton CFR New York including 5% commission。

【例题6-4】

我国某公司拟向美国某公司出口0#锌锭，原报价为 USD1 600 per M/T FOB Shanghai，现外商要求改报CIF New York并包含2%的佣金。该产品从上海至纽约的运费为 USD100 per M/T，加成10%投保水渍险和短量险，保险费率合计为0.5%。

问题：我方报CIF New York含2%佣金的价格是多少？

解：CIF价＝FOB价＋运费＋保险费

　　　　　　＝FOB价＋运费＋CIF价×（1＋保险加成率）×保险费率

CIF价＝（FOB价＋运费）/［1－（1＋保险加成率）×保险费率］

　　　＝（1 600＋100）/［1－（1＋10%）×0.5%］＝1 709.40（美元）

CIFC2%价=CIF净价÷（1－佣金率）

　　　　　=1 709.40÷（1－2%）=1 744.29（美元）

答：我方报价为 USD1 744.29 per metric ton CIF New York including 2% commission。

3.佣金的支付

佣金的支付要根据中间商提供服务的性质和内容而定，通常有如下三种支付形式：

（1）卖方在收到全部货款后再支付佣金给中间商。这种形式在我国出口业务中使用较多。

（2）中间商在付款时直接从货价中扣除佣金。这种形式通常在货款经由中间商结算时使用。

（3）买卖双方在达成交易后就支付佣金给中间商。这种形式由于不能保证交易的顺利履行而较少采用。

（二）折扣

在国际货物贸易中，卖方为了增加销量或为了维持良好的客户关系等，会给予买方一定的价格减让，即折扣。折扣率的高低直接影响商品的价格和市场竞争力，因此，在实际业务中，应根据具体情况，针对不同客户，灵活运用各种折扣方法。

1.折扣的规定方法

折扣可分为明扣和暗扣两种形式。凡将折扣率明确表示出来并写入价格条款中的称为明扣；凡交易双方就折扣问题已私下达成协议，而在价格条款中没有明确表示出来的称为暗扣。明扣的规定方法如下：

（1）用相对数表示。例如，每公吨1 000美元CIF伦敦折扣3%（USD1 000 per metric CIF London including 3% discount）。

（2）用绝对数表示。例如，每公吨200美元CIF香港，含10美元折扣（USD200 per metric CIF HongKong including USD10 discount）。

2.折扣的计算和支付

折扣通常是以成交金额或发票金额为基础计算得来的。其计算公式如下：

折扣额=含折扣价×折扣率

净价=含折扣价－折扣额

　　　=含折扣价－含折扣价×折扣率

　　　=含折扣价×（1－折扣率）

【例题6-5】

我国某公司就某商品对外报价为CIF伦敦1 000美元减3%折扣。

问题：该商品的折扣额和真实售价分别是多少美元？

解：折扣额=含折扣价×折扣率

　　　　　　=1 000×3%=30（美元）

净价=含折扣价×（1－折扣率）

=1 000×（1-3%）=970（美元）

折扣的支付因折扣方式不同而异，明扣一般是在买方支付货款时预先予以扣除，暗扣则按照交易双方私下订立的协议而另行支付。

任务四　国际货物买卖合同中的价格条款

价格条款是国际贸易合同中表明价格条件的款项，也是国际贸易合同中最重要的条款之一。价格条款一般包括单价、机动幅度（品质和数量）的作价和总值等内容。

一、约定价格条款的意义

价格条款是国际货物买卖合同中的核心条款，是交易双方洽商的主要议题，是其他交易条件的指向性条款。因此，约定清楚价格条款具有十分重要的意义。

（一）价格条款是合同成立的必要条件

《联合国国际货物销售合同公约》规定，价格条款是国际货物贸易的必备条款，可以采用明示或默示的方法约定价格条款。没有价格条款或价格条款约定不清楚，可能会影响到合同的法律效力。

（二）价格条款是合同的核心条款

价格是影响买卖双方利益的最敏感因素，因此，价格条款是买卖双方专注的焦点，是买卖合同的核心内容，也是合同中其他交易条件的指向性条款。如果价格条款约定不清，其他条款就失去了基础和依托。

（三）价格条款是实现交易目的的重要保证

当买卖双方无法就某项交易条件达成一致时，可以通过调整价格条款的方式来促成交易。例如，假使卖方此次交易的主要目的是开拓某个国外市场，就可以通过报出较有竞争力的价格来实现其目的。

二、价格条款的内容

国际货物买卖合同中完整的价格条款应包含单价、总值及数量和品质的机动幅度作价等内容。

（一）单价

在国际货物贸易中，由于不同的交易条件对商品的价格影响较大，因此，反映在交易合同中的价格表述也与国内贸易不同。国际贸易中的商品单价，通常包括计量单位、单价金额、计价货币、贸易术语及佣金和折扣等。

1.计量单位

一般情况下，单价中的计量单位应该与合同数量条款中使用的计量单位一致；否则，可能会给结算造成困难。如果合同数量条款以"公吨"为计量单位，则单价中也应以"公吨"为单位计价，而不应采用其他重量单位（千克或克等）计价。再如，合同数量条款中以"打"为计量单位，则单价中也应以"打"为单位计价，而不应采用"个"或"件"作为计价单位。

2.单价金额

单位价格金额的大小直接影响着买卖双方的经济利益，是价格条款的核心。在洽商交易过程中，当事双方应认真核算成本，在明确交易目的后慎重报价，以避免盲目报价给自己造成被动。

3.计价货币

计价货币是指买卖双方约定用来计算价格的货币。当合同中没有约定用其他货币支付时，则计价货币也是支付货币

4.贸易术语

贸易术语不同，买卖双方承担的风险和费用也不同，因此，反映在价格上也有较大差异。在报价时，需要表明是在哪种术语下的价格。有时应客户要求，还需要在不同贸易术语下进行价格转换。

5.佣金与折扣

为方便交易和扩大销售，国际贸易中的交易双方通常会用到佣金和折扣条件。明佣和明扣需要在价格表述中体现出来；暗佣和暗扣只需按私下协议执行即可，不必在价格表述中体现出来。

【课堂讨论6-1】

以下是我国某公司对出口商品的报价。

问题：报价的写法是否正确？

（1）每码35元CIFC东京。

（2）每箱500英镑CFR净价英国。

（3）每公吨2 000美元FOB伦敦。

（4）每打100欧元FOB净价减1%折扣。

（5）2 000日元CIF上海包含佣金2%。

（6）每公吨200美元FOB新港（塘沽港）。

（7）每辆40美元CFR新加坡。

（二）总值

商品单价与成交商品数量的乘积，即商品的总值。它是指一笔交易的货款总金额。如果一份合同中成交一种以上商品，需要将每种商品的总值加到一起得到合同的总值。合同的总值必须分别用大小写表示，且总值与单价所使用的计价货币应该保持一致。若有交货机动幅度，总值不能有确定数额，可冠以"约"字。

（三）机动幅度的作价

为履约方便，买卖双方通常会在数量条款或品质条款中规定机动幅度。对于机动幅度如何作价，应在价格条款中明确。

1.数量机动幅度作价

数量机动幅度作价，主要是针对散装货物的超出部分进行作价。通常，要考虑如下两个因素：

（1）规定机动幅度的目的。一般而言，规定数量机动幅度的目的是方便卖方交货。如果没有数量机动幅度，对大宗散装货物来说，卖方很难交出正好符合合同约定的数量。但是，有了机动幅度，卖方可能会因为货物价格的波动而故意多交或少交货物。因此，在作价时，应该约定超出部分的价格略低于合同价格。

（2）商品的价格走势。如果商品有涨价预期，也可以约定超出部分的价格仍适用合同价格。

2.品质机动幅度作价

品质机动幅度作价，主要是约定清楚品质增减价条款，即品质提高，价格也按一定比例提高；反之，品质下降，价格也按一定比例下调。

三、约定价格条款的注意事项

价格条款同其他相关条款有着密切的联系，因此，在约定价格条款时，要将顺这种相互联系和制约的关系，避免前后矛盾及影响合同顺利履行的情况出现。为此，外贸从业人员必须注意下列主要事项：

（一）价格要适中

在国际贸易实践中，在约定价格条款时，要在充分调查研究的基础上，根据商品的作价原则和交易意图，合理确定适当的价格，防止作价偏高或偏低的情况出现。

（二）选用恰当的作价方法

作价方法有很多种，每种都有其优缺点，这就需要根据成交商品的特点、数量和交货期限长短等因素，选择恰当的作价方法，以避免价格波动所带来的风险。

（三）选用适当的贸易术语

在国际贸易实践中，交易双方应根据市场上的船货供求状况、运价动态和自身组织运输的能力等因素，在权衡利弊的基础上，酌情选用适当的贸易术语。

（四）争取有利的计价货币

在国际贸易实践中，交易双方应根据货币市场情况，争取选择于己有利的计价货币，以免遭受币值变动带来的风险。如采用于己不利的货币计价，应加订货币保值条款。

（五）合理运用佣金和折扣策略

交易双方应参照国际贸易中的习惯做法，注意佣金和折扣策略的合理运用，以便有效地利用中间商及有竞争性的价格来开展交易。

（六）机动幅度的作价

如果国际贸易合同中对所交货物的品质和数量约定了机动幅度，则机动幅度的作价也应一并规定清楚。

（七）包装材料的作价

如果包装材料另行计价，对其计价办法也应一并规定清楚。

（八）条款间的衔接

价格条款同其他条款有着紧密的内在联系，故价格条款的内容与其他条款的规定要彼此衔接，不能相互矛盾。

【课后思考题】

1.买卖双方在选择计价货币时，应考虑哪些因素？

2.影响商品价格的因素有哪些？

3.如何选择恰当的作价方法？

4.如何正确使用佣金与折扣策略？

5.价格条款的意义与内容有哪些？

6.约定价格条款的注意事项有哪些？

项目七

国际货款的收付

在国际货物贸易中，货款的收付直接影响买卖双方资金的周转与融通，以及金融风险与费用的承担，因而关系到当事双方的利害得失。对于国际货款的收付，主要掌握支付工具和支付方式。买卖双方在洽商交易时，必须就此达成共识，并在合同中具体列明。

了解本票的种类、内容和关键点，理解支票、汇票的关键点和内容，以及汇票、本票、支票三种支付工具间的联系；

理解汇付方式的流程，掌握托收和信用证支付方式的特点及流程；

掌握约定国际货物贸易支付条款的内容和注意事项。

本项目内容结构图

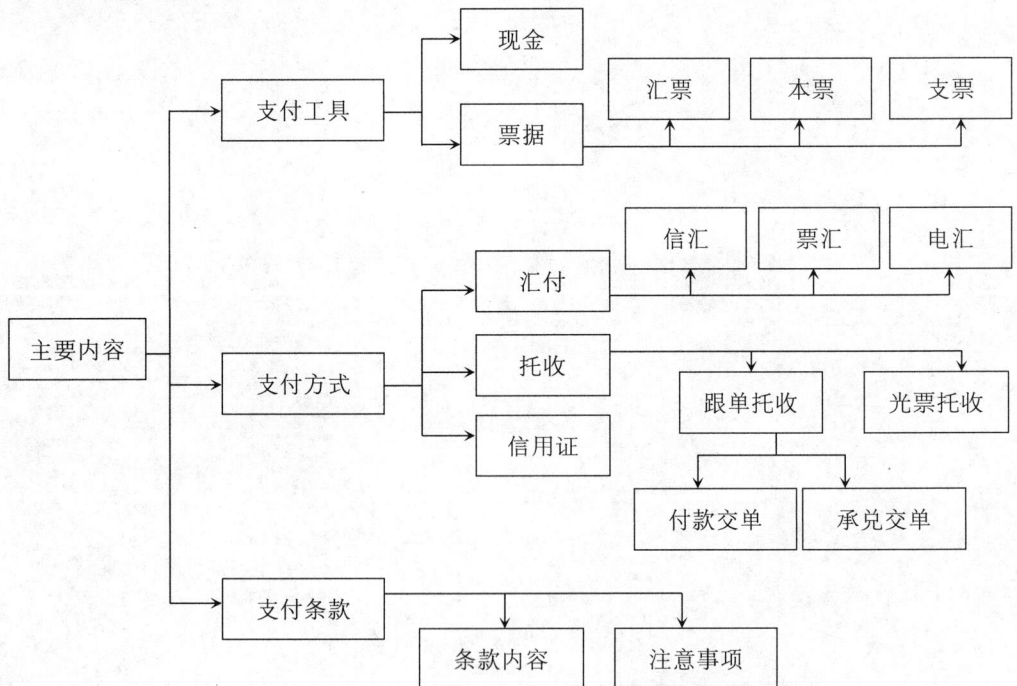

任务一　支付工具

在国际货物贸易中，货款的支付工具有现金和金融票据两种。其中，以金融票据为主，即使用代替现金作为支付工具的金融票据来进行结算。

一、现金

现金结算是收款人和付款人以现钞或现汇进行货币收付的行为。在国际货款的收付中，现金因安全性差和使用不方便等缺点而较少被采用。现金结算通常仅用于小额的预付款、尾款、佣金等的收付。

二、金融票据

金融票据是国际通行的结算和信贷工具，是可以流通转让的债权凭证。国际贸易结算中使用的金融票据主要包括汇票、本票和支票，其中以使用汇票结算的为多。

（一）汇票

汇票是一个人向另一个人签发的，要求见票时或一段时间内，对持票人或其指定人支付一定金额的无条件的书面支付命令。

1.汇票的当事人

汇票涉及三方当事人（如图7-1所示）：①出票人，指签发汇票的人，通常是卖方。②受票人，又称付款人，通常是指买方。③收款人，即领受汇票所规定金额的人，通常指银行。

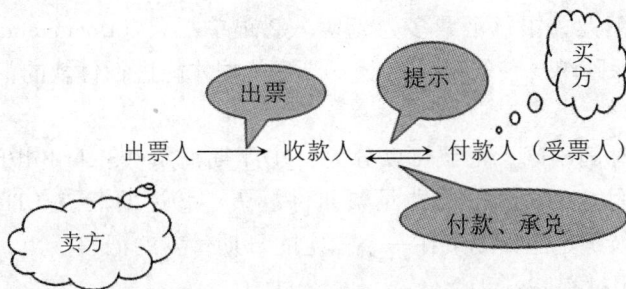

图7-1　汇票涉及的当事人

2.汇票的两个关键点

根据汇票的定义，需要把握如下两个关键点：①涉及三方当事人，即出票人、受票人和收款人。②汇票是无条件的支付命令。国际贸易结算中使用的汇票实际上是出票人（卖方）命令受票人（买方）向持票人（银行）无条件支付一定金额的凭证。

3.汇票的内容

按照我国《票据法》的规定，汇票必须记载下列事项，否则该汇票无效：①表明"汇票"字样；②无条件支付的命令；③付款人及收款人名称；④确定的金额；⑤出票日期及签章。汇票实例如图7-2所示。

汇票：

Bill of Exchange

Drawn Under _____ L/C No._____

Date _____ Payable with interest @_____ % per annum

NO. _____ Exchange for　Changsha，China. DATE：_____

_____ At _____ Sight of this first of exchange

（SECOND of exchange being unpaid）. Pay to the order of _____

The sum of _____

To_____

　　　　　　　　HUNAN MACHINERY IMPORT & EXPORT CORP.

　　　　　　　　DEPT. MANAGER

图 7-2　汇票实例

4.汇票的种类

汇票从不同角度、根据不同的标准可以划分为以下几种：

（1）按出票人的不同，汇票可以分为：①银行汇票（Banker's Draft）。它是出票人和付款人都是银行的汇票，是一家银行向另一家银行发出的书面支付命令。②商业汇票（Commercial Draft）。它是出票人为商号或者个人，付款人为其他商号、个人或银行的汇票。

（2）按有无附随商业单据，汇票可以分为：①光票（Clean Bill）。它是指不附带任何商业单据的汇票，银行汇票多为光票。②跟单汇票（Documentary Bill）。它是指需要附带提单、保险单、装箱单、商业发票等单据才能进行付款的汇票。商业汇票多为跟单汇票。

（3）按付款时间不同，汇票可以分为：①即期汇票（Sight Bill/Draft）。它是指付款人见票后立即付款的汇票，又称见票即付汇票。②远期汇票（Time Bill）。它是指付款人在将来可以确定的日期或在一个指定的日期付款的汇票。

5.汇票的使用过程

汇票使用过程中的各种行为，都由《票据法》加以规范，主要包括出票、提示、承兑和付款等。如需转让，可以通过背书的形式实施。当汇票遭拒付时，还需做成拒绝证书并需依法行使追索权。

（1）出票。它是指签发汇票并交付给收款人的行为。出票后，出票人即承担保证汇票得到承兑和付款的责任。如汇票遭到拒付，出票人应接受持票人的追索，清偿汇票金额、利息和有关费用。

（2）提示（Presentation）。它是指持票人向付款人出示汇票，并要求其承兑或付款的行为。这是持票人要求取得票据权利的必要程序。提示又分为付款提示和承兑提示两种。

（3）承兑（Acceptance）。它是指付款人在持票人向其提示远期汇票时，在汇票上签名，承诺于汇票到期时付款的行为。承兑的具体做法是付款人在汇票正面写明"承兑"（Accepted）字样，注明承兑日期，于签章后交还持票人。付款人一旦对汇票做出承兑，即以主债务人的身份承担汇票到期时付款的法律责任。

（4）付款（Payment）。它是指付款人在汇票到期日向提示汇票的合法持票人足额付款的行为。持票人将汇票注销后交给付款人作为收款证明，汇票所代表的债务债权关系即告终止。

（5）背书（Endorsement）。票据是可以流通和转让的有价证券。根据我国《票据法》的规定，除非出票人在汇票上记载"不得转让"，汇票的收款人可以以记名背书的方式转让汇票，即在汇票背面签上自己的名字，并记载被背书人的名称，然后把汇票交给被背书人（即受让人），受让人有权以背书的方式再行转让汇票。对受让人来说，所有以前的背书人和出票人都是他的"前手"（Prior Parties）；对背书人来说，所有他转让以后的受让人都是他的"后手"。前手对后手承担汇票得到承兑和付款的责任。在金融市场上，最常见的背书转让为汇票的贴现，即远期汇票经承兑后，尚未到付款期限时，持票人可以将背书后的汇票转让给银行或贴现公司。受让人从票面金额中扣减按贴现率结算的贴息后，将余款付给持票人。

（6）拒付和追索（Dishonour & Recourse）。汇票拒付是指付款人逃匿、死亡或宣告破产，以致持票人无法实现提示，或持票人向付款人提示，付款人拒绝付款或拒绝承兑的行为。对于拒付行为，持票人有追索权，即有权向其前手（背书人、出票人）要求偿付汇票金额、利息和其他费用。持票人进行追索时，需要事先按照规定制作拒付证书和发出拒付通知。

（二）本票

本票是一个人向另一个人签发的，在见票时或一段时间内，对持票人或其指定的人无条件支付一定金额的书面承诺。

1. 本票的两个关键点

根据本票的定义，需要把握如下两个关键点：①本票涉及两方当事人，即出票人和收款人，因为本票的出票人和受票人（付款人）是同一个人；②本票是无条件的支付承诺。本票当事人如图 7-3 所示。

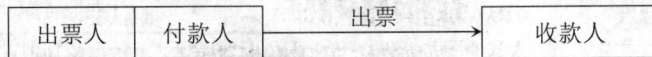

图 7-3　本票当事人

2. 本票的内容

按照我国《票据法》的规定，本票必须记载下列事项，否则该本票无效：①表明"本票"字样；②无条件支付的承诺；③收款人名称；④确定的金额；⑤出票日期及出票人签章。本票实例如图 7-4 所示。

3. 本票的种类

本票可以分为商业本票和银行本票两种。商业本票是由工商企业或个人签发的，其性质相当于白条；银行本票是由银行签发的。在国际货款结算中，通常只使用银行本票。

中国工商银行　　上海市分行

本　票　1　　本票号码　XI
第　号

| 付　款　期 | 签发日期 | 贰零 | 年 | 月 | 日 |
| 壹　个　月 | （大写） | | | | |

此联是发行

收款人	
凭票即付　人民币 （大写）	科目（付）_____
	对方科目（付）_____
转账 ｜ 现金	兑付日期　　　年　　　月　　　日
	出纳　　　复核　　　经办

时作付出传票

图 7-4　本票实例

（三）支票

支票是出票人签发的，要求银行无条件支付给持票人一定金额的书面命令。支票是以银行为付款人的即期汇票。

1.支票的两个关键点

支票主要有如下两个关键点：①支票涉及三方当事人，即出票人（买方）、持票人（卖方）和付款人（银行）；②支票是无条件的支付命令。

2.支票的内容

按照我国《票据法》的规定，支票必须记载下列事项，否则该支票无效：①表明"支票"字样；②无条件支付的命令；③收款人名称；④确定的金额；⑤出票日期及出票人签章。支票样张如图 7-5 所示。

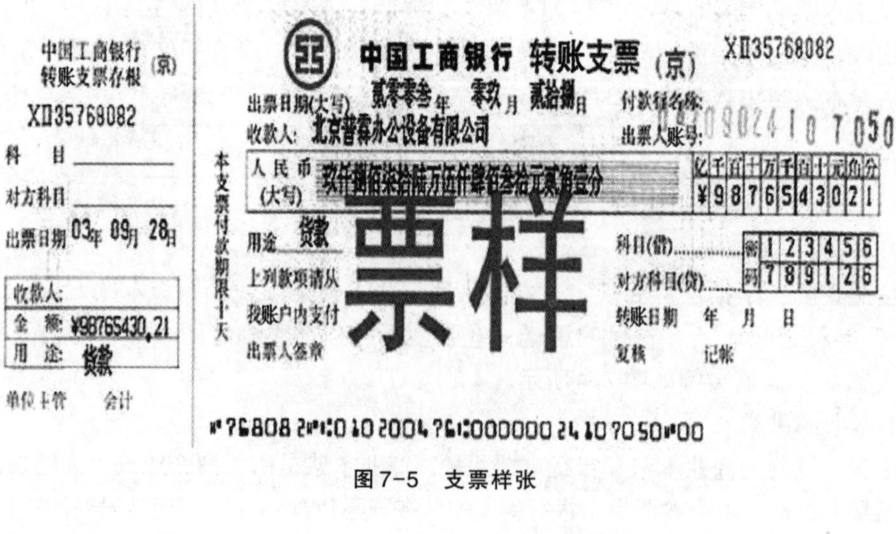

中国工商银行
转账支票存根
XII35768082

科　目　_____
对方科目　_____
出票日期　03年09月28日

收款人：
金　额：¥987654430.21
用　途：货款

单位主管　会计

中国工商银行　转账支票（京）　XII35768082

出票日期（大写）　贰零零叁年　零玖月　贰拾捌日
收款人：北京普霖办公设备有限公司
付款行名称：
出票人账号：

人民币（大写）　玖亿捌仟柒佰陆拾伍万肆仟肆佰叁拾贰角壹分　¥987654430.21

用途：货款

上列款项请从
我账户内支付
出票人签章

科目（借）_____
对方科目（贷）_____
转账日期　　年　　月　　日
复核　　　记账

票样

本支票付款期限十天

图 7-5　支票样张

【课堂讨论7-1】

问题：支票与汇票、本票有什么联系？

任务二　支付方式

支付方式是国际货物贸易合同中支付条款的核心内容。它主要包括汇付、托收和信用证三种，其中，托收和信用证这两种支付方式在国际贸易结算中使用较多。

一、汇付

汇付（Remittance）又称汇款，是付款人委托银行将款项汇交收款人的收付方式。对于这种收付方式，银行只提供服务而不提供信用，所以汇付属于商业信用。

（一）汇付的当事人

汇付一般涉及如下四方当事人：①汇款人（Remitter）。他是指汇出款项的人，即付款人或债务人，在国际货物贸易中一般为进口方。②收款人（Payee）。他是指收取款项的人，即债权人或受益人，在国际货物贸易中一般为出口方。③汇出行（Remitting Bank）。它是接受汇款人的委托，代其汇出款项的银行，通常是汇款人所在地的银行。④汇入行（Paying Bank）。它又称解付行，是指接受汇出行的委托，将款项付给收款人的银行。

汇款人在委托汇出行办理汇款时，要填写汇款申请书。此申请书一般被视为汇款人和汇出行之间的一种契约。

（二）汇付的方式

1.信汇

信汇（Mail Transfer，M/T）是指汇出行应汇款人的申请，将信汇委托书寄给汇入行，授权其解付一定金额给收款人的一种汇款方式。信汇的特点是费用较低，但收到汇款的时间较迟，目前这种方式已经较少使用。

2.电汇

电汇（Telegraphic Transfer，T/T）是指汇出行应汇款人的申请，采用电传或银行间的金融网络等方式，指示在另一国家的分行或代理行（汇入行）解付一定金额给收款人的一种汇款方式。这种方式简便、快捷，虽然银行手续费相对较高，但由于很好地适应了信息技术的发展，因此在国际货款收付中被广泛采用。

3.票汇

票汇（Remittance by Bank's Demand Draft，D/D）是指汇出行应汇款人的申请，代汇款人开立以其分行或代理行为解付行的银行即期汇票，支付一定金额给收款人的一种汇款方式。

（三）汇付在国际贸易中的应用

由于汇付方式属于商业信用，且卖方对买方除合同外，没有其他的任何约束方式，因此，在国际贸易中，汇付方式通常用于预付货款、货到付款和赊销等业务。另外，由于汇付具有方便、快捷、费用省等优点，在定金、运杂费、佣金、尾款等小额款项的收付中也时常被采用。这种结算方式如运用得当，对交易双方都有一定的好处。

二、托收

托收是出口商（债权人）开立汇票（随附或不随附单据），委托出口地银行（托收行）通过该行在进口商（债务人）所在地的分行或代理行（代收行）向进口商收取货款的一种结算方式。托收的资金流向与支付工具的传递方向相反，卖方能否收到货款，完全取决于买方是否向银行付款，银行只是接受委托尽收款义务，所以托收的性质是商业信用。

（一）托收的当事人及其关系

托收中各方当事人之间的关系各不相同，把握当事人之间的关系特点，是明确各方责任和减少纠纷的重要手段。

1.托收的当事人

托收一般涉及四方当事人，具体如下：①委托人（Principal）。他是指委托银行办理托收业务的人，通常是进出口贸易中的出口方。②付款人（Payer）。他是指汇票的受票人，通常是进出口贸易中支付货款的进口方。③托收行（Remitting Bank）。它是指接受卖方的委托，为其办理托收业务的银行，通常是出口方所在地的银行。④代收行（Collecting Bank）。它是指接受托收行的委托，向付款人收款的进口地银行。

2.托收当事人之间的关系

托收当事人之间有的是买卖关系，受买卖合同的约束；有的是委托和代理关系。

（1）委托人与付款人。二者之间是买卖关系，其权利、责任和义务受买卖合同的约束。

（2）委托人与托收行。二者是委托代理关系，其权利、责任和义务受委托申请书的约束。托收行应根据委托人的指示行事，负责审核单据、选择代收行、及时通报信息等。

（3）托收行与代收行。二者是委托代理关系，其权利、责任和义务受委托代理合同的约束。代收行应遵从托收行的指示并需审核和处理单据，尽快向付款人提示汇票，付款人付款或承兑后应无延迟地通知托收行。

（4）代收行与付款人。二者之间不存在任何契约关系。如果付款人拒绝付款，则代收行不承担任何责任。

（二）托收的种类

根据是否附随相关单证，托收可分为光票托收和跟单托收两种。

1.光票托收（Clean Collection）

光票托收是出口商委托银行收款时，仅提供汇票而不附随货运单据的收款方式。

这种方式在国际货物贸易中使用较少，主要用于收取尾款、杂费和佣金等小额费用。

2.跟单托收（Documentary Collection）

跟单托收是出口商开立汇票并附随货运单据一起交给托收行进行收款的方式。国际货物贸易多使用跟单托收。根据交单条件的不同，跟单托收可分为付款交单和承兑交单两种。

（1）付款交单（Documents against Payment，D/P）。它是指出口方发货并取得货运单据后，在委托银行办理托收业务时，指示银行只有在进口方付清货款后，才能把货运单据交给进口方，即出口方的交单以进口方的付款为条件。根据支付时间的不同，付款交单又可细分为即期付款交单和远期付款交单两种。

即期付款交单（D/P at Sight）是指出口方发货后开具即期汇票，连同商业单据，通过银行向进口方提示，进口方见票后立即付款，并在付清货款后从银行领取单据。

远期付款交单（D/P after Sight）是指出口方发货后开具远期汇票，连同商业单据，通过银行向进口方提示，进口方审核无误后即在汇票上进行承兑，并于汇票到期日付清货款后再从银行领取商业单据。

【案例7-1】

我国某公司向日本某公司以D/P即期方式推销某商品，对方答复若我方接受D/P 90天付款，并通过其指定的A银行代收可接受。

问题：日本公司为何提出此要求？

分析提示：即期付款交单方式对卖方较为有利；对于远期付款交单方式，在买方对货物需求不是很急的情况下，对买方较为有利。在本案例中，日本公司要求D/P 90天付款并通过其指定的A银行代收，如果按此条件成交，日本公司可以在我方提示汇票后90天内付款，在此过程中，日本公司还可以要求A银行以融通资金的方式借出单据。这对买方有很大的益处。

（2）承兑交单（Documents against Acceptance，D/A）。它是指出口方在装运货物后开具远期汇票，连同商业单据通过银行向进口方提示，进口方承兑汇票后，代收行即将单据交给进口方，在汇票到期时，进口方履行付款义务，即出口方的交单以进口方在汇票上承兑为条件。

【课堂讨论7-2】

问题：在即期付款交单、远期付款交单和承兑交单三种方式中，哪种方式对卖方最有利？哪种方式对卖方最不利？

（三）托收的一般程序

托收时，卖方需要在所在地委托一家银行（托收行）代为收款，通常需要将汇票连同相关单证一起交给所委托的银行，托收行将汇票连同相关单证再转交给位于买方所在地的和其有业务往来关系的一家银行（代收行），代收行收到单证后提示买方，买方付款或承兑后，代收行将单证交给买方。代收行收到货款后通知托收行，托收行将款项付给卖方。根据交单种类的不同，托收的程序也略有不同。

1.即期付款交单的结算程序

国际贸易中的交易双方如在买卖合同中约定采用托收的即期付款交单方式，则应按照下述步骤进行结算（如图7-6所示）：

（1）出口商申请托收。出口商在所在地找一家银行，委托其代为收款，托收行审核同意后，出口商开具即期汇票连同全套单据交给托收行。

（2）托收行委托代收行收款。托收行在进口商所在地委托一家银行（即代收行）收款，将汇票连同单据寄交代收行。

（3）代收行提示进口商。代收行收到汇票和相关单据后，及时提示进口商，要求进口商付款赎单。

（4）进口商审单、付款。进口商审核单证无误后，即刻向代收行付款。

（5）代收行交单。进口商付款后，代收行把相关单据交给进口商。

（6）转账并通知托收行。代收行收妥货款后，及时办理转账事宜，并通知托收行货款已收妥。

（7）托收行付款。托收行收到货款后，及时将款项转交给出口商。

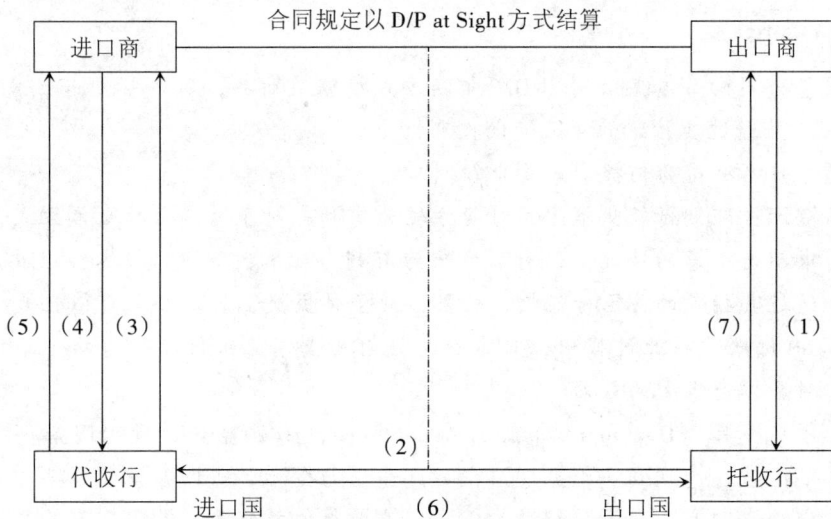

图7-6　即期付款交单的结算程序

2.远期付款交单的结算程序

国际贸易中的交易双方如在买卖合同中约定采用托收的远期付款交单方式，则应按照下述步骤进行结算（如图7-7所示）：

（1）出口商申请托收。出口商在所在地找一家银行，委托其代为收款，托收行审核同意后，出口商开具远期汇票连同全套单据交给托收行。

（2）托收行委托代收行收款。托收行在进口商所在地委托一家银行（即代收行）收款，将汇票连同相关单据寄交代收行。

（3）代收行提示进口商。代收行收到汇票和相关单据后，及时提示进口商，要求进口商承兑。

（4）进口商审单、承兑。进口商审核单证无误后，在汇票上承兑，代收行收回汇票与相关单据。

（5）进口商到期付款。当到了进口商承诺兑现的日期时，进口商向代收行付款。

（6）代收行交单。当代收行收到货款后，将单据交与进口商。

（7）转账并通知托收行。代收行收妥货款后，及时办理转账事宜，并通知托收行货款已收妥。

（8）托收行付款。托收行收到货款后，及时将款项转交给出口商。

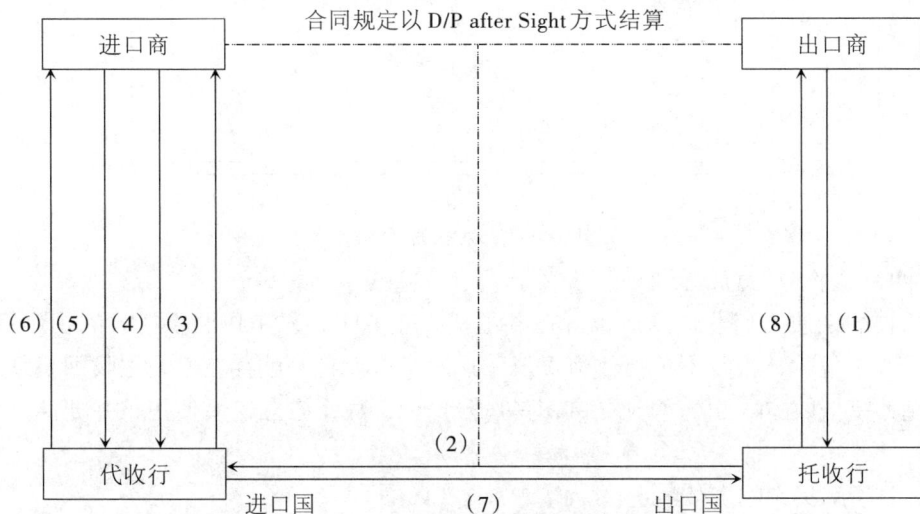

图7-7　远期付款交单的结算程序

3.承兑交单的结算程序

国际贸易中的交易双方如在买卖合同中约定采用托收的承兑交单方式，则应按照下述步骤进行结算（如图7-8所示）：

（1）出口商申请托收。出口商在所在地找一家银行，委托其代为收款，托收行审核同意后，出口商开具远期汇票连同全套单据交给托收行。

（2）托收行委托代收行收款。托收行在进口商所在地委托一家银行（即代收行）收款，将汇票连同相关单据寄交代收行。

（3）代收行提示进口商。代收行收到汇票和相关单据后，及时提示进口商，要求进口商承兑。

（4）进口商审单、承兑。进口商审核单据无误后，在汇票上承兑。

（5）代收行交单。进口商承兑后，代收行将相关单据交与进口商。

（6）进口商付款。当到了进口商承诺兑现的日期时，进口商向代收行付款。

（7）转账并通知托收行。代收行收妥货款后，及时办理转账事宜，并通知托收行货款已收妥。

（8）托收行付款。托收行收到货款后，及时将款项转交给出口商。

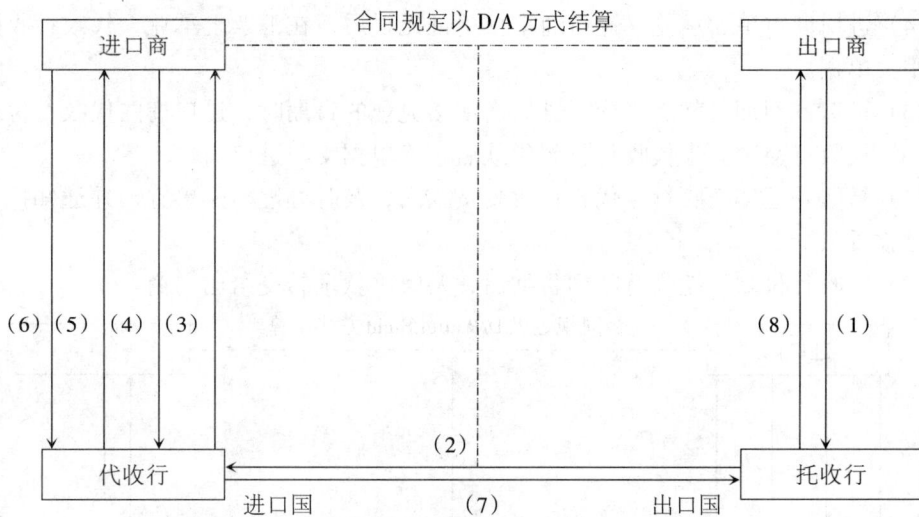

图7-8　承兑交单（D/A）

（四）托收应注意的问题

托收的性质为商业信用。银行在办理托收业务时，只是按照委托人的指示行事，如果买方不付款，银行不承担任何责任。这对卖方而言，就存在着无法收回货款的风险，尤其是托收方式中的承兑交单，其风险更大，故卖方应谨慎使用，并要注意下列事项：

1.要了解买方的资信情况

使用托收方式结算时，必须调查和了解买方的资金实力和信用情况，并要考虑成交金额的大小，不宜超过其信用额度。

2.要了解进口国是否有贸易或外汇管制政策

不同国家的贸易政策不同，外汇管理方式也存在差异，这就需要对进口国的贸易或外汇管制政策、措施等有充分的了解，以免货到目的地后由于不准进口或收不到外汇而造成不应有的损失。

3.要了解贸易惯例

出口商不仅要了解进口国的贸易习惯，还要了解托收的国际贸易惯例。

（1）进口国的商业习惯。不同国家的商业习惯有很大不同，如有些国家把远期付款交单视同承兑交单。这就需要充分了解进口国的商业习惯，以免影响安全、迅速收汇。

（2）托收的国际贸易惯例。在托收业务中，由于各方当事人对权利、责任和义务的解释不同，各个银行的具体做法也有差异，因而容易引起争议和纠纷。国际商会为减少托收环节中的矛盾和纠纷，于1958年制定了《商业单据托收统一规则》，在此基础上历经两次修订又于1995年公布了新的版本，为国际商会第522号出版物（简称《URC522》）。该规则自公布实施以来，被各国银行广泛采纳和使用。

【课堂讨论7-3】

问题：托收方式有何风险？有没有更保险的收款方式呢？

三、信用证

信用证是银行根据进口人的要求，向出口人开立的有条件的付款保证书。银行在结算过程中，不仅提供服务，还提供信用。由于银行信用容易被人接受，能有效降低结算风险，故信用证被国际贸易界普遍采用，成为一种主要的货款收付方式。

（一）信用证收付的特点

用信用证方式收付货款时，只要受益人履行信用证所规定的义务，提交符合信用证要求的相关单据，开证行就保证付款，开证行成为首要付款责任人。其特点如下：

1.信用证属于银行信用

信用证是开证行以自己的信用做出付款保证的。开证行对受益人的付款责任是首要且独立的，即使进口商在开证后失去偿付能力，只要出口商提交的单据符合信用证条款的规定，开证行也必须承担付款责任。

【案例7-2】

我国某公司与意大利某公司订立了一份出口合同，合同约定以信用证（L/C）方式结算。买方在约定的时间开立了信用证，我出口公司按信用证的规定将货物装运后，正准备将单据送交当地银行议付时，突然接到开证行的通知，称开证申请人已经倒闭，因此开证行不再承担付款责任。

问题：开证行声称不再承担付款责任是否合理？为什么？

分析提示：信用证结算属于银行信用，开证行是首要的付款责任人。在本案例中，开证行因开证申请人倒闭而不承担付款责任的声明是不成立的。只要我方按照信用证的要求履行了交货义务，开证行就要承担付款责任。

2.信用证是一种独立性文件

信用证虽然是根据买卖合同开立的，但信用证一经开出，就成为一种独立且完整的契约文件。在信用证业务中，各有关当事人的权利和责任完全以信用证条款为依据。受益人能否顺利结汇，取决于其是否完全按照信用证的约束条款行事，而与其是否履行了买卖合同的义务、责任无关。

【案例7-3】

我国某公司从国外进口一批钢材，货物分两批装运，每批都由中国银行开立一份信用证（L/C）。第一批货物装运后，卖方在有效期内向银行交单议付，议付行审单后，即向外国商人议付了货款，然后中国银行向议付行做了偿付。我方收到第一批货物后，发现货物品质与合同不符，因而要求开证行对第二份信用证项下的单据拒绝付款，但遭到开证行的拒绝。

问题：开证行这样做是否有道理？为什么？

分析提示：信用证是独立的自足性文件，只要受益人完全按照信用证的约束条款

行事，开证行就要承担首要付款责任。在本案例中，我方开立了两份信用证，银行对第二份信用证项下单据的付款责任，取决于卖方是否按照信用证的约束条件行事，是否提供成套的合格单据，而不取决于第一批货物是否有质量问题。因此，开证行拒绝我方的要求是有道理的。

3.信用证结算是一种纯单据的买卖

信用证结算是一种纯粹的单据买卖，实行凭单付款的原则。银行在处理信用证业务时，以受益人提交的单据是否与信用证条款相符为依据，而不问货物的真实状况如何。受益人所提交的单据不仅要做到"单证相符"，还要做到"单单一致"，即单证间不能出现任何矛盾。唯有如此，开证行才承担首要的付款责任。

【案例7-4】

我国南方某公司与越南某公司按CIF条件签了一份某初级产品的出口交易合同。合同规定，装运期在2016年11月，以信用证方式结算。我方公司在合同规定的装运期内备妥了货物，并安排好了从装运港到目的港的运输事宜。在装船时，我方公司考虑到从装运港到目的港距离较近，且风平浪静，不会发生什么意外，因此，没有办理海运货物保险。实际上，货物也安全、及时地运抵目的港，但我方公司所提交的单据中缺少了保险单。买方因市场行情发生了对自己不利的变化，遂以我方所交的单据不全为由，要求银行拒付货款。

问题：我方能否顺利地议付货款？为什么？

分析提示：信用证结算是纯粹的单据买卖，即如果卖方提交的单据有问题，而货物没有问题，也不能顺利结汇。在本案例中，尽管货物已经安全运抵目的港，但是，我方的结算单据中缺少保险单，在买方不同意银行付款的情况下，我方恐难顺利结汇。

（二）信用证结算的优缺点

以信用证方式结算，可以有效降低卖方收款的风险。但是风险是客观存在的，只不过是把本应由卖方承担的风险转移给了银行而已。银行承担额外风险，必然会以增加结算手续费等方式予以对冲。

1.信用证结算的优点

恰当地使用信用证结算方式，对买卖双方及银行都有切实的益处。

（1）有效降低卖方的收款风险。出口商只要按信用证的规定交付了货物并提交了合格单据，开证行就保证支付货款。这对卖方来说，只需考虑如何按照信用证的条款行事即可，这可以有效降低卖方的收款风险。

【案例7-5】

我国A出口公司按CIF条件、凭不可撤销信用证向美国B公司出售货物一批。美国B公司按合同规定开来信用证，我方审核无误后，在信用证规定的装运期内将货物装上海轮，并在装运前向保险公司办理了货运保险。但装船完毕不久，海轮起火爆炸，该批货物全部灭失，美国B公司闻讯后来电表示拒绝付款。

问题：美国 B 公司拒绝付款是否合理？我方能否收到货款？根据《2010 年通则》和《UCP600》分别说明理由。

分析提示：根据《2010 年通则》的规定，CIF 贸易术语是以装运港的船为界划分风险的。在本案例中，装船完毕不久，海轮起火爆炸，致使该批货物全部灭失。因此，该批货物灭失的风险应由买方承担，故美国 B 公司拒绝付款是不合理的。

根据《UCP600》的规定及信用证结算方式的特点可知，只要卖方完全按照信用证的要求行事，且提交了全套合格单据，银行就需承担付款责任。因此，我方能安全结汇。

（2）为进口商提供一定的交易安全保障。信用证中有很多限制性条款，这些条款是用来约束卖方的。比如，信用证中规定出口商应提交质量证书、检验检疫证书、ISO 9000 或 ISO 14000 证书以及其他有关单据，银行会对各种单据进行严格审核。卖方只有达到了信用证的要求条件，银行才承担付款责任。这对买方也是一种保护。

（3）增加了银行的收益。作为议付行的出口地银行因参与信用证结算业务，一方面，扩大了业务量，可以获得更多的利润；另一方面，接受议付后，只要单据符合信用证的规定，议付行就可以从开证行处获得偿付。即使开证行拒付，议付行还可以向受益人追索垫款或凭货运单据处理货物以补偿垫款。因而，参与结算的风险较小。

开证行因只承担保证付款的责任，它贷出的只是信用而不是资金，因而，在无须占用自有资金的情况下，就可以获得结算手续费用。

【课堂讨论 7-4】

问题：国际贸易结算中经常使用托收和信用证这两种结算方式。既然信用证结算属于银行信用，对卖方来说更为保险，那为何不都使用这种更为保险的结算方式呢？

2.信用证结算的缺点

信用证结算的主要缺点是手续繁杂且银行收取的手续费用高。

（1）信用证陷阱。买方不按时开证、不按合同规定的条件开证或故意设下陷阱等行为可能会使卖方交单后，因不符合信用证的规定被拒付而使其遭受损失。这就要求卖方要严格审核信用证条款，如有不妥当之处，需要求买方改证或重新开立。

（2）假单据的风险。由于信用证结算是纯粹的单据买卖，银行只看单据而不问货物。受益人如果编造单据使之与信用证条款相符，甚至制作假单据，也可以从银行取得款项，从而使进口方成为欺诈行为的受害者。

（3）结算繁杂且费用高。使用信用证方式结算，一般手续较之汇付和托收烦琐，无论是申请开证还是审证，技术性均较高，稍有不慎，产生疏漏、差错，就会造成较大损失。另外，银行要承担额外的结算风险，因而，其不仅要收取较高的结算费用，还会根据开证申请人的信用不同，核收数额不等的保证金。这会增加买卖双方的交易成本。

（三）信用证的当事人

信用证收付方式较为复杂，所涉及的当事人较多，通常包括以下几个：

1.开证申请人（Applicant）

开证申请人也叫开证人，是指向银行申请开立信用证的人，通常是买方。开立信用证时，申请人需提交申请书。申请书是买方对开证行的付款指示，也是与开证行之间的一种书面合同。信用证开立后，买方有向银行付款赎单的义务。

2.开证行（Opening/Issuing Bank）

开证行是应开证申请人的委托向受益人开立信用证的银行。它是信用证项下的第一付款人，对受益人承担独立责任，是信用证业务的核心。开证行的付款通常为终局性的，一经付出不得追索，即使付款后发现单证不符，或进口商拒不赎单，也不能向出口商、议付行、付款行或偿付行等追索。

3.通知行（Advising/Notifying Bank）

通知行是受开证行的委托，将信用证转交给卖方的银行。它只负责通知并鉴别信用证的表面真实性，不承担其他义务。在信用证的真实性得到证实后，通知行应根据开证行的要求，及时将信用证已开妥的信息通知受益人。通知行一般位于卖方所在地。

4.受益人（Beneficiary）

受益人是信用证上所指定的有权使用该证的人，通常为出口商或实际供货人。受益人必须按照信用证条款履约。出口商在收到信用证后，应仔细将信用证的内容与合同条款核对，并审核信用证条款是否合理及能否履行。受益人交单后，若开证行倒闭，受益人有权要求进口商付款。

5.议付行（Negotiating Bank）

议付行是根据开证行的授权，买进受益人提交的符合信用证规定的汇票和单据的银行。开证行收到议付行寄来的单据后，如发现单据不符合信用证条款的规定，可以拒绝偿付。因此，议付行必须严格审单。在单证相符但开证行无力付款时，议付行可向受益人追索。

6.付款行（Paying Bank）

付款行是开证行在信用证中指定并授权其向受益人承担付款责任的银行。付款行付款后不得向受益人追索，而只能向开证行索偿。

7.保兑行（Confirming Bank）

保兑行是应开证行或信用证受益人的请求，在开证行的付款保证之外再对信用证进行保证付款的银行。保兑行具有与开证行相同的责任和地位。

（四）信用证的种类

根据信用证的性质、期限和流通方式等不同，可以将信用证分为不同的种类。

1.跟单信用证和光票信用证

根据结算时是否需要附随单据，信用证可分为跟单信用证和光票信用证。

（1）跟单信用证（Documentary Credit）。它是凭跟单汇票或凭单据付款的信用证。国际贸易结算中所使用的信用证，绝大多数是跟单信用证。

（2）光票信用证（Clean Credit）。它是凭不附单据的汇票付款的信用证。有的信用证要求汇票中附有非货运单据，如发票、垫款清单等，这种信用证也属于光票信用证。由于不附货运单据，出口商可在货物装船取得提单以前就开出汇票，请求银行议付，因此，光票信用证实际上具有预先取得货款的作用。

2.可撤销信用证和不可撤销信用证

根据信用证开出后能否不经过出口商的同意而撤销，信用证可分为可撤销信用证和不可撤销信用证。

（1）可撤销信用证（Revocable Credit）。它是指开证行可以不经过出口商的同意，也就是不必事先通知出口商，在出口地银行议付之前，有权随时撤销信用证或修改信用证的内容。可撤销信用证在被撤销时，若通知行于接到通知之前，已经议付了出口商的汇票、单据，开证行仍应负责偿付。可撤销信用证已经较少使用。

（2）不可撤销信用证（Irrevocable Credit）。它是指信用证一经开出，在有效期内，未经出口商及有关当事人的同意，开证行不得单方面撤销或修改信用证的内容，只要出口商提供的汇票、单据符合信用证的规定，开证行就必须履行付款义务。根据国际商会制定的《跟单信用证统一惯例》（2007年修订本，《UCP600》）的规定，目前所使用的信用证均具有不可撤销性。不可撤销信用证对出口商收取货款较有保障，使其在国际贸易中被广泛使用。

【案例7-6】

我国某公司与法国某公司以CIF条件签订了一份出口棉织品的合同。合同中规定采用信用证方式付款，装运期为2016年10月份。由于双方的疏忽，合同中未规定信用证是否可撤销。我方收到法国公司开来的信用证后，发现该信用证也未明确注明是否可撤销。

问题：该信用证是否需要修改才可使用？为什么？

分析提示：该信用证不需要修改。因为，根据《UCP600》的规定，目前所使用的信用证均具有不可撤销性。不可撤销信用证对出口商收取货款较有保障，使其在国际贸易中被广泛使用。

3.保兑信用证和不保兑信用证

根据所开立的信用证，除开证行承担首要付款责任外，有无承担连带付款责任的其他银行，信用证可分为保兑信用证和不保兑信用证。

（1）保兑信用证（Confirmed Letter of Credit）。它是指一家银行开出的信用证，由另一家银行保证对符合信用证各条款规定的汇票、单据，履行付款责任。承担保兑责任的银行称为保兑行。

（2）不保兑信用证（Unconfirmed Letter of Credit）。它是指一家银行开出的信用证，除开证行外，没有其他银行保证对符合信用证各条款规定的汇票、单据，履行付款责任。

4.可转让信用证和不可转让信用证

根据出口商对信用证的权利能否转让，信用证可分为可转让信用证和不可转让信用证。

（1）可转让信用证（Transferable L/C）。它是开证行授权通知行，在出口商（第一受益人）的要求下，可把信用证的权利全部或部分转让给其他受益人（第二受益人）的一种信用证。使用可转让信用证时，需要注意如下事项：

第一，转让条件。根据《UCP600》的规定，可转让信用证必须注明"可转让"（Transferable）字样，否则被视为不可转让信用证。

【案例7-7】

我国A、B两家食品进出口公司共同对外出口一批食品，A、B两公司约定各交货50%，各自结汇，由B公司对外签订合同。事后，外商开来以B公司为受益人的不可撤销信用证，证中未注明"可转让"字样，但规定允许分批装运。B公司收到信用证后，及时通知了A公司，两家按照信用证的规定各出口了50%的货物，并以各自的名义制作了有关结汇单据。

问题：两家的做法是否妥当？它们能否顺利结汇？为什么？

分析提示：根据《UCP600》的规定，如信用证上未注明"可转让"字样，则该信用证被视为不可转让。在本案例中，由B公司对外签订合同，事后，外商开来以B公司为受益人的不可撤销信用证，证中未注明"可转让"字样。因此，A、B公司各自结汇不妥当，恐难以顺利结汇。

第二，转让次数。根据《UCP600》的规定，可转让信用证只限转让一次，即第二受益人不得将信用证转让给其后的第三受益人。但是，第二受益人可将信用证再转让给第一受益人。另外，如果准许分批装运，在总额不超过信用证金额的前提下，第一受益人可将信用证分别转给不同的受让人，这种转让仍视为信用证的一次性转让。

第三，变更内容。信用证转让时，其约束条款不得变更。但是，信用证的金额、商品单价可以降低；到期日、交单日、装运日期可以缩短；保险加成率可以提高；信用证的申请人可以变更；第一受益人有权以自身的发票或汇票替换第二受益人的发票或汇票。

第四，转让后的责任。在实际业务中，通常是中间商为获得差额利润而要求开立可转让信用证，然后再将其转让给实际供货人。但是，信用证的转让不等于买卖合同的转让，如第二受益人不能按时交货或单据有问题，则第一受益人仍需承担买卖合同中的卖方责任。

（2）不可转让信用证（Non-transferable L/C）。它是受益人不能将信用证的权利转让给他人的一种信用证。进口商因对第二受益人不甚了解，通常不愿意开立可转让信用证。

5.即期信用证和远期信用证

根据付款时间的不同，信用证可以分为即期信用证和远期信用证。

（1）即期信用证。它是指开证行或付款行收到符合信用证条款要求的跟单汇票或装运单据时，立即履行付款义务的信用证。这种信用证的特点是出口商收汇安全、迅速，有利于加快其资金周转。因此，在国际贸易结算中使用最为广泛。

（2）远期信用证。它是指开证行或付款行收到符合信用证条款要求的跟单汇票或装运单据时，在规定的期限内履行付款义务的信用证。

（五）信用证的内容

各国银行所开立的信用证没有统一格式，因种类不同，其内容也有所区别。但主要内容大同小异，通常包括下列各项：

1.对信用证本身的说明

对信用证本身的说明所包含的内容较多，具体如下：

（1）开证行名称。信用证是开证行的有条件的付款保证。不同开证行的资信和付款能力不同，因此，信用证是哪家银行开立的、其信用如何等成为关键性问题。

（2）开证日期（Issuing Date）。它是指开证行开立信用证的时间。信用证中必须明确开证日期。因为开证日期与装船日期、交单日期等有紧密相关性，是顺利履行合同的重要依据之一。

（3）信用证有效期（Expiry Date）和到期地点（Expiry Place）。信用证的有效期是受益人向银行提交单据的最晚日期。一般信用证的有效期至规定的装运期后第15～20天，未规定有效期的信用证无效。

到期地点是受益人在有效期限内向银行提交单据的地点。国外开来的信用证一般规定到期地点在我国国内；如果到期地点在国外，受益人要特别注意，一定要提前交单，以便银行在有效期限之内将单据寄到到期地点的银行。

（4）信用证交单期限（Period for Presentation of Documents）。要求出具运输单据的信用证还应规定在装运日期后的一定时间内向银行交单的期限。如果没有规定该期限，根据国际惯例，银行将拒绝受理迟于装运日期后21天的单据，但无论如何，单据必须于信用证的有效日期内提交。

（5）开证申请人和受益人。其名称和地址等内容必须完整、清楚。如果有错误或遗漏等，应立即电洽开证行确认或要求开证申请人修改。

（6）信用证号码（Documentary Credit Number）。它是开证行的银行编号，与开证行的业务联系必须引用该编号。信用证号码必须清楚，如果信用证号码在信用证中前后出现过多次，应特别注意其是否一致；如果不一致，应电洽银行修改。

（7）信用证币别和金额（Currency Code and Amount）。信用证中使用的货币应是国际可自由兑换的币种。信用证金额一般采用国际通行的写法，如100万美元写成USD1，000，000.00。如果信用证中有大写和小写两种金额的写法，大写和小写应保持一致。如果信用证中多处出现信用证金额，则其相互间应保持一致。

2.对成交货物的描述（Description of Goods and/or Services）

对成交货物的描述是信用证对货物名称、数量、品质、单价等的描述和记载。信用证中对货物的描述应明确和完整，但不宜烦琐。因为，烦琐的货物描述会给受益人制单带来麻烦。

3.信用证单据条款（Documents Required Clause）

信用证单据条款，是指开证行在信用证中列明的受益人必须提交的单据的种类、份数、签发条件等内容。信用证的单据条款之间应保持一致，不应有相互矛盾的地方。

4.装运条款（Shipment Clause）

信用证的装运条款包括装运港（地）、目的港（地）、装运期限以及可否分批装运与转运等内容。

（六）信用证结算的收付程序

国际贸易中的交易双方如在买卖合同中约定以信用证的方式结算货款，则应按照图7-9所述的步骤进行结算。

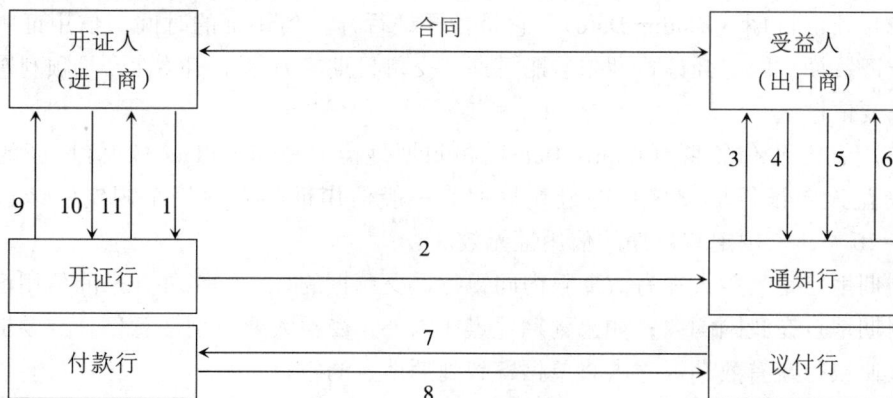

图7-9　信用证结算的步骤

1.申请开立信用证

开证人应在合同约定的时间内，到合同指定的银行申请开立信用证。在开证时，申请人需要填写开证申请书，在银行审核确认并收取相关费用及抵押后，应申请人的要求开立信用证。

2.信用证转交通知行

开证行开完信用证后，将其转交给位于卖方所在地的和开证行有业务往来关系的一家银行或开证行的分支机构，即通知行。

3.通知受益人

通知行收到信用证并核实真伪后，及时通知受益人。

4.审核信用证

受益人在接到通知后，应及时对信用证的约束条款进行审核。审核时应主要看其约束条款是否合理和自己能否办到，如果不合理，如与合同条款相抵触，或信用证的要求使自身无法履行相关义务，受益人应及时要求买方修改或重新开立信用证。

5.向议付行交单

受益人审核信用证无误后，要及时备货并在约定的时间内完成装运，取得相应的合格装运单证。受益人在取得装运单证后，备齐信用证要求的所有单证交由议付行并要求其付款。议付行可以是通知行，也可以不是。

6.议付行付款

议付行在严格审单并认为单证间单单相符、单证一致，没有任何矛盾和冲突的前提下，会买下受益人的单证，将款项打给受益人。

7.议付行向付款行索偿

议付行是依据开证行的信用，在单证没有任何问题的前提下买下受益人的单证的。议付行买单付款后，将向位于买方所在地的付款行提示汇票并要求其付款。付款行与开证行可以是同一家银行，也可以不是。

8.付款行向议付行付款

付款行在严格审单并认为单证间单单相符、单证一致，没有任何矛盾和冲突的前提下，会买下议付行的单证，将款项打给议付行。

9.要求买方付款赎单

付款行也是根据开证行的信用在单证无矛盾的前提下，买下议付行的单证的。付款行拿到单证后会向进口商即开证人提示跟单汇票，要求进口商付款赎单。

10.进口商付款

在收到付款行的提示付款通知后，在单证没有问题的前提下，进口商应及时向付款行付款。

11.付款行交单

付款行收到进口商的款项后，将单证交给进口商。当船到港后，进口商可以用提单提货。

【课堂讨论7-5】

问题：议付行和付款行为何愿意买单付款给卖方？这对开证行的选择有何指导意义？

任务三　支付条款

支付条款是买卖合同中的重要内容，它直接影响货款结算的安全程度、利息与费用的高低、资金周转的快慢等关乎交易双方的重大利害得失。因此，在洽商交易与订立合同时，买卖双方都十分重视支付条款的约定。

一、支付条款的基本内容

在国际货物贸易的货款收付过程中，买卖双方就较为关注的事项，经充分协商达成一致后，以书面的形式写进买卖合同里，就构成了支付条款的基本内容。其繁简不一，归纳起来通常包括下列约定事项：

（一）支付工具

国际货款结算中的货币和金融票据多种多样，而且各国货币的名称不一，在国际市场上的地位和汇率波动情况也各不相同；各种金融票据的性质、作用、类别和使用方法也有差异。因此，交易双方究竟使用何种支付工具，应在买卖合同的支付条款中做出明确规定。

（二）支付方式

支付方式有多种，且每种支付方式都有其优缺点和适用的场合。买卖双方需要选择恰当的支付方式或结合使用，以发挥各种支付方式的优点。

1.选择计算方式时应考虑的因素

不同结算方式主要是风险与费用的差异，一般而言，对卖方风险高的结算方式，则银行收取的手续费用低；而对卖方风险低的结算方式，则银行收取的手续费用高。因此，在选择结算方式时，重点应考虑如何在风险可控的前提下节省费用。

（1）客户的资信情况。客户的资金实力和信用状况是国际货物买卖合同能否顺利履行的重要影响因素。因此，需要根据客户的资信状况选择适应的结算方式。比如，对于信用不太好或尚未充分了解的客户，选择风险小的跟单信用证结算方式较为稳妥；而对于信用较好或长期合作的客户，应考虑使用托收中付款交单的结算方式。卖方一般要慎重选择使用承兑交单或汇付的结算方式。通常而言，买方的选择与卖方刚好相反。由此，双方均应事先做好对方资金实力和信用状况的调查。

（2）市场的供求状况。商品的市场供求状况是选择结算方式的重要考量因素。当买卖标的处于买方市场时，因供大于求，进口商处于有利地位，通常会选择对买方有利的汇付或托收方式；当货物紧俏处于卖方市场时，由于供不应求，价格有上涨的趋势，可选择对卖方有利的信用证结算方式。如果交易双方势均力敌，没有明显的买方或卖方市场，通常会选择托收中付款交单的结算方式。

（3）贸易术语与运输方式。在不同的贸易术语项下，买卖双方承担的风险和费用不同，也会影响对结算方式的选择。国际贸易中常用的6种贸易术语都属于象征性交货，卖方凭单交货，买方凭单付款。货物所有权的转移以单据为依托，符合跟单信用证买卖的特点，因此，适合以信用证方式结算。采用CIF术语出口，由于卖方负责租船订舱和投保，可以选择托收的付款交单结算方式；而以FOB术语出口，货物运输事宜由买方办理，卖方不易控制货权，则不宜采用托收方式。

FCA、CPT和CIP术语适用于任何运输方式，不同的运输方式签发的运输单据不同。只有当所签发的运输单据属于物权凭证时，出口商才能凭单控制货权。在所有的运输单据中，属于物权凭证的有海运提单、国际多式联运单据和对香港地区采用铁路运输时的货物收据。因此，只有使用这三种单据凭以结汇时，才考虑使用托收方式结算。

（4）融资需求。一般而言，从事进出口业务的企业都希望得到银行的资金融通。但是，只有信用证结算才是银行信用，议付行在审核单证无误后，就会把款项打给卖方，这相当于银行代买方提前向卖方支付货款，也就是对卖方的资金融通支持。所以，如有融资需要，可以考虑使用信用证结算方式。

买卖双方在选择支付方式时，除了要考虑上述四个主要因素外，还应考虑成交金额的大小、进口国的外汇管制情况、经营意图和结算手续费高低等因素。如合同金额较大或进口国的外汇管制较严，卖方应考虑使用信用证方式结算；如出口商交易的目的是想要开拓某个区域市场，在进口商信用较好的前提下，可以考虑使用托收的结算方式；如交易双方是长期的合作伙伴，则可考虑选择结算手续费最低的汇付方式。

2.支付方式的结合使用

通常情况下，买卖双方就一笔交易只选用一种结算方式。但是，由于每种结算方式都各有利弊，为促成交易或加速资金周转和安全收付汇，可考虑将各种结算方式结合起来使用，从而发挥不同结算方式的优点。

（1）信用证与汇付结合使用。采用这种结算方式时，通常是大额的货款通过信用证的方式结算，小额的预付款或尾款改用汇付的方式结算。

（2）信用证与托收结合使用。这是指大部分货款用信用证方式支付，小部分货款用托收方式支付。出口商需要为信用证项下和托收项下的货款开立两张汇票，信用证项下凭光票付款，托收项下凭跟单汇票付款。在实际业务中，为防止付款行在收妥托收部分货款前将单据交给进口商，出口商应要求在信用证上注明"在发票金额全部付清后方可交单"字样。

（3）汇付与托收结合使用。这是指进口商以汇付的方式支付一定比例的预付款或定金后，出口商再采取托收的付款交单方式收取余款。如托收的货款遭到进口商的拒付，出口商可凭单据将货物运回或在目的地委托他人处理，而已收货款则可用于弥补往来运费、保险费、利息等合理支出。

（三）支付时间

国际贸易货款的支付时间根据所支付款项的性质不同而有不同的规定，其中包括预付货款、定金、尾款、佣金等小额款项的支付时间和主要的大额货款的支付时间。

1.小额款项的支付时间

小额款项通常采用汇付的方式支付，可依据具体情况灵活规定，通常有如下几种方法：

（1）规定支付期限。比如，规定预付款或定金在2017年9月25日前支付，尾款在2018年5月20日前支付。

（2）规定支付期间。比如，规定预付款或定金在2017年9月25日至2017年10月25日支付，尾款在2018年5月20日至2018年10月25日支付。

（3）规定相对时间。比如，规定预付款或定金在装船前30天支付，尾款在货到目的港后60天内支付。

2.大额款项的支付时间

大额款项的支付时间通常分为即期付款和远期付款两种。即期付款是买方见到银行提示的跟单汇票后，需要立即付款；而远期付款是指买方见到银行提示的跟单汇票后若干天内付款。根据远期汇票上对付款时间的规定不同，远期付款的时间通常有下列几种：①出票后若干天付款；②见票后若干天付款；③提单签发日期后若干天付款；④指定日期付款。

·146·

（四）支付地点

由于支付地点会影响到买卖双方的利益得失，因此，需要在国际货物买卖合同中约定清楚支付地点。通常，交易双方在约定支付方式时，也会说明支付地点。比如，采用汇付和托收的支付方式，一般的支付地点在买方的营业地；而采用信用证支付方式，一般的支付地点在卖方的营业地。如果合同中没有明确约定支付地点，按照《联合国国际货物销售合同公约》的规定，需要在卖方的营业地或在移交货物、移交单据的地点支付货款。

二、约定支付条款的注意事项

支付条款是影响买卖双方切身利益的重要因素。在洽商交易、订立支付条款的过程中，当事双方应注意下列事项：

（一）收付货款的安全

在约定支付条款时，首先应考虑收付货款的安全问题。买卖双方应在调查研究和权衡利弊的基础上，从安全的角度选择有利的支付工具和支付方式。

1.慎用汇付的货到付款方式

当采用汇付方式时，应谨慎接受货到付款的条件。如果由于客观原因不得已使用时，也要只限于资信可靠的客户，并且交易金额不宜太大。

2.慎用托收的承兑交单方式

当采用托收方式时，一般应约定付款交单，不宜轻易接受承兑交单、凭信托收据借单等做法。如若使用，也要根据买方的资信情况，对成交额度从严控制。

3.大额交易应以信用证方式结算并注意开证行的信用

信用证结算属于银行信用，其可靠性远高于其他结算方式。因此，对大额交易应多采用信用证结算方式。采用信用证方式时，还应注意开证行的信用等级。如果是超大额交易，有必要要求买方开具不可撤销的保兑信用证。

【案例7-8】

我国某公司与俄罗斯某公司以CIF条件达成出口货物交易，合同规定以不可撤销的保兑信用证结算货款。我方于装运期前一个月收到国外开来的不可撤销信用证，并由设在我国的外资A银行加以保兑。我方在货物装运后，正拟将有关单据交银行议付时，忽然接到外资A银行的通知，由于开证银行拟宣布破产，故不再承担对信用证的连带付款责任。

问题： A银行声称不承担对信用证的连带付款责任是否合适？为什么？我方应如何处理？

分析提示： A银行声称不承担对信用证的连带付款责任是不合适的。因为，在本案例中，双方使用的结算方式是不可撤销的保兑信用证，A银行是信用证的保兑行，其职责是要保证对符合信用证各条款规定的汇票、单据，履行付款责任。我方只要严格按照信用证的约束条件行事，并在约定期限内提交合格的全套单据即可。必要时，也可以向A银行提出我方的观点，并要求其承担应尽的连带付款责任。

4.信用证和托收结合使用应注意交单条件

不同的结算方式各有利弊，结合使用有利于发挥各自的优点，避开其缺点。当信用证和托收方式结合使用时，为保证收汇安全，应在信用证中载明"付清全部发票金额后方可交单"的条文。

5.注意汇率波动的风险

根据国际贸易的习惯做法，支付货币与计价货币的汇率都是按付款时的汇率计算的。汇率波动风险主要体现在支付货币和计价货币的软硬币选择上。就卖方而言，如支付货币是软币，计价货币是硬币，基本不会受损失；如支付货币是硬币，而计价货币是软币，则其收入的硬币就会因汇率波动而减少，这对卖方不利而对买方有利。

（二）结算的便利及费用负担

在首要的结算安全有保障的前提下，接下来主要应注意结算的便利及费用负担问题。

1.结算的便利与结算手续费

结算的便利与结算手续费之间的联系非常紧密，通常情况下，结算便利的方式结算手续费也低。结算的便利程度依次为汇付、托收和信用证，结算的手续费由低到高也依次为汇付、托收和信用证。当然，信用证的结算方式除了安全、结算复杂和结算手续费用高等特点外，还可以提供资金融通的便利。这也是选择结算方式时应考虑的因素之一。

2.财务费用

财务费用主要指的是利息。由于采用不同的结算方式卖方收回货款的时间不同，而资金是有时间价值的，因此，在订立买卖合同时，应在支付条款中明确利息的负担问题。

（1）汇付成交。应权衡预付和后付的利弊，预付占用买方的资金，从而增加其利息上的负担，故对卖方有利而对买方不利；后付会使卖方收回货款的时间延后，从而造成其利息上的损失。

（2）托收成交。当交易双方采取按托收方式成交时，如属于远期托收，卖方为了弥补晚收回货款的利息损失，应在出口合同中增加利息条款，或将晚收回货款的利息损失加入货价中。

（3）信用证成交。在信用证付款条件下，如信用证的付款期限为远期，也应在支付条款中增加利息条件。

（三）统筹考虑

所谓统筹考虑，就是在洽商支付条款时，不仅要考虑结算风险、费用和方便程度等，还要综合考虑法律、政策、贸易惯例等宏观因素，以及经营意图、价格条件和使用何种贸易术语等微观因素。

1.宏观因素

比如，有些国家对外汇实施管制，那么同这些国家开展国际贸易时，选择信用证结算方式较为稳妥，可以有效地防止因外汇管制而产生的结算风险。再如，有些国家在处理托收的远期付款交单时，视同承兑交单，那么同这些国家开展国际贸易时，如果用托收的方式结算，就应尽可能使用即期付款交单的方式。

2.微观因素

比如，卖方的经营意图主要是占领某区域市场，那么对此次交易的支付条件，就可能要做出适当的妥协。此外，支付条件与交易价格是相互关联的。同一种商品在其他条件相同的情况下，若价格较有利于卖方，则卖方可以考虑在支付条件上采用对买方有利的方式，如采用托收的远期付款交单的方式结算；反之，则应考虑采用对卖方有利的支付方式，如采用信用证的方式结算。

【课后思考题】

1.为何通常使用（跟单）汇票作为国际贸易货款收付的工具？

2.汇付的优缺点及适用场合有哪些？

3.托收涉及哪些当事人？托收当事人之间是什么样的关系？

4.什么时候采用承兑交单的方式？采用承兑交单方式应注意哪些问题？

5.银行在托收方式中起到什么样的作用？采用托收方式结算货款应注意哪些问题？

6.信用证结算方式的特点有哪些？

7.采用信用证结算方式时，应注意哪些事项？

8.每种结算方式都有其优缺点，如何选择恰当的结算方式？

9.信用证结算方式有哪些当事人？当事人之间是什么样的关系？

10.托收及信用证的结算程序（或步骤）是什么？

项目八

争议的预防和处理

国际货物贸易的交易双方从洽商交易、签订合同到实际履行合同，往往需要较长的周期。在此期间，商品市场的供求状况变化、金融市场的汇率波动、航运市场的运价指数涨跌以及国际政治经济形势的变化，都可能导致合同不能履行或不能如期履行。为了预防和减少贸易纠纷以及便于处理合同争议，需要在国际货物买卖合同中明确检验、索赔、不可抗力和仲裁等条款。

学习目标

理解商品检验的作用，掌握商品检验的内容和注意事项；

理解不可抗力条款的意义和内容，掌握不可抗力条款的注意事项；

理解定金与罚金条款的注意事项、违约与争议的含义，掌握违约与索赔条款的注意事项；

了解仲裁条款的格式，理解仲裁的特点，掌握仲裁条款的内容和注意事项。

本项目内容结构图

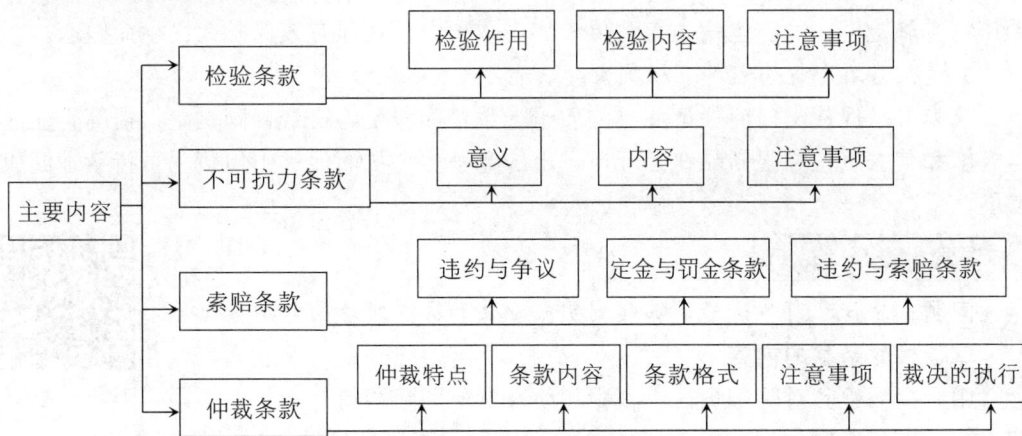

任务一　商品检验条款

在国际货物贸易中，由于交易双方相距遥远，货物在长途运输过程中难免会发生残损、短少甚至灭失，尤其是象征性交货条件下，买卖双方对所交货物的品质、数量、包装等容易产生争议。为了明确责任和减少纠纷，就需要具有公信力的第三方在货物交接时实施检验并出具检验证书。这是国际货物买卖中不可缺少的重要环节，做好检验工作并在买卖合同中约定好商品检验条款对顺畅国际贸易意义重大。

一、商品检验的作用

国际货物买卖中的商品检验简称商检，是指检验机构对进出口商品的品质、数量、包装、装运条件、卫生及动植物的传染病和病虫害等项目所进行的检验检疫鉴定，并出具检验证书的监督管理活动。对进出口货物实施检验检疫，对明确买卖双方的责任、有效减少贸易纠纷、顺畅国际贸易和保护人民健康具有十分重要意义。

1.明确责任减少纠纷

国际货物贸易通常是象征性交货，卖方完成交货义务和买方收到货物之间要经过较长时间的运输。在这个过程中，有很多环节参与其中，如果发生货物毁损或短少，要能确定到底是哪个环节或当事人的责任。这就需要具有公信力的检验机构在货物交接时实施检验，并出具检验报告，证明货物交接时的状态信息，这有利于明确责任，从而能有效减少纠纷和保证国际贸易合同的顺利履行。

2.维护消费者权益和保护人民健康

对进口商品实施检验检疫，能有效防止劣质商品流入国内，维护消费者权益；对动植物实施检疫，能防止病虫害和传染病带入国内，从而有效保护人民生命健康。

3.提高出口企业的信誉度和美誉度

检验可以促使出口商保证商品的质量、数量和包装等符合合同约定，提高企业的信誉度和美誉度，增强商品在国际市场上的竞争力，从而促进出口贸易可持续地健康发展。

【课堂讨论8-1】

问题： 为什么商品检验能够起到明确责任和减少纠纷的作用？

二、检验条款的内容

由于商品检验对明确责任、减少纠纷及顺畅国际贸易有着重要作用，因此，交易双方应在买卖合同中对有关商品检验的问题做出明确具体的约定，这就是检验条款。其内容因商品种类和特性不同而有所差异，但通常包括检验时间和地点、检验机构、检验标准、检验证书及检验出问题时买方索赔的时限等项内容。

（一）检验时间和地点

确定检验时间和地点，实际上是确定买卖双方中的哪一方行使对货物的检验权，

即确定以哪一方提供的检验证书为准。谁享有货物的检验权，谁就拥有了对货物品质、数量、包装等的最后评定权。由此可见，如何规定检验的时间和地点是关系到买卖双方切身利益的重要问题，是买卖双方商定检验条款的核心所在。有关检验时间和地点的规定办法有以下四种：

1.在出口国检验

在出口国检验又可分为在产地检验和在装运港检验两种。在产地检验是指在货物生产地由买卖合同中规定的检验机构实施检验，并以该机构出具的检验证书作为卖方所交货物的品质、数量等的最后依据。

在装运港检验是指卖方在装运港交货时，由买卖合同中检验条款约定的检验机构实施检验，并以该机构出具的检验证书作为卖方所交货物品质和数量的最后依据。

在出口国检验，实际上否定了买方的复验权，对买方极为不利。

2.在进口国检验

在进口国检验又可分为在目的港检验和在买方营业处所检验两种。

（1）在目的港检验。它是指在货物运抵目的港后，由买卖合同中检验条款约定的检验机构实施检验，并以该机构出具的检验证书作为卖方所交货物的品质、数量等的最后依据。

（2）在买方营业处所检验。对于密封包装或精密仪器等较为复杂的商品，不适宜在使用前拆包检验，因此，对该类商品通常在买方的营业处所由合同约定的检验机构实施检验，并以该机构出具的检验证书作为卖方所交货物的品质、数量的最后依据。

在出口国检验，卖方需承担到货品质和数量等的责任，这对卖方极为不利。

3.出口国检验、进口国复验

出口国检验、进口国复验是指在装运前由合同约定的检验机构出具的检验证书，作为卖方结汇的单据之一，待货物运抵目的港后，再由双方约定的检验机构实施复验。如果复验结果与合同约定不符，买方可在规定时间内向卖方索赔。此种做法兼顾了买卖双方的利益，因而成为一种常见的规定检验时间和地点的办法，尤其适用以装运地交货的贸易术语达成的买卖合同。

4.装运港检验重量、目的港检验品质

装运港检验重量、目的港检验品质是指对商品的重量和品质分别进行检验，即以交货时的检验证书作为重量的依据，而以到货时的检验证书作为品质的依据。

（二）检验机构及检验方法与标准

检验机构需要采用科学的方法对报检货物实施检验，并对检验结果同既定的标准进行比对，最终确定是否符合合同约定。

1.检验机构

检验机构是指根据客户的委托或有关法律、法规的规定，对出入境商品进行检验、鉴定和管理的机构。检验机构分为官方和非官方两种。中华人民共和国质量监督检验检疫总局及其分支机构为我国检验机构。

2.检验方法

商品检验方法是指检验机构在实施检验时的具体做法，通常采用抽样的方法，即在整批货物中抽取一部分样品，然后对样品进行感官检验、物理检验、化学检验、微生物学检验等，再根据样品的检验结果来推断总体。这首先需要所抽取的样品有代表性；其次是根据商品的特性选择恰当的物理或化学检验方法；最后要用科学的方法来推断总体。

3.检验标准

检验标准是对检验结果进行评价的依据，一般可分为国家标准、行业标准、地方标准和企业标准。通常有国家标准的，需要符合国家标准，没有国家标准的要符合行业标准。

（三）检验证书

检验证书是进出口商品检验机构对货物进行检验、鉴定后所出具的证明文件。买卖双方因货物品质、数量、包装等问题产生纠纷提请诉讼或仲裁时，法院或仲裁庭会以具有公信力的检验机构出具的检验证书作为划分责任的主要依据。检验证书的作用较多，具体如下：

1.证明卖方所交货物是否符合合同约定

检验证书中记载的货物品质、数量、包装等条件是判定卖方所交货物是否符合合同约定的重要依据。因此，合同或信用证中通常规定，卖方交货时必须提交规定的检验证书，用以证明所交货物与合同规定相符。

2.海关验放及计征关税的依据

许多国家的法律都规定，在货物进出口时，当事人必须向海关提交符合规定的检验证书，否则海关不予放行。同时检验证书也是海关计征、减免关税的依据。

3.办理收付货款的凭证

如果合同或信用证中规定在出口国检验，一般也会同时规定卖方须提交检验证书。当卖方装完货后，向银行办理货款结算时，在所提交的单据中，必须包括检验证书，用以证明卖方履行了合同义务。

4.办理索赔、理赔及解决争议的依据

检验证书是表明货物在装运和流通过程中的事实状态，以及明确责任归属的重要依据。因此，当报验货物与合同规定不符，收货人向有关责任方提出索赔和有关责任方办理理赔时，需要提交约定检验机构签发的有关货物品质、数量、包装等的残损证书。如果交易双方的争议未能协商解决，在提请仲裁或诉讼时，检验证书是当事人向仲裁机构或法院举证的重要凭证，也是仲裁机构或法院进行裁决的重要依据。

5.计收运费和仓储费的依据

检验证书中所记载的报验货物的重量和体积，均可作为承运人向托运人收取运费的有效依据。同时，还可以作为港口当局计收装卸费、仓储费、理货费等的依据。

三、约定商品检验条款的注意事项

在约定进出口商品检验条款时，应注意下列事项：

1.谁来行使检验权

所谓检验权，是指买方或卖方有权对所交易的货物实施检验，并以其检验结果作为交付或接受的最后依据。谁拥有货物的检验权，谁就享有了对货物品质、数量、包装等项内容进行最后评定的权利。但是，通常在商品检验条款中没有谁来行使检验权的约定。这是因为，检验的时间和地点也就决定了实际上由谁来实施检验。根据惯例，买方应享有对所购货物的检验权利。但是，如果在检验条款中规定在出口地实施检验，那么就相当于买方放弃了检验货物的权利。也就是说，如果出口地检验没有问题的话，买方就不能再向卖方提出异议。这对买方极为不利，应谨慎使用。

【案例8-1】

我国某公司与加拿大的甲公司以CIF条件签订出口一批货物的合同，加拿大的甲公司又将该批货物转售给英国的乙公司。我国公司在合同约定的期限内完成装运，并取得了符合合同约定的商品检验证书。货物运抵加拿大后，甲公司在已经发现货物存在质量问题的情况下，仍将该批货物运往英国。乙公司收到货物后，经检验发现有80包货物包装破损，且货物数量短少100包。因而，向甲公司索赔，甲公司又向我方提出索赔。

问题：我方是否应负责赔偿？为什么？

分析提示：根据惯例，买方享有对货物的检验权利。但是，如果买方不实施检验，那么就相当于买方放弃了检验货物的权利。也就是说，如果出口地检验没有问题的话，买方就不能再向卖方提出异议。案例中，我方取得了检验合格证书，且买方在已经发现货物存在质量问题的情况下，仍将该批货物运往英国。表明买方放弃了检验权利，当然就不能再向我方提出异议。

2.检验机构的公信力和检验方法与标准

不同检验机构所出具的检验证书，其公信力是不同的。这需要在检验条款中明确规定由哪家检验机构实施检验。采用不同的检验方法和检验标准，通常来说检验结果也是不同的。因此，在约定检验条款时，交易双方都要清楚指定的检验机构会采用何种检验方法和检验标准。如有可能，最好在检验条款中明确规定使用何种检验方法和检验标准。

3.检验条款与其他条款是否有冲突

合同各条款之间不是孤立的，而是相互联系的，应注意在签订检验条款时，不要同支付条款及品质条款等产生冲突。

（1）检验条款与品质条款的规定要一致。如果合同中质量条款是以产地、品牌、商标等表示商品品质的，在检验条款中要列明具体的质量指标作为检验依据；如果是按样品成交的商品，交货品质应与样品一致，并应向检验机构提供样品；如果是以文字说明表示商品品质的，比如用规格表示品质，需要明确将哪个或哪几个重要的指标作为检验的依据。

（2）检验条款应与支付条款的相关单据内容一致。例如，在采用信用证支付方式时，检验条款中有关检验机构、检验证书等的规定必须与支付条款中有关议付单据的内容相一致，以免在结算时因提交的检验证书与信用证的规定不相符而遭到银行拒付。

4.复杂设备应有具体的检验标准及方法

对于标的为结构复杂的商品和成套机械设备等的买卖合同，应根据商品具体的特性在条款中载明适当的特殊性规定，如详细的检验标准、考核及测试方法等，以便验收。

任务二　不可抗力条款

在国际货物贸易中，有时会因为自然力量或社会动荡等原因引起的人力不可抗拒的事件导致合同不能正常履行。对于这种情况，按照有关法律和惯例可以免除当事人的责任。为了明确起见，在国际货物买卖合同中通常都约定不可抗力的免责条款。

一、不可抗力的含义及约定此条款的意义

国际货物买卖合同签订后，如果由于不可抗力导致合同不能履行，是可以免除当事人责任的。因此，需要严格界定不可抗力，不能使其成为当事一方不履行合同义务的借口。

1.不可抗力的含义

不可抗力（Force Majeure）是指买卖合同签订后，由于发生了合同当事人无法预见、无法预防、无法避免和无法控制的事件，以致不能履行或不能如期履行合同义务。为更好地理解不可抗力的含义，需要把握以下三点：①意外事件必须发生在合同成立之后；②意外事件不是由于合同当事人的过失或疏忽造成的；③意外事件的发生及其造成的后果是当事人无法预见、无法预防、无法避免和无法控制的。

2.约定不可抗力条款的意义

国际上对不可抗力事件及其引起的法律后果并没有统一的规定，为防止合同当事人对不可抗力事件的性质、范围作随意解释，或提出不合理的要求，或无理拒绝对方的合理要求，故有必要在买卖合同中订立不可抗力条款，明确约定不可抗力事件的性质、范围、处理原则和方法，以免引起不必要的争议。由此可见，约定不可抗力条款对买卖合同的顺利履行有着十分重要的现实意义。

二、不可抗力条款的主要内容

不可抗力条款的约定并无统一格式要求，一般应包括如下两点：

1.不可抗力事件的性质和范围

由于不可抗力导致合同不能履行，可以免除责任，所以，必须严格界定不可抗力事件的性质与范围。不可抗力事件的发生必须是不可预见、不可预防的，导致的后果或造成的损失必须是无法避免和不能控制的。不可抗力事件的范围通常包括自然力量引起的洪水、暴风、干旱、暴雪、地震、雷电、海啸等和社会动荡引起的战争、罢工、暴乱、政府禁运等。

2.不可抗力事件的处理原则与方法

发生不可抗力事件后，首先应及时并如实地将事件情况通知对方，并提供证明材料，按照约定的原则和办法处理。具体处理方法应视事件的原因、性质及对履行合同造成的影响程度而定，并应由当事双方依据约定的条款酌情协商解决。

【案例8-2】

我国某公司与澳大利亚某公司签订了一项进口大宗化工产品的合同。签约后不久，澳大利亚公司负责生产该产品的两家化工厂中的一家因遭受火灾而停产。当时正值国际市场上这种化工产品价格看涨，于是澳大利亚公司以不可抗力事故为由，要求解除合同。

问题：我方公司应如何处理此事？

分析提示：对于不可抗力事件导致的合同不能履行或不能如期履行，当事双方应依据事件的原因、性质及对履行合同造成的影响程度协商确定具体的处理方法。案例中，国际市场上这种化工产品价格看涨，因此，解除合同对我方不利。而且，澳方公司除一家工厂因火灾停产外，还有一家公司能正常生产。故我方可以向对方明确提出不同意解除合同，但可适当延迟履行合同。

三、约定不可抗力条款的注意事项

不可抗力条款是对买卖双方的一种保护，但在订立此项条款时，应避免因其约定不清楚而导致当事一方有意不履行合同义务。

1.约定不可抗力事件的性质与范围要明确具体

约定不可抗力事件的性质和范围应避免笼统。例如，规定：由于不可抗力导致合同不能履行，可免除责任。这种规定方法解释伸缩性大，容易引起争议。应具体地一一列举不可抗力事件，同时为避免遗漏，再加上经双方同意的对其他不可抗力事件的表述。

2.约定不可抗力条款要公平合理

所谓公平合理，是指任何一方当事人因发生不可抗力事件致使不能履行合同义务，均可免除责任。此条款是对交易双方的平等保护，不能顾此失彼。

3.不可抗力条款的内容应完备

完备的不可抗力条款应包括不可抗力事件的性质和范围、不可抗力事件发生后的通知和出证、不可抗力事件的处理等。

任务三　索赔条款

国际货物贸易涉及的面广、环节多，情况复杂多变，在履约过程中容易出现违约或毁约，给当事一方带来损失。为便于处理这类问题，在国际货物买卖合同中，通常都订立索赔条款。此条款一方面有利于约束双方认真履约，另一方面有利于当事人在遇到违约情况时，可以根据约定处理合同争议。索赔条款中通常包括损失补偿性和惩罚性两种规定方式。

一、违约与争议

在国际货物买卖合同履行的过程中，由于当事人没有尽到责任导致违约或由于合同条款约定不明确而引发争议屡见不鲜。因此，需要了解违约与争议产生的原因，并根据主要原因采取有针对性的措施，设法减少争议和违约行为发生，这对顺畅国际贸易有重要作用。

（一）违约

违约是指合同的当事人没有履行或没有完全履行合同规定义务的行为。对违约行为要根据其性质和类别不同，采用不同的救济办法。

1.违约的种类

从不同的角度和不同的标准，可以将违约分为如下几种类别：

（1）根据违约主体不同，可分为卖方违约、买方违约、买卖双方均负有违约责任和第三方违约。

（2）根据违约性质不同，可分为当事人故意行为导致违约、当事人过失或疏忽导致违约和由于不可抗力导致违约。

（3）根据违约的严重程度不同，可分为根本性违约和非根本性违约或重大违约和轻微违约两种。

2.违约责任及救济方法

一般是根据违约主体的违约程度和给对方造成的损失后果来确定违约责任。

（1）《联合国国际货物销售合同公约》（后文简称《公约》）的规定。该公约将违约区分为根本性违约（Fundamental Breach of Contract）和非根本性违约（Non-Fundamental Breach of Contract）。根本性违约通常是指无法实现交易的目的。根据《公约》的规定，如果构成根本性违约，可以单方面解除合同，并要求损害赔偿；如果是非根本性违约，则不能单方面解除合同，而只能主张损害赔偿并要求合同继续履行。

（2）美国法律的规定。美国法律将违约区分为重大违约（Material Breach of Contract）和轻微违约（Minor Breach of Contract）。重大违约同根本性违约相似，通常是指无法实现交易的目的。如果构成重大违约，可以单方面解除合同，并要求损害赔偿；如果是轻微违约，则不能单方面解除合同，而只能主张损害赔偿并要求合同继续履行。

（3）我国法律的规定。我国法律将违约责任分为不履行合同和延迟履行合同两种。对履行合同期限届满前，当事人明确表示不履行合同义务或是经过催告，当事人仍不履行合同义务的，可视其为不履行合同义务。对此种行为，可以单方面解除合同。对于延迟履行合同义务，可根据造成损失的实际数额予以赔偿并要求其继续履行合同义务，如果由于延迟履约造成对方不能实现交易目的的，也可以要求撤销合同。

综上所述，各国法律和国际公约对于违约行为的界定有所不同，但是，总体思路大同小异，即对于较为严重的违约导致不能实现交易目的行为，按照何种标准都可以单方面解除合同。对于还能实现交易目的的轻微违约行为，一般不能单方面解除合同，而只能申请违约赔偿并要求合同继续履行。这也同前面介绍过的内容——制定合同法的目的是要促成交易——一脉相承。

（二）争议

争议又称异议，是指在合同履行过程中出现意见分歧，一方认为另一方未能全部或部分履行合同责任而引起的纠纷。这就需要了解争议产生的原因，并根据其原因采取有针对性的预防措施，方能减少摩擦和纠纷的产生。

1.争议产生的原因

国际货物贸易的当事各方，由于法律、文化、经济、技术等环境的不同，对合同条款的理解也可能有差异，从而导致履约过程中产生摩擦和纠纷。

（1）合同条款规定不明确。这是导致国际贸易争议和纠纷的主要原因。这就要求相关人员在订立合同时，确保合同的各项条款明确具体，不能模棱两可。

（2）合同条款之间相互矛盾。合同中有很多条款，各条款之间联系紧密，而非彼此孤立的。因此，在订立合同时，要统筹考虑，且不可顾此失彼。如果合同条款间出现前后矛盾和冲突的内容，就会使合同在履行时进退失据。

（3）不同国家的法律及习惯差异。这会使交易双方对履行合同过程中的一些行为或要求理解不同。尤其是涉及某些国际公约或国际贸易惯例中没有统一解释的内容，更会因合同当事人的各持己见而引发争议。

（4）买卖双方都有违约行为。这也会导致在合同履行过程中产生争议。一方通常会以另一方违约为理由，解释自己违约的正当性。实际上，买卖双方互相协作才能使合同顺利履行。哪方违约都要承担相应的责任，而不能将对方违约作为己方违约的借口。

2.解决争议的方式

解决争议的方式有协商、调解、仲裁和诉讼等四种。

（1）协商。交易双方遵循公平合理的原则，通过友好协商的方式达成和解，这是解决合同争议的首选方式。但是，如果合同当事人的争议较为激烈，涉及焦点问题，争议双方往往各持己见，难以达成共识，故此种解决争议的方式有一定局限性。

（2）调解。如果争议双方通过友好协商的方式不能达成和解，则可在双方自愿的基础上，由第三者出面从中调停。调解应以确定事实为依据，充分尊重合同规定，依照法律并参照国际贸易惯例，在公平合理的原则下进行，以消除分歧并促成当事人达成和解。

（3）仲裁。交易双方在订立合同时，可约定当发生争议后，如果通过协商和调解不能解决分歧，自愿将争议提交双方同意的仲裁机构进行裁决。由于仲裁具有方便、快捷、费用省和终局性等优点，已成为解决国际贸易争议普遍采用的方式。

（4）诉讼。诉讼是指当事人在合同中载明，解决争议的方式是通过有管辖权的法院，对双方争议进行依法审理，做出公正判决。

二、定金与罚金条款

定金与罚金条款是为保证合同成立和切实有效履行，针对违约方的惩罚性条款。

（一）定金

定金是指合同一方当事人按约定预先给付另一方当事人一定数额的金钱，用以保证合同成立。它具有履约担保的性质，与合同义务预先履行的预付款不同。我国《合同法》规定，给付定金一方履行合同义务后，定金可以冲抵价款，如果给付定金方没有履行合同义务，则无权要求返还定金。依对等原则，若收受定金方不履行合同义务，则应双倍返还定金。

1. 定金条款的内容

定金条款由合同当事双方依实际情况协商确定，其具体内容如下：①定金的数额及支付定金的时间及方式。②给付定金的一方履行合同义务后，是收回定金还是用以冲抵货款。③给付定金一方不履行合同义务的，则要丧失定金所有权；收受定金一方不履行合同义务的，则应双倍返还定金。

2. 约定定金条款的注意事项

在使用定金条款时，应注意下列事项：

（1）交易双方应根据经营意图酌情商定是否使用定金条款，任何一方不得强迫对方接受此条款。

（2）定金与预付款（订金）不同，故约定定金条款时，应就其含义和内容表述清楚，以免误解而引发争议。

（3）定金条款的内容应具体明确，以利于合同履行。

（4）在合同中同时有定金和罚金条款的情况下，一方违约时，另一方可以选择其一适用，而不能二者同时适用。

（二）罚金

罚金是指未按合同规定履行其义务的一方，应向另一方支付一定数额的金钱。罚金虽然也可以补偿守约方的损失，但其并不是以造成守约方损失为前提条件。即使违约结果并未使守约方发生任何实际损失，守约方仍可向违约方追究违约责任，以示惩戒。故申请人在主张罚金时，无须就实际损失进行举证，这在追索程序上远比赔偿损失简单。在买卖合同中规定罚金条款，是促使合同当事人履行合同义务的重要措施。

1. 罚金的规定方法

罚金条款一般适用于卖方延期交货或买方迟开信用证和拖欠货款等场合。因罚金数额与损失的存在与否没有关系，而通常只与延期的时间长短有关系，故买卖双方可以在合同中约定一个罚金的百分率或金额，其大小视延误时间的长短而定。比如规定，买方应于装船前一个月将信用证开到卖方手中，每延期一天支付给卖方罚金 2 000 美元。

2. 罚金的起算日期

合同中应明确罚金的起算日期，通常罚金的起算日期有两种规定方法：①以合同规定的交货期或信用证开证期届满后立即起算；②合同规定的交货期或开证期限届满后，再予以宽限一段时间，在此宽限期内免于罚款，待宽限期满后开始计算罚金。

3.约定罚金条款的注意事项

交易双方应通过协商约定适当的罚金条款，具体需要注意下列事项：

（1）罚金数额应合理。规定罚金条款的目的是为了促进当事双方更好地履行合同，以顺畅国际贸易。如果罚金过高，会造成违约方因付罚金数额过大而遭受巨大损失，这不利于合同的顺利履行。当然，如果罚金数额过低，则起不到惩戒作用而失去意义。因此，罚金数额应大小适中。

（2）罚金条款应明确具体。为便于执行有关罚金的约定，其条款内容应明确具体，以免引发争议。比如，某买卖玉米的合同中规定："装运期为2017年8月份，如卖方延迟装运，每延迟5天应向买方支付合同总金额的1%的罚金，延迟时间不足5天者，按5天计。罚金累计不超过合同总金额的10%。如卖方预期2个月仍未装运，则买方有权终止合同"。

三、违约与索赔条款

违约与索赔条款通常是针对卖方所交货物与合同约定不符而订立的。但对买方也有约束力，买方需按合同要求尽其义务。该条款属于损失补偿性质，主要包括索赔权、索赔依据、索赔时限、索赔金额等内容。

（一）违约与索赔条款的内容

1.索赔权

买卖双方平等拥有索赔权，交易一方如违反合同规定，另一方有权提请损害赔偿的权利。

2.索赔依据

在违约与索赔条款中，通常会规定提出索赔时要出具的证据。包括法律证据、事实证据和商检证书等。例如，规定货到目的港后，若发现品质、数量或重量等与合同规定不符点，除由保险公司或船公司承担责任外，买方可于货到目的港若干天内，凭指定商检机构出具的检验证书向卖方提请索赔。

3.索赔期限

索赔期限是指受损方向违约方提请索赔的有效时限。受损方必须要在此有效期限内提出索赔，逾期视为放弃索赔权利，违约方可不再予以受理。索赔期限有法定和约定之分。法定索赔时限较长，比如《公约》及我国《合同法》都规定索赔时限为自买方实际收到货物之日起两年内。法定索赔期限只在合同中没有约定索赔期限时适用。买卖双方可根据货物的性质、种类、运输及检验等具体情况酌情约定索赔的有效期限。

4.索赔金额

因索赔具有损失补偿性质，故通常而言，索赔金额应相当于因当事人违约所造成的损失，该损失中包括守约方的预期利润。当事人在订约时难以预计违约及损失的具体情况，因而无法约定索赔的具体金额。一般只在合同中约定索赔金额的计算方法，实际索赔时，根据货损、货差等实际情况，采用合同约定的计算方法，最终确定索赔金额。

（二）约定违约与索赔条款的注意事项

违约与索赔条款关系到买卖双方的利害得失，因此，在约定此项条款时，需要注意下列事项：

1.索赔期限应合理

索赔期限的长短，会影响到买卖双方的切身利益。如果索赔期限规定过长，势必会延长违约方承担责任的期限，从而加重了其负担；相反，若索赔期限规定过短，有可能会使守约方无法行驶索赔权而遭受较大损失。因此，交易双方在约定索赔期限时，需要根据成交商品的特点，并结合运输、检验等具体因素，通过协商酌情规定适当的索赔期限。对于有质量保证期的机械、电器、仪表等商品，可适当延长索赔期限。对其他商品，在能保证守约方充分行使其索赔权的前提下，可适当缩短索赔期限。

2.索赔期限的约定应明确具体

买卖双方在约定索赔期限时，不仅要明确该期限具体有多长，还要对起算时间一并明示。起算时间的规定通常有如下几种方法：

（1）货到目的港若干天起算。此种规定方法，如果目的港较为拥挤繁忙，因等待靠泊的时间计入索赔期限内，对买方不利。

（2）货到目的港卸离海轮后若干天起算。此种规定方法对买方较为有利。

（3）货物到达买方营业处所后若干天起算。此种规定方法适用于货物目的地不在港口城市，或需要在买方处所安装调试的商品。

（4）货到目的港经检验后若干天起算。此种方法将检验与索赔条款结合使用，有利于顺畅索赔工作。

3.注意与检验条款的联系

违约与索赔条款同商品检验条款有着密切联系。比如，买方索赔期限同买方对货物进行复验的有效期有直接关系，故在约定索赔期限时，必须考虑检验条件和期限的长短因素。不能顾此失彼相互脱节，更不能相互矛盾。

任务四　仲裁条款

国际货物贸易环节错综复杂，市场变化多端，由此引发的贸易纠纷不断。为了有效解决合同争议，需要在订立合同时选定恰当的处理纷争的途径。友好协商与调解的使用都有一定的局限性，诉讼因较为烦琐也不是理想的方式，而仲裁就成为被广泛采用的解决合同争议的一种行之有效的重要方式。

一、仲裁（Arbitration）的特点

仲裁是指买卖双方达成协议，自愿将有关争议交给双方同意的仲裁机构进行裁决，以解决争议的一种方式。其特点如下：

（一）自愿性

仲裁机构不具有强制管辖权，对争议案件的受理，以当事人自愿为基础。

（二）排他性

双方当事人一经签订仲裁协议，就排除了法院对该争议案的管辖权。

（三）终局性

仲裁的裁决是终局性的，对争议双方都有约束力，如果败诉方不执行裁决，胜诉方可要求法院强制执行。

【案例8-3】

我国甲公司与美国乙公司签订了一份出口某农产品的合同，合同中的解决争议条款规定："凡因执行本合同所发生的一切争议，双方自愿以提请仲裁的方式解决，仲裁在被诉方国家进行。仲裁裁决是终局的，对双方都有约束力。"合同履行过程中，双方因品质问题发生争议，于是将争议提交我国仲裁。经仲裁庭调查审理，认为乙公司的举证不实，裁决乙方败诉。乙公司不服本裁决，要求向本国法院提请诉讼。

问题：乙方公司可否向本国法院提请上诉？为什么？

分析提示：仲裁具有终局性和排他性的特点，胜诉方对败诉方拒不执行仲裁裁决的，可以申请向法院强制执行。案例中，甲、乙公司自愿以仲裁的方式解决争端，程序合法。仲裁结果是终局性的，且排除了法院的管辖权。因此，乙方公司不能向本国法院提请上诉。

（四）方便性

仲裁庭成员是由行业内的专家组成的，其过硬的专业水平和能力对解决复杂的国际贸易纠纷具有方便、快捷的好处。

（五）经济性

运用专家的智慧可以快速解决贸易纠纷，使得仲裁所需费用相对较少。

二、仲裁条款的基本内容

如果双方当事人不愿用诉讼的方式解决争议，就应在订立的买卖合同中约定好将日后可能发生的争议提交仲裁机构进行仲裁的条款，以免将来发生争议后，由于达不成仲裁协议而不得不诉诸法院。仲裁条款通常包括仲裁地点、仲裁机构、仲裁裁决的效力和仲裁费用的负担。

（一）仲裁地点

仲裁地点与仲裁所适用的法律密切相关，所以交易双方在磋商仲裁条款时，都极为关注仲裁地点的选择。一般情况下，如果仲裁条款中没有明确规定适用哪个国家的法律，通常都适用仲裁地法律。有鉴于此，在仲裁条款中要明确约定仲裁地点或适用哪个国家的法律调整纠纷。在我国进出口合同中，关于仲裁地点通常有三种规定方法：一是约定在中国仲裁；二是约定在被诉方所在国仲裁；三是约定在双方同意的第三国仲裁。

（二）仲裁机构

仲裁机构属于民间组织，国际上有很多仲裁机构。当事双方可以选择常设的仲裁机构，也可共同指定仲裁员临时组成仲裁庭。不论选择哪种，都要明确具体。比如，选择临时仲裁庭，在仲裁条款中要明确约定临时仲裁庭的组庭人数、是否需要首席仲裁员和选取仲裁人员的办法等。另外，需要注意的是，仲裁机构一般都有自己的仲裁规则，如果仲裁条款中约定将争议提交某仲裁机构仲裁，则视为当事双方均同意按照该仲裁机构制定的规则进行仲裁。

（三）仲裁裁决的效力

仲裁裁决通常是终局性的，对争议双方均具有法律效力。任何一方都必须依照执行，并不得向法院起诉要求变更裁决。

（四）仲裁费用的负担

仲裁条款中应明确约定仲裁费用由谁负担及如何负担。如果仲裁条款中没有明确约定仲裁费用由谁负担，则通常由败诉方负担，也可由仲裁庭酌情确定。

三、仲裁条款格式

为体现仲裁条款的基本内容和便于约定清楚仲裁条款，中国国际经济贸易仲裁委员会推荐使用下列三种仲裁条款格式：

（一）在中国仲裁的条款格式

凡与本合同有关的任何争议，当事双方首先应通过协商解决，如协商不成应提交中国国际经济贸易仲裁委员会，按照申请仲裁时该委员会现行有效的仲裁程序规则进行仲裁。仲裁裁决是终局的，对双方都有约束力。仲裁费用由败诉方负担。

（二）在被诉方所在国仲裁的条款格式

凡与本合同有关的任何争议，当事双方首先应通过协商解决，如协商不成应提交仲裁，仲裁在被诉方所在国进行。在中国，由中国国际经济贸易仲裁委员会根据申请仲裁时该委员会现行有效的仲裁程序规则进行仲裁。如在××国，由××国××仲裁机构根据申请仲裁时该机构现行有效的仲裁程序规则进行仲裁。仲裁裁决是终局的，对双方都有约束力。仲裁费用由败诉方负担。

（三）在第三国仲裁的条款格式

凡与本合同有关的任何争议，当事双方首先应通过协商解决，如协商不成应由××国××地××仲裁机构根据申请仲裁时该机构现行有效的仲裁程序规则进行仲裁。仲裁裁决是终局的，对双方都有约束力。仲裁费用由败诉方负担。

四、约定仲裁条款的注意事项

交易双方在商定买卖合同的仲裁条款时，需要注意下列事项：

（一）选择合适的仲裁地点

仲裁地点不同，适用的法律规则不同，对同一争议的解释与处理结果也必然有别。因此，交易双方都希望选择法律环境比较利于己方的地点仲裁。同时，需要考虑仲裁地点的远近及在该处仲裁所花费用的大小等因素。若争议金额不大，一般都愿意在本国仲裁，如果不能选择在本国仲裁，也应选距离近的地点仲裁。

（二）选择合适的仲裁机构

不同的仲裁机构差异较大，在约定仲裁机构时，需要综合考虑仲裁机构的裁决权威性、仲裁效率、业务水平和是否公正等因素，择优选择合适的仲裁机构。

（三）合理约定仲裁费用的负担

仲裁费用是按索赔金额的比例收取的，如果约定仲裁费用都由败诉方负担，会导致胜诉方故意增加索赔金额，从而让败诉方负担过多的仲裁费用，这显然是不合理的。所以，最好约定由仲裁庭酌情决定相互负担仲裁费用的比例。这既符合实事求是的原则，也体现了对仲裁庭的裁量权的尊重。

（四）仲裁条款的规定应明确具体

在约定仲裁条款时，应依据格式明确具体的仲裁地点、仲裁机构、仲裁规则、裁决效力和仲裁费用的负担等项内容，以利于及时解决争议。

五、仲裁裁决的执行

（一）执行期限

裁决书写明期限的，应在规定的期限内自动履行；未写明期限的，应立即履行。

（二）执行地点

如果败诉方在中国境内拒不执行仲裁裁决，胜诉方可以向败诉方营业所在地或财产所在地的中级人民法院申请强制执行。如果败诉方在国外拒不执行仲裁裁决，且败诉方所在国是《1958年纽约公约》的成员国，可向该国有管辖权的法院提交仲裁条款或仲裁协议和经过认证机构认证的合同副本、仲裁裁决书正本申请强制执行；若败诉方所在国不是《1958年纽约公约》的成员国，可通过外交途径要求该国有关部门协作执行。

【课后思考题】

1.商品检验的作用和检验的内容有哪些？

2.约定商品检验条款时，应注意哪些事项？

3.不可抗力的构成条件有哪些？

4.约定不可抗力条款应注意哪些事项？

5.争议产生的原因有哪些？解决争议的方法有哪些？

6.定金和订金有何不同？约定定金条款应注意哪些事项？

7.约定违约与索赔条款应注意哪些事项？

8.仲裁的特点及仲裁条款的内容有哪些？

9.约定仲裁条款应注意哪些事项？

10.如何能有效地执行仲裁裁决？

项目九

国际贸易合同的商定与履行

在国际货物贸易中，买卖双方按照各自的购销战略，在平等互利的基础上，通过反复洽商，就各项交易条件达成一致后，交易即告达成。买卖双方须按合同约定的条款要求，承担各自的义务，妥善解决争议和纠纷，使得所签订的国际贸易合同能够顺利履行。

学习目标

理解合同磋商方案的制订，掌握合同磋商的原则；

理解合同磋商的询盘含义，掌握发盘、还盘和接受的构成条件；

理解合同的形式，掌握合同成立的时间和条件，掌握国际贸易合同的内容；

理解进口合同的履行步骤，掌握出口合同的履行步骤。

本项目内容结构图

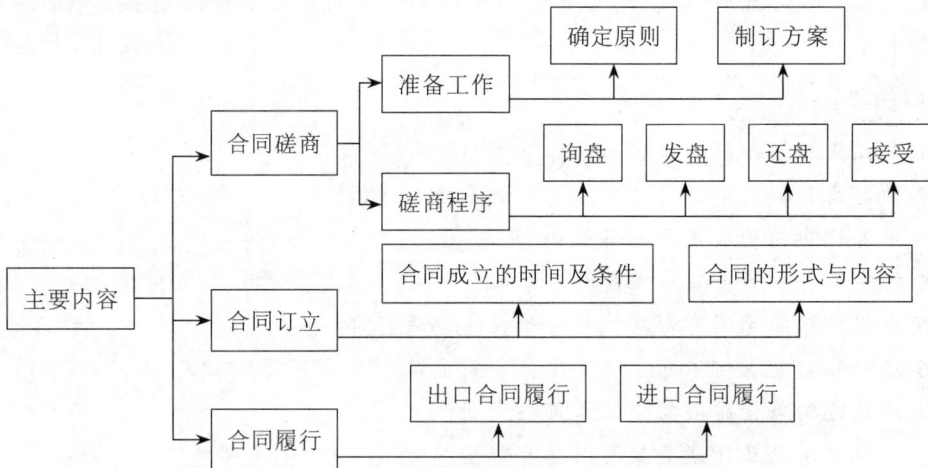

任务一　合同的磋商

合同磋商是指交易双方通过函电或以面对面的形式，对各项交易条件进行协商或谈判，以求达成一致意见的具体过程。它是签订买卖合同的必经环节，其结果决定着合同条款的具体内容，从而确定了合同当事人的权利和义务关系。因此，买卖双方都高度重视该环节。

一、合同磋商前的准备工作

合同磋商前要做好充分的准备工作，在掌握交易原则和战略的基础上，选派合适的人员，确定适当的磋商方法，并需了解市场供求及对方资信等状况。

（一）合同磋商原则

合同磋商原则是指导买卖双方协商和谈判的行为准则。在洽商过程中，贯彻和执行以下原则有利于双方在实现交易目的的前提下达成一致意见：

1.互利双赢

国际贸易不是一锤子买卖，很多国际货物买卖双方都是长期的合作关系，这样有利于降低成本和顺畅国际贸易，而互利双赢是维持长期合作的基础和保证。

2.折中原则

折中原则即让步原则，买卖双方如果想通过协商或谈判达成一致，就必须采用折中原则。如果各持己见就无法达成一致，交易就无法进行。

3.底线原则

交易磋商过程中，买卖双方需要相互让步，这是达成交易所必需的。但是，让步是有底线的，不能为了达成交易而做出毫无底线原则的让步。底线通常与战略有关，需要事先确定交易条件的底线，且该底线不能轻易暴露给对方。

（二）制订合同磋商方案

凡事预则立，不预则废。做好合同磋商的计划方案，对减少磋商分歧、顺利达成一致意见具有重要意义。

1.确定合同磋商的形式与内容

制订合同磋商的方案时，首先应根据具体交易情况确定磋商的形式和内容。

（1）合同磋商的形式。国际货物贸易磋商有口头和书面两种形式。两种形式具有同等法律效力，但由于书面磋商形式有据可考，因此，通常提倡使用书面的形式。

（2）合同磋商的内容。交易磋商的内容就是买卖双方较为关注的各项交易条件。交易条件可分为如下两种：①主要交易条件，包括货物的品质、数量、包装、价格、装运和支付条件等内容。②一般交易条件，包括商检、索赔、仲裁、不可抗力等内容。

2.选择合适的洽商人员

洽商人员的素质、能力及对交易原则的把握对谈判进程的顺利推进和最后达成一致的交易条件至关重要。因此，在合同磋商准备阶段，应确定好合适的参与合同磋商的人员。

3.选择恰当的目标市场及交易对象

不同目标市场的经济规模、市场容量、竞争状况、消费者购买习惯及消费偏好等各不相同。因此，需要选择恰当的目标市场。同时，在选定的市场中，还要根据企业资信等因素选择适当的交易对象。这有利于降低交易风险和达成长期的合作关系。

买卖双方在交易磋商之前要开展一系列的准备活动，这是一项最基础的前期工作。准备工作是否充分细致，将直接影响到交易是否能够达成及买卖双方的经济利益。

二、合同磋商的程序

合同磋商可以通过往来函电或面谈进行。一般来说合同磋商的程序包括询盘、发盘、还盘和接受四个环节，其中发盘和接受是达成交易不可缺少的两个环节和必经的法律步骤。

（一）询盘

询盘（Inquiry）是交易的一方向另一方询问与商品买卖有关的交易条件或交易可能性的业务行为。询盘对交易双方都不具有法律上的约束力，但在商业习惯上，被询盘一方接到询盘后应尽快给予答复。询盘也不是交易的必经程序，如果交易双方彼此了解，可以直接向对方发盘。

（二）发盘

发盘（Offer）又叫报价，是指交易的一方向一个或一个以上特定的人提出某种商品的交易条件，并愿意按照所提条件与对方达成交易、订立合同的肯定性表示。发盘既可由卖方提出，也可由买方提出，其在法律上称为要约，如果对方有效接受，交易即告达成。所以，发盘具有法律上的约束力。

1.发盘的构成要件

根据《公约》的规定，构成一项有效发盘必须具备以下条件：

（1）发盘应向一个或一个以上特定的人（Specific Person）提出。特定的人是指发盘中指定的受盘人，他可以是法人，也可以是自然人。提出此条件的目的是把发盘同普通商业广告及向广大公众散发的商品价目表等区别开来。面对公众的商业广告是否构成发盘，各国法律规定不同：①大陆法系通常不视为发盘；②英美法系则有判例认为，向公众做的商业广告，只要内容确定也可视为发盘；③《公约》对此问题持折中态度，如果刊发广告的人没有明确表示是发盘，则不视为发盘。鉴于此，在寄发商品目录或做广告时，最好明确我方不承受约束的意思表达，比如注明"仅供参考"或"以我方最后确认为准"等字样。

（2）发盘的内容必须十分确定（Sufficiently Definite）。《公约》规定，所谓十分确定，是指在发盘中至少应包括三个基本交易条件：①标明货物的品名；②明示或默示地规定货物的数量或确定数量的方法；③明示或默示地规定货物的价格或确定价格的方法。

凡包含上述三项交易条件，即可构成一项有效发盘。发盘中没有提到的其他条件，在合同成立后，可以由双方当事人根据习惯做法予以补充，或按照《公约》中的有关规定补足。在外贸实践中应注意，《公约》中关于发盘的规定，只是构成发盘的基本要求，如果实际发盘的交易条件过于简单，则容易引发争议，会给履行合同带来困难。因此，对外发盘时，最好将品名、品质、数量、价格、包装、装运和支付等主要交易条件一一列明。

（3）必须表明发盘人承受约束的意旨。承受约束的意旨是指发盘人明示或默示：发盘一旦被受盘人有效接受，则合同即告成立。所以，发盘中必须有愿意同对方达成交易、订立合同的肯定性表示。如果发盘中附有"以我方最后确认为准""有权先售"或"仅供参考"等保留条件，则不能构成发盘，只能视为邀请发盘（Invitation for Offer）。

2.发盘的有效期

发盘的有效期是指供受盘人做出接受的时间期限。在实际业务中，发盘通常都规定有效期，超过发盘规定的时限，发盘人则不再受其约束。如果发盘中未明确规定有效期，受盘人在合理的时间内接受方为有效。何为"合理时间"要根据具体情况而定。《公约》中规定，口头发盘或面对面谈判时，如果发盘人没有特别声明，则受盘人只能当场表示接受才有效。发盘有效期的规定方法通常有以下两种：

（1）规定最迟接受的期限。规定最迟接受期限时，应同时限定以接受送达发盘人或以发盘人所在地的时间为准，如"发盘限6月15日复到有效"。

（2）规定一段接受的期限。例如，"发盘有效期为5天"，采用这种规定方法，需要在报价中明确何时起算。《公约》中规定，以信件或电报发盘时，应从电报交发时刻或信上载明的发信日期（无发信日期以信封上的邮戳日期为准）起算；以电话或电传发盘时，则从发盘到达受盘人时起算。如果时限的最后一天在发盘人营业地是节假日，则应顺延至下一个营业日。

【案例9-1】

2017年4月2日，我国H公司销售部以信件的形式向西班牙G公司发出一份羊毛产品的报价。报价中对羊毛产品的数量、质量、价格等主要条款做了明确规定，并约定若发生争议将提交某仲裁委员会裁决，报价中特别注明在15天内得到答复方为有效。但由于工作人员疏忽，信件没有说明该要约的起算日期，信件的落款也没有写日期。2017年4月4日H公司人员将信件投出，2017年4月17日西班牙G公司收到信件。恰巧该公司急需一批羊毛产品，第二天即拍发电报请其准备尽快发货。不料我国H公司却在4月17日（由于未收到西班牙G公司的回音）将羊毛卖给另一纺织厂。G公司几次催货未果，向仲裁委员会提请仲裁，要求H公司赔偿其损失。

问题：我方H公司应否赔偿G公司的损失？为什么？

分析提示：在合同中没有明确发盘起算时间的，按照《公约》的规定，以信件或电报发盘时，应从电报交发时刻或信上载明的发信日期（无发信日期以信封上的邮戳日期为准）起算。案例中，2017年4月4日H公司人员将信件投出，2017年4月18日G公司拍发电报要求我方H公司尽快交货。从时间上算，未超出发盘的15天有效期，因此，合同有效。我方H公司未能履行合同约定的义务，给对方造成损失应该予以赔偿。

3.发盘生效的时间

《公约》和我国《合同法》均规定，发盘送达收盘人时生效。明确发盘生效时间，具有重要的法律和现实意义，具体体现在以下两方面：

（1）关系到受盘人能否有效接受。一项发盘只有送达受盘人时才能产生法律效力，这时受盘人才能表示接受与否。

（2）关系到发盘人何时可以撤回发盘或修改其内容。在发盘生效之前，发盘人可以随时撤回或修改其内容。

4.发盘的撤回（Withdrawal）

发盘的撤回是指发盘人阻止尚未送达受盘人的发盘生效的行为。其实质是阻止发盘生效。《公约》规定，发盘在生效之前可以撤回。了解这一点对从事进出口业务的人员具有十分重要的意义，假如想撤回发盘，就必须用更快的通信方式使撤回通知赶在发盘到达受盘人之前或同时到达受盘人。比如，以信函方式发盘的，在信函到达受盘人之前，可用电报或电传等方式将其撤回。

5.发盘的撤销（Revocation）

发盘的撤销是指发盘人在发盘生效后解除其效力的行为。英美法系和大陆法系对发盘能否撤销存在严重分歧。为协调二者的矛盾，《公约》采用了折中办法，规定如下：①如果撤销通知于受盘人发出接受通知之前送达，则可以撤销；②发盘中规定了有效期，或以其他方式明确表示该发盘是不可撤销的，则不能撤销；③受盘人有充分理由相信该发盘是不可撤销的，并对该发盘已采取了行动，则不能撤销。

6.发盘效力的终止

发盘效力的终止（Termination）是指发盘失去法律效力。它包含两层意思：一是发盘人不再受该发盘的约束；二是受盘人失去了接受该发盘的权利。

发盘的效力可在下列条件下终止：①过期失效，即在发盘有效期内未被接受，或者虽未明确规定有效期，但在合理时间内未被接受，则发盘效力终止；②拒绝或还盘失效，即拒绝或还盘通知送达发盘人时，则发盘的效力终止；③发盘人依法撤销发盘；④不可抗力造成发盘效力终止；⑤在发盘被接受前，当事人丧失行为能力、死亡、破产等，则发盘效力终止。

（三）还盘

还盘又称还价，是指受盘人不同意或不完全同意发盘中提出的交易条件，并愿意按照修改的交易条件订立合同的肯定性表示。还盘等于是受盘人提出的新发盘。

1.变更发盘条件即为还盘

《公约》中规定，受盘人对货物的价格、支付、品质、数量、交货时间与地点、一方当事人对另一方当事人的赔偿责任范围或解决争端的办法等提出添加或更改均视为实质性变更发盘条件。另外，对发盘表示有条件的接受也是还盘的一种形式，如答复中附有"待最后确认为准"等字样。受盘人如果实质上变更了发盘条件或者是有条件地接受原发盘条件，都构成对原发盘的拒绝，则原发盘即告失效。

【案例9-2】

我国A公司向德国B公司就某大宗农产品进行发盘，发盘中规定在履行合同时发生争议，用诉讼的方式解决。德国 B 公司在发盘有效期内复电表示接受，同时指出：
"凡发生争议，双方应通过友好协商解决；如果协商不能解决，应将争议提交中国国
际经济贸易仲裁委员会仲裁。"2017 年 5 月 15 日，我方收到 B 公司通过银行开来的信
用证。因该商品的国际市场价格已大幅度上涨，我方当天将信用证退回，但 B 公司认
为其接受有效，合同成立。双方意见不一，于是提交仲裁机构解决。

　　问题：如果你是仲裁员，你将如何裁决？

　　分析提示：《公约》规定：受盘人对货物的价格、支付、品质、数量、交货时间
与地点、一方当事人对另一方当事人的赔偿责任范围或解决争端的办法等提出添加或
更改均视为实质性变更发盘条件。受盘人如果实质上变更了发盘条件，就构成对原发
盘的拒绝，则原发盘失效。案例中，德国 B 公司改变了发盘的解决争议方式，因此，
不构成有效接受。仲裁庭将裁决德国 B 公司败诉。

　　2.受盘人还盘后又接受原来发盘的效力取决于原发盘人

　　受盘人一经还盘，则原发盘失效，原发盘人就不再受其约束。对还盘后再同意原
发盘的行为效力取决于原发盘人。

【案例 9-3】

　　我国 D 公司于 2017 年 5 月 20 日以电传形式向马来西亚 F 公司发盘，并规定接受通
知限于 2017 年 5 月 30 日复到有效。马来西亚 F 公司于 2017 年 5 月 25 日复电至我方表
示接受，但要求将即期信用证付款改为远期见票后 30 天的信用证付款方式。我公司
正在考虑是否接受，于次日又接到 F 公司发来的电传，表示无条件接受我 D 公司 2017
年 5 月 20 日的发盘。

　　问题：此笔交易是否达成？为什么？

　　分析提示：受盘人还盘后又接受原来发盘的效力取决于原发盘人。案例中，马来
西亚 F 公司于 2017 年 5 月 25 日复电至我方，要求将即期信用证付款改为远期见票后
30 天的信用证付款方式，实际上是对我方发盘条件的实质性更改，即拒绝了我方发
盘。因此，我方发盘不再受约束。马来西亚 F 公司又于 2017 年 5 月 26 日发来电传，
表示无条件接受我 D 公司 2017 年 5 月 20 日的发盘。则此接受是否有效，完全取决于
我 D 公司是否接受，即 D 公司认为有效则有效，认为无效则无效。

　　（四）接受（Acceptance）

　　接受在法律上称为承诺，是指受盘人完全同意发盘提出的各项交易条件，愿意与
对方达成交易的肯定性表示。

　　1.接受构成的条件

　　构成有效接受必须具备下列各项条件：

　　（1）接受必须由特定的受盘人做出。发盘是向特定的人提出的，那么，接受也只
能由特定的受盘人做出方为有效。

【案例 9-4】

　　香港某中间商 A 公司，就某商品以电传方式邀请我方公司发盘，我方公司于

2017年6月8日向香港A公司发盘，并限于2017年6月15日复到有效。2017年6月12日，我方公司收到美国B公司按我方给香港A公司发盘条件开来的信用证，同时收到香港中间商A公司的来电称："你方公司于2017年6月8日的发盘已转交美国B公司。"经查该商品的国际市场价格猛涨，于是我方公司将信用证退回开证银行，再按新价直接向美国B公司发盘。而美商B公司以信用证于发盘有效期内送达为由，拒绝接受新报价并要求我方按原报价发货，否则将追究我方的责任。

问题： 美国B公司的要求是否合理？为什么？

分析提示： 接受必须由特定的受盘人做出方为有效。案例中，我方公司给香港A公司的报价，必须由香港A公司接受方为有效。美国B公司虽然是在发盘有效期内开来的信用证，但是因其不是特定的受盘人，因而接受无效。据此分析，美国B公司的要求是不合理的。

（2）接受必须同意发盘提出的各项交易条件。《公约》规定：一项有效接受必须同意发盘提出的所有交易条件，只部分接受，或有条件接受，或对发盘条件做出实质性修改，均不能构成有效接受。但是，对发盘条件做出的非实质性变更（如要求增加重量单、装箱单、原产地证明等），如果发盘人没有及时表示异议，则认为是有效接受，而且合同的条件以该发盘和接受中所提出的某些更改为准。

【课堂讨论9-1】

问题： 某公司在发盘有效期内收到受盘人的接受通知，该通知写明：同意发盘的交易条件，但需要将包装材料改为木质包装。请问：这种接受有效吗？

（3）接受必须在发盘有效期内做出。当发盘规定了有效期时，受盘人必须在发盘限定的时间内表示接受方为有效；如发盘没有规定有效期，受盘人应在合理的时间内表示接受。为避免争议，最好在发盘中明确规定有效期。

（4）接受必须表示出来。接受必须以某种方式向发盘人表示出来，《公约》规定：既可以通过口头或书面形式向发盘人表示接受，也可以通过实际行动表示接受。

2.接受生效的时间

接受是一种法律行为，这种行为何时生效，英美法系和大陆法系存在严重分歧。英美法系采用投邮生效的原则，即接受通知经投邮或以电报的形式发出时生效。而大陆法系和《公约》采用送达生效的原则，即接受通知在送达发盘人时才生效。此外，接受还可以在受盘人采取某种行为时生效。

【案例9-5】

2017年6月5日我国A公司向美国B公司寄去订货单一份，要求B公司在2017年6月20日前将接受通知送达A公司。该订货单于2017年6月12日邮至美国B公司，B公司于2017年6月20日以航空特快专递的方式发出接受通知。事后美国B公司催促A公司尽早开立信用证，我国A公司否认与B公司有合同关系。

问题：A公司的主张是否成立？为什么？

分析提示：大陆法系和《公约》采用送达生效的原则，即接受通知在送达发盘人时才生效。案例中，我方订货单中也明确要求B公司在2017年6月20日前将接受通知送达A公司。而B公司于2017年6月20日以航空特快专递的方式发出接受通知，以目前的国际特快专递速度，至少当天无法送达A公司。因此，我国A公司与美国B公司的合同关系不能成立。

3.逾期接受（Late Acceptance）

逾期接受又称迟到的接受，是指接受通知超过发盘的有效期，或发盘未规定有效期而超过合理时间，才送达发盘人。各国法律普遍认为逾期接受无效，它只能视为一个新的发盘。《公约》中对逾期接受是否有效做了明确规定：

（1）如果发盘人在收到逾期接受通知后，毫不延迟地通知受盘人该接受有效，则合同仍可于接受通知送达发盘人时生效。

（2）接受通知以规定的传递方式本应及时送达发盘人，但由于传递异常而导致的逾期仍然有效，除非发盘人毫不延迟地通知受盘人，确认该接受无效。

无论哪种情况，逾期接受是否有效关键看发盘人如何表态。但是，需要注意的是第一种情况，如果发盘人不表态，则逾期接受无效。第二种情况，如果发盘人不表态，则逾期接受有效。

【案例9-6】

我国某公司于2017年4月15日向加拿大A公司发盘，发盘限2017年4月20日复到我方有效。加方A公司于2017年4月17日上午发出电传表示完全接受我方发盘条件，但该电传在传递中延误，致使2017年4月21日才到达我方。我公司以对方答复逾期为由，未予置理。当时该货物的市价已上涨，我公司遂以较高价格于2017年4月22日将货物售予其他公司。2017年4月25日加拿大A公司来电称：信用证已开出，要求我方尽早装运。我方立即复电A公司：接受逾期，合同不成立。

问题：我公司与A公司的合同能否成立？为什么？

分析提示：逾期接受是否有效关键看发盘人如何表态。如果是由于传递异常而导致的逾期，若发盘人不表态，则逾期接受有效。案例中，A公司的接受电传就是由于传递中的延误，导致到达我方公司时已经逾期。在这种情况下，我方又未置可否，因此，我公司与A公司的合同应该有效。

4.接受的撤回或修改

接受的撤回即阻止接受生效。《公约》规定：撤回通知不晚于接受通知送达发盘人，可以撤回。英美法系因采用投邮生效原则，合同于投邮时成立，也就不存在接受撤回的问题。需要注意的是，当前普遍采用现代化通信手段进行磋商，当发现存在问题而想撤回时，往往已经来不及了。所以，当事各方在磋商的各环节中应审慎为之。

任务二　合同的订立

在国际货物贸易中，买卖双方就交易条件进行磋商并达成一致后，合同即告成立。为了明确责任和有据可依，通常在交易达成后，买卖双方需要将一致的交易条件用文字的形式表述出来。

一、合同成立的时间和条件

买卖合同是规定交易双方权利、责任与义务的法律文件，涉及当事人的切身利益，所以对合同成立的时间及条件要有明晰的认识。

（一）合同成立的时间

对于合同成立的时间问题，不同法律及公约的规定略有不同。

1.《公约》的规定

《公约》规定，接受生效的时间即为合同成立的时间。据此规定，合同成立的时间有两个判断标准：①有效接受的通知送达发盘人时；②受盘人做出接受行为时，即受盘人在约定时间内，以实际行为表示接受了发盘人的各项交易条件，此时合同即告成立。

【案例9-7】

我国F公司与英国G公司以函电方式就某商品的进口事宜进行洽商，经过双方多次的往来函电，最终达成一致，但未签订正式的书面合同。双方的往来函电表明，英国公司应于2016年12月前向我方提供该商品，但直至2017年1月仍未向我方供货。我方F公司曾多次要求对方履行合同约定，英方公司却以未签订正式书面合同为由否认合同已达成。

问题：双方的交易是否已达成？为什么？

分析提示：根据《公约》的规定，以往来函电方式达成交易的，接受生效的时间即为合同成立的时间。案例中，经过双方多次的往来函电，最终达成一致，表明合同依据《公约》的规定已经生效。因此，英方公司以未签订正式书面合同为由否认合同已达成的说法是不合适的。

2.我国《合同法》的规定

当事人采取合同书的形式订立合同的，自双方当事人签字或盖章时合同成立。如果是以往来函电的形式磋商各项交易条件的，合同成立时间同《公约》的规定相同。

（二）合同成立的条件

各国合同法普遍规定，要想使合同成立，除买卖双方就交易条件达成一致外，还应具备下列条件：

1.当事人必须具有签约的行为能力

各国法律一般都规定，合同当事人为自然人时，必须是精神正常的成年人才具有订立合同的行为能力；法人订立合同时，必须通过其代表人，在法人的经营范围内订立合同。

2.当事人的意思表示必须真实

合同必须是在双方当事人自愿的基础上签订的。所以，只有当事人的真实意思表达才具有法律约束力。

3.合同必须有对价或约因

对价指的是当事人取得合同利益所付出的代价。约因指的是当事人签订合同所追求的直接目的。要求合同有对价或约因是为了使交易能够等价交换，追求正当的利益，促进经济繁荣发展。

【课堂讨论9-2】

问题： 为何有效的合同必须要有对价和约因？

4.合同的内容和形式必须合法

各国法律普遍认为，所签合同的具体内容不能违反法律规定，不能违背公序良俗和公共道德。对于采用何种形式，法律限定得较少。

二、合同的形式与内容

合同的形式与内容只要不与法律规定相冲突即可，无论何种形式，都具有相同的法律效力。

（一）合同的形式

合同有书面、口头和行为三种表现形式，这三种形式在法律上具有同等地位。但是，交易双方在通过口头或往来函电磋商达成一致后，习惯上还签订正式的书面合同，其意义如下：

1.书面合同是合同成立的有力证据

口头磋商达成的交易，一旦发生争议，由于难以举证，则不容易得到法律保护。而书面形式的合同则可以作为合同成立的最有力证明。

2.书面合同有时作为合同生效的条件

交易磋商过程中往来的函电可以证明合同生效的时间，但是，如果其中任何一方曾声明以签订的书面合同为准，则仅待签订正式书面合同时，合同方生效。

3.书面合同是有效履行合同的依据

交易双方通过口头谈判或函电磋商达成一致后，需要把彼此认可的交易条件集中订入一定格式的书面合同中，用以进一步明确当事人的权利、责任和义务，这有利于减少贸易纠纷和促进合同的顺利履行。

（二）合同的基本内容

书面合同是明确当事各方权利和责任的法律文件，其内容通常包括约首、基本条款和约尾三部分。

1.约首部分

合同约首（Preamble）部分一般包括合同名称、合同编号、缔约双方当事人的名

称、地址及电话和传真号码等项内容。

2.基本条款

基本条款（Body）是合同的主要内容，通常包括品名、品质、数量、包装、价格、运输、支付等七个重要条款，以及保险、检验、索赔、不可抗力和仲裁等一般条款。买卖双方在洽商交易时，主要是对基本条款的各项条件进行协商，以期达成一致。

3.约尾部分

合同的约尾部分（Witness Clause）一般包括订约日期、订约地点和双方有权签字人的签字。

（三）合同格式范例

在国际货物贸易中，合同的格式并无统一规定，究竟采用何种格式及其繁简程度，取决于交易双方的意愿和贸易习惯。现就国际货物贸易中常用的销售确认书和买卖合同的格式介绍如下：

1.销售确认书的格式

销售确认书的具体格式见表9-1。

表9-1

上海服装进出口有限公司

SHANGHAI GARMENT IMP. & EXP.CO.，LTD.

销 售 确 认 书   NO.：08G-08-078

SALES CONFIRMATION   Date：MAY 09，2017

The Sellers：   The Buyers：

上海服装进出口有限公司   日本大岛商社

SHANGHAI GARMENT IMP. & EXP.CO.，LTD.   日本国东京都新宿区大通町682

NO.688 ZHONGSHAN RD.，SHANGHAI，CHINA 200002   TEL：086-621769 FAX：086-621768

TEL：21-62176968   FAX：21-62176968

下列签字双方同意按以下条款达成交易

The undersigned Sellers and Buyers have agreed to close the following transactions according to the terms and conditions stipulated below：

品名及规格 COMMODITY & SPECIFICATION	数量 QUANTITY	单价 UNIT PRICE	金额 AMOUNT
1.MEN'S 100% POLYSTER WOVEN SUIT （JACKET & PANTS）	10 000 SET	CIF TOKYO USD 12.00	USD 120 000.00
2. MEN'S 100% POLYSTER WOVEN JACKET	15 000 SET	CIF TOKYO USD 8.50	USD 127 500.00
All charges except local charges are on applicant's account. （装运数量允许有3%的增减） （Shipment quantity 3% more or less allowed）		TOTAL	USD 247 500.00

总　值

TOTAL VALUE：SAY TOTAL U.S. DOLLARS TWO HUNDRED AND FORTY SEVEN THOUSAND FIVE HUNDRED ONLY.

装运期限	目的港
SHIPMENT：JULY, 2017	DESTINATION：TOKYO
付款方式	保险
PAYMENT：BY T/T	The buyers to be effected by the sellers at CIF 110% of invoice value covering all risks and war risk as per China Insurance Clauses（CIC）.

一般条款

GENERAL TERMS：

1）质地、重量、尺寸、花型、颜色均允许合理差异，对合理范围内差异提出索赔，概不受理。Reasonable tolerance in quality, weight, measurements, designs and colors is allowed, for which no claims will be entertained.

2）买方对下列各点所造成的后果承担全部责任：（甲）使用买方的特定装潢、花型图案等；（乙）不及时提供生产所需的规格；（丙）不按时开信用证；（丁）信用证条款与售货确认书不相符而不及时修改。Buyers are to assumed full responsibilities for any consequences arising from：（a）the use of packing, designs or pattern made to order；（b）late submission of specifications or any other details necessary for the execution of this Sales Confirmation；（c）late establishment of L/C；（d）late amendment to L/C inconsistent with the provisions of this Sales Confirmation.

3）人力不可抗拒的事故造成延期或无法交货者，卖方不负任何责任。Sellers are not responsible for late delivery or non-delivery in the event of force majeure or any contingencies beyond Sellers' control.

4）凡对装运的货物质量提出索赔者，必须在货到目的港后30天内提出。Claims, if any, concerning the goods shipped should be filed within 30 days after arrival at destination.

5）买方应在收到售货确认书后10天内签退一份给卖方，如在此期间内不提任何异议，本售货确认书即生效。凭买方订单或凭买方先前之确认而缮制的售货确认书，在发出后即生效。非经双方同意，不得更改或撤销。Buyers should sign one copy of this Sales Confirmation and return it to sellers within 10 days after receipt. If nothing is proposed to the contrary with that time, this Sales Confirmation will be effective. Sales Confirmation, issued on the strength of buyers order or earlier confirmation, is immediately on its issuance, and subjected to neither modification nor cancellation, unless agreed upon by effective both parties.

The Buyers：万亿　　　　　　　　　　　　　　The Sellers：大岛

请在本确认书签订后寄回一份。Please sign and return one copy.

2.买卖合同的格式

买卖合同的格式见表9-2。

表9-2　　　　　　　　　　　　　　　　**买卖合同**

售货合同（Sales Contract）			
			编号 No.
			日期 Date：
买方： The Buyers：			
电报：		传真：	
Cable：		FAX：	
卖方： The Sellers：			
电报：　　　　　　电传：　　　　　　传真：			
Cable：　　　　　　Telex：　　　　　　FAX：			

本合同由买卖双方订立，根据本合同规定的条款，买方同意购买，卖方同意出售下述商品：

This Contract is made by and between the Buyers and Sellers，whereby the Buyers agree to buy and the Sellers agree to sell the undermentioned commodity according to the term and conditions stipulated below.

（1）货名及规格 COMMODITY AND SPECIFICATIONS	（2）数量 QUANTITY	（3）单价 UNIT PRICE	（4）总价 TOTAL VALUE

（5）生产国别和制造厂商：COUNTRY OF ORIGIN AND MANUFACTURERS：

（6）装运期限：TIME OF SHIPMENT：

（7）装运口岸：PORT OF SHIPMENT：

（8）到货口岸：PORT OF DESTINGATION：

（9）保　　险：INSURANCE：

由买方投保。

To be coverd by the Buyers.

（10）包装：PACKING：

须用坚固的新木箱/纸箱包装，适合长途海运，须防湿、防潮、防震、防锈，并适合粗暴搬运。由于包装不良所发生的损失，由于采用不充分或不妥善的防护措施而造成的任何锈损，卖方应负担由此而产生的一切费用或损失。

To be packed in new strong woden case(s) /carton(s) suitable for long distance ocean transportation and well protected against dampness， moisture， shock， rust and rough handling. The Sellers shall be liable for any damage to the goods on account of improper packing and for any rust damage attributable to inadequate or improper protective measures taken by the Sellers， and in such case or cases any and all losses and/or expenses incurred in consequence thereof shall be borne by the Sellers.

（11）付款条件：TERMS OF PAYMENT：

甲、信用证付款：货物装运前一个月，买方应由上海中国银行开立以卖方为受益人的不可撤销的信用证，凭本合同第12条规定的装运单据交到上海（银行）后付款。

乙、托收付款：货物装运后，卖方应将以买方为付款人的汇票连同本合同第12条所列各种装运单据，通过卖方银行寄交买方银行即上海中国银行转交买方，并托收货款。

丙、信汇付款：买方收到本合同第12条所列单据后，应于　　　　天内信汇寄款。

A. Payment by L/C： One month before shipment， the Buyers shall establish with Bank of China，Shanghai an Irrevocable L/C in favour of the Sellers， to be available against presentation in Shanghai of the shipping documents stipulated in Clause 12 hereof.

B. Payment by Collection： After delivery is made， the Sellers shall send through the Sellers， bank draft drawn on the Buyers together with the shipping documents apecified in Clause 12 hereof， to the Buyers through the Buyers bank， the Bank of China， Shanghai， for collection.

C. Payment by M/T： Payment to be effected by the Buyers not later than　　　　days after receipt of the shipping documents specified in Clause 12 hereof.

（12）单据：DOCUMENT：

卖方应将下列单据提交付款银行议付货款/托收付款，如为信汇付款，下列单据应径寄买方：

①全套可议付的洁净已装运海运提单，空白抬头，空白背书。注明"运费到付"，并通知到货口岸中国对外贸易运输公司。

②邮包收据注明邮费/空运提单。

③保险单或保险证明书注明投保兵险，一切险包括TPND、破碎、渗漏，无百分比限制，并注明货物到达后倘发现残损情况，须向到货口岸之中国商品检验机构申请检验。

④发票五份，注明合同号、唛头。

⑤装箱单两份，注明毛重、净重、尺码和所装货物每项的品名数量。

⑥按照本合同第18条规定由制造厂签发的质量和数量/重量证明书及检验报告各两份。

The Sellers shall present the following documents to the paying bank for negotiation/collection， or to the Buyers in case of payment by M/T.

① Full set of Negotiable Clean on Board Ocean Bills of Lading marked "FREIGHT TO COLLECT" and made out to order， blank endorsed， and notifying the China National Foreign Trade Transportation Corporation at the port of destination.

②Parcel post receipt， indicating postage/Air Way Bill.

③ Insurance Policy or Certificate， covering war risk and all risks including TPND， Breakage and Leakage irrespective of percentage and indicating "In the event of loss or damage， request for survey upon arrival of the cargo at the port of destination be made to the China Commodity Inspection Institution of that port".

④Invoice in quintuplicate， indicating contract number and shipping mark.

⑤Packing List in duplicate with indication of both gross and net weights， measurements and quantity of each item packed.

⑥Certificate of Quality and Quantity/Weight and Testing Report， each in duplicate issued by the manufacturers as specified in items of Clause 18 hereof.

（13）装运条款：TERMS OF SHIPMENT：

甲、每次发货如毛重超过200公吨，卖方应于本合同第8条规定的装运期60天前，将合同编号、商品名称、数量、价值、件数、毛重、尺码以及货物在装货口岸备妥日期函/电告买方，以便买方订舱。

For each shipment exceeding 200 metric tons in gross weight， the Sellers shall， 60 days before the date of shipment stipulated in Clause 8 hereof， advise the buyers by cable/letter of the contract number， name of commodity， quantity， value， number of packages， gross weight, measurements and date of readiness at the port of shipment in order for the buyers to book shipping space.

乙、承运船及时到达装货口岸时，如卖方未将货物备妥待装，因此而发生的空舱费和延滞费均应由卖方负担。

The sellers shall be liable for any dead freight or demurrage consequent upon their failure to have the goods ready for loading after the carrying vessel has arrived at the port of loading in time.

（14）装运通知：SHIPPING ADVICE：

货物全部装船后，买方应立即将合同编号、商品名称、数量、毛重、发票金额、船名和开航日期电告买方。如由于卖方未及时将装运通知电告买方，以致货物未及时保险而发生的一切损失应由卖方负担。如货物系属危险品，卖方应将其性质及处理办法电告买方和到货口岸中国对外贸易运输公司。

Immediately the goods are completely loaded, the Sellers shall cable to notify the Buyers of the contract number, name of commodity, quantity, gross weight, invoice value, name of the carrying vessel and the date of sailing. In case the goods are not insured in time owing to the Sellers having failed to give timely advice, any and all consequent losses shall be borne by the Sellers. In the case of dangerous goods, the Sellers shall cable to notify the Buyers and the China National Foreign Transportation Corporation at the port of destination of their nature and the method of handling then.

（15）检验和索赔：INSPECTION AND CLAIMS：

甲、在交货以前，制造厂就订货的质量、规格、性能、数量/重量做出准确和全面的检验，并出具货物和本合同规定相符的证明书，该证书为议付/托收货款而应上交银行的单据的组成部分，但不作为货物的质量、规格、性能和数量/重量的最后依据。制造厂应将记载试验细节和结果的书面报告附在质量证明书内。

The manufacturers shall before making delivery, make a precise and comprehensive inspection of the goods as regards their quality, specifications, performance and quantity/weight, and issue certificates certifying that the goods are in conformity with the stipulations of this Contract.The certificates shall from an integral part of the documents to be presented to the paying bank for negotiation/collection of payment but shall not be considered as final in respect of quality, specifications, performance and quatity/weight. Particulars and results of the test carried ou by the manufacturers must be shown in a statement to be attached to the said Quality Certificate.

乙、货物到达到货口岸后，买方应申请中国商品检验机构（以下称商检机构）就货物的质量、规格和数量/重量进行初步检验。如发现到货的规格或数量/重量与合同不符，除应由保险公司或船公司负责外，买方于货物在到货口岸120天内凭商检机构出具之检验证书有权拒收货物或向卖方索赔。

After arrival of the goods at the port of destination, the Buyers shall apply to the China Commodity inspection Institution (hereinafter called the Institution) for a preliminary inspection of the goods in respect of their quality, specifications and quantity/weight.If any discrepancies are found by the Bureau regarding the specifications or the quantity/weight or both, except those for which either the insurance company or the shipping company is responsible, the Buyers shall, within 120 days after discharge of the goods at the port of destination, have the right either to reject the goods or to claim against the Sellers on the strength of the inspection certificate issued by the Institution.

（16）不可抗力：FORCE MAJEURE：

由于人力不可抗拒事故，致卖方交货迟延或不能交货时，责任不在卖方。但卖方应立即将事故通知买方，并于事故发生后14天内将事故发生地政府主管机关出具的事故证明书用航空邮寄交买方为证，并取得买方认可。在上述情况下，卖方仍负有采取一切必要措施从速交货的责任。如果事故持续超过10周，买方有权撤销本合同。

The Sellers shall not be held responsible for any delay in delivery or nondelivery of the goods due to Force Majeure.However，the Sellers shall advise the Buyers immediately of such occurrence and within fourteen days thereafter，shall send by airmail to the Buyers for their acceptance a certificate issued by the competent government authorities of the place where the accident occurs as evidence thereof. Under such circumstances the Seellers，however，are still under the obligation to take all necessary measures to hasten the delivery of the goods.In case the accident lasts for more than ten weeks，the Buyers shall have the right to cancel this contract.

（17）迟交和罚款：LATE DELIVERY AND PENALTY：

如延迟交货除人力不可抗拒事故者外，卖方应给买方每一周按迟交货物总值的0.5%的迟交罚款，不足一周的迟交日数作为一周计算，此项罚款总额不超过全部迟交货物总值的5%，在议付货款时由银行代为扣除，或由买方在付款时进行扣除。

如迟延交货超过原定期限10周，买方有权终止本合同。但卖方仍应向买方缴付以上规定之罚款，不得推诿或迟延。

In case of delayed delivery，except for force majeure cases，the Sellers shall pay to the Buyers for every week of delay a penalty mounting to 0.5% of the total value of the goods whose delivery has been delayed.Any fractional part of a week is to be considered a full week.The total amount of penalty shall not，however，exceed 5% of the total value of the goods involved in late delivery and is to be deducted from the remount due to the Sellers by the paying bank at the time of negotiation，or by the Buyers direct at the time of payment.

In case the period of delay exceeds 10 weeks after the stipulated delivery date the Buyers have the right to terminate this contract but the Sellers shall not thereby be exempted from the payment of penalty.

（18）仲裁：ARBITRATION：

凡有关本合同或执行本合同而发生的一切争议，应通过友好协商解决。如不能解决，则应提交中国国际经济贸易仲裁委员会按照该委员会的仲裁规则在北京进行仲裁。该仲裁委员会做出的裁决是终局的，买卖双方均应受其约束，任何一方不得向法院或其他机关申请变更。仲裁费用由败诉一方承担。

All disputes in connection with this Contract or the execution there of shall be settled through friendly negotiations.In case no settlement can be reached through negotiations，the case should then be submitted for arbitration to China International Economic and Trade Arbitration Commission，Beijing，in accordance with its arbitration rules.The arbitration so all take place in Benjing and binding upon both parties；neither party shall seek recourse to a law court or other authorities for revising the decision.The arbitration fee shall be borne by the losing part.

（19）附注：REMARLS：

本合同一式两份，买卖双方各执一份为证。

This Contract is made out in two original copies，one copy to be held by each party in witness thereof.

出卖人   买受人

The Sellers：   The Buyers：

任务三　合同的履行

在国际贸易进出口合同的履行过程中，会涉及许多实务问题和法律问题。正确分析和处理好这些问题，对于减少贸易纠纷和顺畅国际贸易具有十分重要的意义。

一、出口合同的履行

在我国出口贸易中，多数采用CIF术语条件成交，并按照信用证方式收付货款。履行此类出口合同，涉及面广、环节多、手续繁杂。因此，仅以CIF术语并以信用证结算为例来说明出口合同履行的步骤。

（一）申领出口许可证

出口许可证是国家授权机关批准商品出口的证明文件，是办理出口通关手续的重要证件之一。国家对出口许可证实行一次一审批制，即一份出口许可证只能报关使用一次。每份出口许可证的有效期自签发日期始最长不超过3个月。凡属经营许可证管理范围内的货物出口，在同外商订立合同前，必须办好出口许可证，按许可证规定的数量和期限同外商签订合同。

（二）备货与报验

为保证及时交付合同约定的货物，卖方需及早落实货源，备妥应交的货物，并做好出口货物的报验工作。

1.备货

出口商按合同和信用证的要求，向生产加工或物流企业组织货源，核实货物加工、整理、包装和刷制唛头等工作，对应交的货物及时验收、清点及处理相关事宜，做到按时、保质、保量交付货物。

（1）按合同约定的品质备货。货物的品质、规格应按合同的要求核实，必要时进行加工整理，以保证货物的品质、规格与合同规定一致。

（2）按合同约定的数量备货。应保证满足合同或信用证对货物数量的要求，备货的数量应适当留有余地。

（3）按合同约定的装运期限备货。货物备妥时间应与信用证及合同约定的装运期限相适应并结合船期安排，以利于船货衔接。

（4）按合同约定的包装条件备货。卖方必须按合同约定的包装方式备货，对货物的内外包装和装潢均需认真核对检查，如发现包装不良或有破损情况，应及时进行休整或更换包装，以利于取得清洁提单并顺利收汇。包装标志也要按合同要求粘贴或刷制。

（5）所备货物须符合法律要求。《联合国国际货物销售合同公约》明确规定，卖方所交货物应属卖方所有或有权处分，并能实现惯常使用目的。

2.报验

出口货物报验是通关、索赔、结汇等环节的重要依据。因此，依法或依据合同要求及时取得合格的检验证书是履行出口合同的重要工作之一。

（1）法定报验商品。凡出口法定报验商品，须在规定时间和地点，持出口合同、信用证副本、发票、装箱单等有关单证向检验检疫机构报验。出口方应在合格的检验证书规定的有效期限内将货物装运出口。

（2）合同报验商品。非法定报验商品，如买卖合同中约定在出口地实施检验的，需持买卖合同等有关单证向检验检疫机构报验。经检验合格并取得证书后，方可凭以向买方收取货款，并以此作为交接货物的依据。

（3）包装容器及运载工具。对出口危险品和易腐品的包装容器、集装箱及船舱等须申请检验检疫，经检验检疫合格方能装运出口。

（三）落实信用证

在凭信用证结算的交易中，落实信用证即催证、审证和改证是履行出口合同的重要环节。

1.催证

买方按约定时间开立信用证是卖方及时交付货物的前提条件。在实际业务中，时常遇到国外进口商拖延开证，或者在行市发生变化或资金发生短缺时故意不开证的情况，对此卖方应结合备货情况认真做好催证工作，及时提请买方按约定时间办理开证手续。

2.审证

信用证是根据买卖合同开立的，其内容应与买卖合同条款保持一致。但在实际业务中，由于种种原因，有时会出现信用证条款与合同规定不一致，或者在信用证中加列一些出口商看似无所谓但实际无法满足的信用证条件（软条款）等情况。为了确保安全收汇和顺利履行合同，出口企业和有关银行应该依据合同进行认真的核对与审查。就银行而言，应核对凭证内的印鉴或密押，以着重审核信用证的真实性，并同时将开证行的政治背景、资信能力、付款责任和索汇路线等内容如实通知受益人。出口公司应着重审核信用证内容与买卖合同条款是否一致。在审核信用证时，应注意下列事项：

（1）政策性审核。主要审核来证国家同我国有无经济贸易往来关系，及来证内容是否符合政府间的支付协定等。

（2）开证行及保兑行的资信。议付行的买单付款行为主要依据开证行及保兑行的资信状况。因此，为确保安全、迅速收汇，应对开证行及保兑行的政治、经济环境、资信及经营风格等进行审核。

（3）开证行的付款责任。开证行应对符合信用证要求的单证负首要付款责任。因此，需要审核开证行的付款责任是否加列了限制性或保留条件。

（4）信用证金额及支付货币。信用证金额应同合同金额保持一致。如合同中订有溢短装条款，则信用证金额应包含溢短装部分的金额。来证采用的支付货币也应与合同规定保持一致。

（5）信用证中对交易标的物的记载。审核来证中交易标的的品名、质量、数量、包装和单价等内容是否与合同规定相符，有无附加特殊限制性条款。如发现信用证中对货物的记载与合同规定不相符，应酌情考虑要求买方修改。

（6）装运期、信用证有效期和到期地点的规定。按照惯例，在信用证中必须要规定受益人最迟向出口地银行交单议付的日期，即信用证有效期。如信用证规定的是在国外交单的到期日，一般应提请买方修改，否则，就必须要提前交单，以防因邮寄过程中耽搁而逾期。信用证中装运期须与合同规定一致，如因买方开证太晚而致卖方无法按期装运，需提请买方延展装运期限。信用证的有效期应与装运期有合理的时间间隔，以便在装完货物后有足够的时间制单结汇。

（7）贸易术语与装运单据。信用证中应载明合同中所使用的贸易术语。对提供单据的种类、份数及填制方法等，需要仔细审查，如发现有不适当的地方，要酌情要求买方修改。

（8）其他限制性条件。须仔细审查信用证中有无与合同规定不符的其他限制性条件，并酌情要求买方修改。

3.改证

在审证过程中，如发现信用证内容与合同规定不符，应区别问题的性质酌情要求买方修改。

（1）改证的一般程序。改证一般是由出口商向对方提出改证要求，在接到对方的信用证修改通知后再次审核，做出是否接受修改的决定。如果接受修改，则开证人向开证银行申请改证后转交通知银行，最后通知受益人。

【案例9-8】

中方某公司与西班牙某公司在2017年10月按CIF条件签订了一份出口10 000公吨玉米的合同，支付方式为不可撤销即期信用证。西班牙公司于2017年12月通过银行开来信用证，经我方公司审核与合同规定相符，其中保险金额为发票金额的110%。我方正在备货期间，西班牙公司通过银行传递给我方公司一份信用证修改书，内容为将保险金额改为发票金额的120%。我方没有理睬，按原信用证规定投保及装运货物，并于货物装运后在信用证有效期内，向议付行议付货款。议付行议付货款后将全套单据寄开证行，开证行以保险单与信用证修改书不符为由拒付。

问题： 开证行拒付是否有道理？为什么？

分析提示： 改证一般是由受益人向对方提出改证要求，在接到对方的信用证修改通知后再次审核，做出是否接受修改的决定。案例中，是买方提出修改信用证，其修改信用证的程序不合规，而且我方公司完全按照不可撤销信用证的约束条件履行了各项义务。因此，开证行拒付是没有道理的。

（2）改证应注意的问题。改证工作应注意以下三点：①所有要求修改的内容应一次性向对方提出，避免多次修改；②对修改后的信用证仍要认真审核；③如果一份修改通知书中包括多项内容，只能全部接受或全部拒绝。

（四）报关、投保与装运

落实完信用证后，可以办理报关、投保及租船订舱和装运事宜。

1.报关

报关是指依据《海关法》的规定，进出口货物的收发货人、受委托的报关企业在出运前向海关当局如实申报，交验规定的单据文件，申请查验和放行手续。只有经过海关查验放行后，货物方可提取或装运出口。

我国出口企业可以自行办理进出口报关手续，也可以委托专业的报关行或国际货运代理公司办理。无论是自行报关还是委托代理报关，都必须填写出口货物报关单，在办理报关时还需提供合同副本、发票、装箱单、商检证书及其他有关文件。

2.投保

按CIF术语成交的出口合同，卖方在装船前须按国际贸易惯例，及时向保险公司办理投保手续。出口商品的投保手续通常是逐笔办理的。在办理投保时，应将货物名称、保险金额、运输工具、运输路线、开航日期、投保险别等一一列明，防止多保、错保和漏保。保险公司审核接受后，即签发保险单或保险凭证。需要注意，开立的保险单日期应早于提单日期或其他货运单据日期，最迟可同一日期。

3.租船订舱及装运

按CIF术语成交的合同，卖方应及时办理租船（大宗货物）或订舱（小宗货物）手续。在租船或订舱时，通常是委托专业的租船代理公司或国际货运代理公司办理。中国对外贸易运输集团（简称中外运）是我国最大的国际货运代理企业，接受各出口公司的委托，提供货运服务并收取报酬。当出口企业委托中外运办理货运事宜时，应填写托运单。托运单是按合同和信用证条款要求填写的向船公司或其代理人办理货物托运的单证，船方根据托运单的内容，并结合航线、船期和舱位情况确定承运与否，如确定承运，即在托运单上签章，船方留存一份，返给托运人一份。至此，订舱手续即告完成。

船公司或代理人在接受托运人的托运申请后，即发给托运人装货单，凭以办理装船手续。当卖方将货物备妥后，在约定的时间在指定装运港将货物装上船，当装完船后，船长或大副应签发收货单，即大副收据，作为货物已装船的临时收据，托运人凭此收据向船公司或其代理人交付运费并换取正式提单。

（五）信用证项下的制单结汇

出口货物装完船并取得提单后，出口商应及时按照信用证的要求缮制单据，并须在信用证规定的交单有效期内，向有关银行办理议付货款手续。

1.制单的基本要求

在制单时，应把握如下基本要求：

（1）单证要正确完整。单证之间必须要单单相符、单证一致，即单证间不能有任何矛盾和问题。同时还要严格按信用证规定提供所有的单证，对单据的份数，每份单据的项目、内容的完整性要仔细核查。

（2）单证要规范、简明和整洁。到银行结汇时，应提供国际标准化格式的单据。单据的内容也要按信用证要求和国际惯例填制，简洁明了。同时，单据要美观、清洁、字迹清楚。

（3）要及时交单结汇。必须在信用证规定的有效期内向银行办理交单议付。如果交单地点是在国外，需要留出充足的转交邮寄时间，以防逾期引起结汇困难。

2.列出所需单证并按信用证要求填制

分析判断买卖合同和信用证中对应交单证的具体要求，并将有关内容一一列表明示出来，以便缮制单证。通常情况下所需单据如下：

（1）汇票。汇票内容要按信用证要求填写。其编码一般要与发票号码一致，出票日期不早于提单签发日期。

（2）发票。通常指的是商业发票。它是卖方开立的载有货物名称、数量、价格等内容的清单，是买卖双方交接货物和结算货款的主要单证，也是进出口报关和完税的必要凭证。在缮制发票时，需注意如下事项：

第一，对货物名称、规格、数量、单价、包装等项内容的填制，必须同来证所列各项要求完全相符，不能与之抵触，以防银行拒付。

第二，发票总值不能超过信用证规定的最高金额。按照银行结算惯例，开证银行可以拒绝接受超过信用证所许可金额的商业发票。

第三，如信用证中规定某些附加费（如选港费）应由买方承担，则可以在发票上将相关的附加费用加在总额里，一并向议付行收款。如果信用证中未作上述注明，即使合同中有此规定，也不能凭此信用证结算，除非买方同意并经银行通知在信用证内加列上述条款，否则，增加的附加费用只能另制单据通过银行托收解决。

（3）提单。它是物权凭证，因此是所有单据中最重要的单据。是确定承运人和托运人双方权利与义务、责任与豁免的依据。各船公司所签发的提单格式各不相同，但其内容大同小异。主要是对承运货物的记载，船公司要按提单项下记载的货物数量、规格、包装等在指定目的港完好无损地交货。

（4）保险单。按CIF术语成交的合同，卖方应负责办理投保并提供保险单。保险单的内容应与有关单据的内容相衔接。投保时应注意下列事项：①保险险别与保险金额应与信用证的规定相符合。②保险单上的船名、装运港、目的港、大约开航日期以及保险标的的记载，应与提单的内容相符。③保险单的签发日期不得晚于提单的签发日期。④保险单上的金额，一般应是发票金额加成10%的金额。

（5）检验证书。它是用以证明货物的品质、数量、包装和卫生条件等的凭证。需要注意的是，证书名称、检验机构、所列项目和检验结果等必须同合同和信用证的规定相符合。

（6）其他单据。包括普惠单据、原产地证书、装箱单和重量单等。

第一，普惠单据。对于给予我国普惠制（GSP）国家的出口货物，必须提供普惠制单据，作为进口国海关减免关税的依据。因此，在填制单据时，须对单据中有关内容填写正确，并符合各个项目的要求，以免丧失享受普惠制待遇的机会。

第二，原产地证书。它是证明货物原产地的凭证。不用海关发票或领事发票的国家，需要提供原产地证书，以便确定对货物应征收的税率。该证书一般由出口地公证行或工商团体签发。在我国可由国家质检总局及分支机构或中国国际贸易促进会签发。

第三，装箱单和重量单。用以补充商业发票内容的不足，便于买方及海关当局在货物到达目的港时检查和核对货物。

3.信用证下的结汇方式

卖方向银行办理信用证项下出口结汇时，有收妥结汇、买单结汇和定期结汇三种方式。其中，最受卖方欢迎的是买单结汇方式。

（1）收妥结汇。它又称收妥付款或先收后结，是指议付行收到出口商的结汇单据并经审查无误后，将单据寄交国外付款行索取货款，待付款行将货款拨入议付行账户时，议付行才按当日外汇牌价折算成人民币拨入出口商账户。

（2）买单结汇。它又称出口押汇，是指议付行在审单无误后，按信用证条款买入受益人的汇票及结汇单据，从票面金额中扣除从议付日至估计收到票款之日的利息，将余款按议付日外汇牌价折成人民币拨入受益人账户。其实质是银行对出口公司的一种短期融资业务，因此，受到出口商的欢迎，成为一种广为使用的行之有效的结汇方式。

（3）定期结汇。它是议付行根据向国外付款行索偿所需时间，预先确定一个固定的结汇期限，到期后主动将票款金额折成人民币拨入受益人账户。

4.单、证不符的处理方法

银行在审单时，会严格按照单单相符和单证一致的原则，如果有单证不符点，必须要处理好，否则会影响货款结算。对单证不符点的处理要根据其严重程度确定适合的方法。

（1）表提。信用证的受益人在提交单据时，如存在单、证不符，主动向议付行书面提出单、证不符点。通常议付行要求受益人出具担保书后，议付行为受益人议付货款。此种处理单证不符的方法一般适用于单、证不符情况并不严重，或虽然是实质性不符，但事先已经开证人（进口商）确认可以接受。

（2）电提。它又称为"电报提出"，在单、证不符情况下，议付行先向国外开证行拍发电报或电传，列明单、证不符点，待开证行复电同意后再将单据寄出。一般用于单、证不符属实质性问题且议付金额较大的情况。

（3）跟单托收。如出现单、证不符，议付行不愿用表提或电提方式征询开证行的意见。在此情况下，信用证就会彻底失效。出口企业只能采用托收方式，委托银行寄单代收货款。

二、进口合同的履行

我国进口货物大多数是按 FOB 条件并采用信用证付款方式成交。依此条件签订的进口合同，其履行步骤通常包括申领进口许可证、开立信用证、租船订舱、接运货物、办理货运保险、审单付款、报关提货、验收与办理索赔等。

（一）申领进口许可证

对于某些海关须凭进口许可证验放的商品，在订立进口合同前应先向主管机关填制进口货物许可证申请书，递交有关的文件，经发证机关审核后发给进口许可证，方可同外商订立进口合同。

（二）开立信用证

买方在约定期限内开立信用证是履行合同的前提条件。买方在开立信用证时，应向当地银行提供有关单据资料、外汇管理部门的有关证明，并填制开证申请单，同时需按银行要求交付一定的保证金，然后开证行接受开证申请并办理开证手续。买方开立信用证应注意的事项如下：

1.应严格按合同规定的时间开立信用证

买方按约定时间及时开立信用证是卖方如期交货装运的重要保证。因此，买方应严格按照合同规定的开立信用证时间办理。

（1）如合同规定在收到卖方备妥通知或在卖方确定装运期后开证，买方应在收到上述通知后及时开证。

（2）如合同规定在卖方领到出口许可证或支付履约保证金后开证，买方应在收到对方已领到出口许可证的通知或银行转告履约保证金已收讫后开证。

2.开证内容必须与合同内容保持一致

买方如期开证是履行买卖合同的责任和义务，信用证中的条款是用来约束卖方按买卖合同的要求行为。因此，信用证是依据买卖合同开出来的，但是，信用证一经开出就独立于买卖合同而成为自足性文件，即卖方必须要按信用证的条款要求行为，才能保证安全结汇。如果信用证内容与合同内容相冲突，卖方必然会要求买方修改或重新开立信用证，由此可能会导致合同不能如期履行。

银行如接受买方的开证委托，则会按开证申请书的内容开立信用证。因此，买方向银行办理开证手续时，必须严格按照合同内容填写开证申请书。

3.买方应酌情并及时向开证行办理信用证修改手续

信用证中约束条件除须与买卖合同相一致外，其文字表述要明确、具体、清晰、准确。如果收到卖方的信用证修改意见，买方应酌情考虑办理改证手续。

（1）如果卖方的改证要求是基于合同依据，即信用证中内容与合同不符，则买方应无条件接受修改意见，并应及时向开证银行办理改证手续。

（2）若卖方的改证要求是对合同内容的变更，比如要求展延装运期或变更装运港等，买方需要统筹考虑利害得失，决定是否修改信用证条款，如经与卖方沟通并决定修改后，应及时向开证银行办理改证手续。

（3）如果卖方的改证要求是因为信用证中条款表述不清晰，则应考虑修改，避免引起履约争议，并应及时向开证银行办理改证手续。

（三）租船、接货与投保

采用FOB术语成交的贸易合同，买方负责租船订舱与办理货运保险事宜，并须在约定的时间将船派到指定装运港口，与卖方加强沟通，做好船货衔接工作。

1.租船订舱

我国大部分进口货物是委托中国对外贸易运输集团公司、中国租船公司或其他运输代理公司代办运输，也有公司直接向中国远洋运输集团公司或其他的实际承运人办理租船订舱手续。

如合同中规定卖方应在交货前一定时间内将备货情况及预期装运时间通知买方，则买方在接到卖方通知后办理租船订舱事宜。如果卖方办理租船订舱较为便利，也可以委托卖方代为办理。但是，相应的责任和费用应由买方承担。

2.接运货物

当买方办妥租船订舱手续后，应同卖方就船期、货物动态信息等方面加强沟通，以防出现船货脱节的情况。对于数量大或很重要的进口货物，买卖双方更要及时通报信息，必要时，可请买方驻外机构就地协助了解和督促卖方及时装运，或派员前往出口地协调船货，以利于接运工作的顺利进行。

3.办理货运保险

在收到卖方的装运通知后，买方应及时将船名、提单号、开航日期、装运港、目的港以及货物的名称和数量等内容通知保险公司，按预约保险合同规定对货物承担自动承保责任。

（四）审单付款

货物装船后，卖方即凭提单等有关单据向当地银行议付货款。议付行寄来单据经付款行审核无误后即通知买方付款赎单。买方通常在接到单证后的3个工作日内完成单证审核工作。如单证无误，买方需要向外汇管理局申请外汇使用权，待外汇管理局批准后，向指定银行以本国货币购买外汇，通过银行结算付款。

如买方在审单过程中发现单证不符，应根据单证不符的严重程度做出适当处理。例如，停止对外付款；相符部分付款，不符部分拒付；货到检验合格后再付款；凭卖方或议付行出具担保付款；付款但提出保留索赔权等。如果拒绝接受单据，开证行必须在收到单据次日起7个工作日内，以电信方式或其他快捷方式，通知寄单银行或受益人，妥善解决存在的问题。

（五）进口报关

买方付款赎单后，待货物入境时，即应及时向海关办理申报手续。经海关查验有关单据、证件和货物并在提单上签章放行后，即可凭以提取货物。

1.办理进口货物报关手续

货物入境后，买方应自行或委托有报关资质的机构向海关交验有关单证，填写进口货物报关单，办理进口货物申报手续。超过申报时限（进口申报手续必须自运输工具入境之日起14天内进行），由海关按日征收进口货物CIF（或CIP）价格的0.5%的滞报金。超过3个月未向海关申报的，由海关提取变卖，所得货款在扣除运输、装卸、仓储等费用和税金后，余款自变卖之日起1年内，经收货人申请可予以返还。

2.配合海关查验货物

进口货物一般需要经海关查验，以确定所申报的进口货物是否同报关单证列明的一致。查验货物应按海关要求，在指定时间和场地进行。查验时，收货人或其代理人应到现场。在特殊情况下，需由报关人申请，经海关同意，也可以由海关派员到收货人的仓库查验。

3.缴纳关税

海关按照《中华人民共和国海关进口税则》的规定，对进口货物计征进口税。货物在进口环节由海关负责征收的税种主要有：关税、产品税、增值税、工商统一税及地方附加税、盐税、进口调节税等。其中，进口关税是货物在进口时由海关征收的一个基本税种，其计税基础是 CIF 价格，若为 FOB 价格需要加上国外运费和保险费，将之转换成 CIF 价格。其他税费属海关代为征收，且通常是根据货物性质或种类不同适用其中一种税，而不是同时征收。

4.海关放行

海关查验并征收相应关税后，即在提单上签字或盖章放行。收货人可据此向船方提取货物，凡未经海关放行的货物，任何单位和个人均不得提取或发运。

（六）货物的检验、提交与索赔

检验检疫机构出具的检验证书是办理索赔的重要依据。因此，买方应正确行使其检验权利，对检出的问题应及时处理或索赔。

1.检验货物

收货人向检验检疫机构申请报验，正确填制"进口货物报验单"并提供合同和有关单证资料。买方为提高索赔的时效性，下列货物应在卸货口岸就地检验：①合同订明须在卸货港检验的货物；②在目的港经检验合格后付款的货物；③合同规定的索赔期限较短的货物；④卸货时已发现残损、短少或有异样的货物。

凡属法定检验的进口货物，收货人须向卸货口岸的检验检疫机构登记，经检验检疫机构在报关单上加盖"已接受登记"的印章，海关才验放。非法定检验的进口货物，按照合同规定办理检验或验收。

2.提取与拨交货物

进口货物的报关、检验等手续办完后，即可在报关口岸按规定提取或拨交货物。如订货或用货单位在卸货港所在地，则就近转交货物；如订货或用货单位不在卸货地区，则委托货运代理将货物转运内地并转交给订货或用货单位。在货物拨交后，外贸公司再与用货单位进行结算。

3.进口索赔

如果卖方没有按照合同要求履行其义务，导致买方遭受损失，则需要向相关责任人提出索赔。尽管索赔事件不是经常发生，但买方也应随时注意，以防发生违约或货运事故时错失索赔良机。为此，买方应注意下列事项：

（1）明确索赔对象。根据货损的性质和原因不同，向责任方提出索赔，这是索赔成功的关键所在。在索赔时，首先要考虑所受损失是否属于保险公司承保范围，如果在其承保范围内，则应向保险公司提出索赔；如果不在保险公司承保范围内，则应向直接责任人提出索赔。如在货物装运前就存在问题，则应向卖方索赔；如货损是在运输过程中造成的，则应向承运人提出索赔。

（2）提供索赔证据。提请索赔时，必须提供切实有效的证据。比如，事故记录、短卸证明、残损证明、检验证书等，还可以提供物证或照片等证明资料。这就要求买方在发现问题时第一时间收集并保护好证据，这是索赔成功的基础。

（3）注意索赔期限。买方应在合同规定的期限内向责任方提出索赔，过期提出索赔无效。如果合同中没有约定索赔期限，按《公约》的规定，买方应自实际收到货物之日起两年内向卖方提请索赔；按《中国人民保险公司海洋运输货物保险条款》的规定，买方应于货物全部卸离海轮后两年内向保险公司提出索赔；按《海牙规则》的规定，买方应于货物到达目的港交货后一年内向承运人提出索赔。

（4）确定索赔金额。应视具体情况适当确定索赔金额，除包括受损商品的价值外，还应加上有关费用（如检验费等）。

上述各环节是采用FOB贸易术语，用信用证方式结算所必需的。如果采用其他贸易术语或结算方式有些环节就可省略。比如，采用托收方式结算，则开证环节就可忽略；如用CFR贸易术语，则租船订舱环节就可以省略。

【课后思考题】

1.构成发盘的要件有哪些？

2.按照《公约》的规定，发盘在什么情况下撤回和撤销？

3.发盘效力在哪些情况下终止？

4.分析逾期接受的效力。

5.合同成立的要件有哪些？

项目十

国际贸易方式

国际贸易方式主要研究国与国之间商品交换的渠道形式。当前，国际贸易方式日益多样化，除传统的国际贸易方式外，还出现了电子商务等融货物、技术、资金于一体的新型国际贸易方式。

学习目标

了解国际贸易寄售方式，理解国际贸易代理方式，掌握国际贸易经销方式；

了解国际贸易展卖与拍卖方式，理解国际贸易招投标方式；

了解对销国际贸易方式，理解期货交易和国际电子商务方式，掌握加工贸易方式。

本项目内容结构图

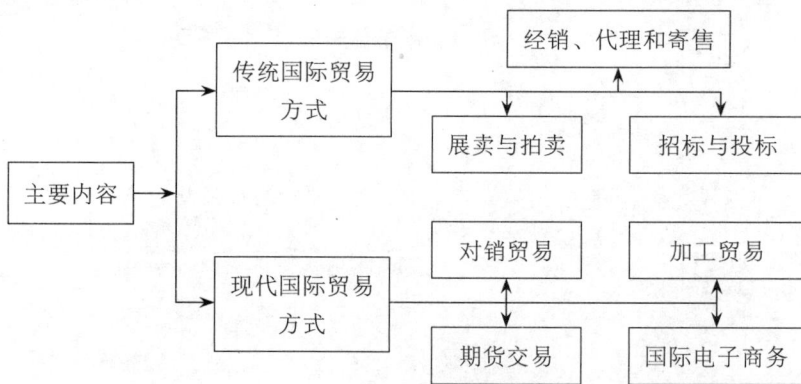

任务一　传统国际贸易方式

传统的国际贸易方式中，除单边进口和单边出口外，还包括经销、代理、寄售、展卖、拍卖、招标、投标等。

一、经销、代理和寄售

经销、代理和寄售这三种贸易方式在货物移动上有相似之处，但就所有权转移（商流形式）而言又有明显不同，放在一起研究有利于把握其本质。

（一）经销

经销（Distribution）是经销商（进口商）与供货商（出口商）按照协议约定在规定的期限和地域内购销约定商品的一种贸易方式。与通常的单边逐笔出口不同，经销商与供货商通过签订经销协议来确定一种长期稳定的购销关系。

1.经销的种类

按经销商权限的不同，经销方式可分为独家经销和一般经销两种：

（1）独家经销（Sole Distribution）。它亦称包销（Exclusive Sales），是指经销商在规定的期限和地域内，对指定的商品享有独家专营权的一种经销方式。采用独家经销方式时，在经销协议的期限内及指定的区域内，供货商只能允许一家经销商经营指定的商品，即包销商享有排他性的经营权。这在一定程度上可避免或减少因相互竞争而造成的损失。在同一市场上，如果有许多家商号同时经营供货商的同一商品，当市场销路不好时，一些资金不够雄厚的商人往往会因资金周转困难而削价抛售。这有可能导致价格战而把市场搞垮。

另外，采用独家经销方式，包销商可以利用自己熟悉的所在国或地区的消费习惯，以及政府条例、法规等方面的便利，及时为供货商提供必要的信息，如市场供需情况、消费者对产品的反应等，以帮助改进产品，做到适销对路，并且减少不必要的法律纠纷。一般来说，包销商也愿意按协议的规定为所经销的商品登广告做宣传，或者承担其他义务，使商品的经营额不断扩大，使双方在合作中共同受益。

【案例10-1】

我国A公司与越南B公司签订了独家经销协议，协议中授予越南B公司某产品的独家经销权。但该产品并非A公司的自产商品，而是由我国C公司生产并由A公司销售给越南B公司。C公司在向A公司供货的同时，也自营进出口业务，又向另一家越南D公司授予了该产品的独家经销权。这样，在越南就有了经营同种产品的两个独家经销商，这两家经销商得知该情况后，都向A公司和C公司提出索赔的要求。

问题：这起案件应如何处理？

分析提示：独家经销是赋予经销商在规定的期限和地域内，对指定的商品享有独家专营权的一种经销方式。此案例中，C公司既然向越南D公司授予了该产品的独家经销权，就有义务保证其产品不会经过其他渠道进入该地区内。因此，C公司要么授予越南D公司一般经销权，要么保证A公司不向该地区出口产品。

（2）一般经销。它是指经销商不享有独家专营权，供货商可在协议期限内，在同一经销区域范围委派一个以上的经销商来经营同类商品。这种经销方式下，经销商与国外供货商之间的关系同一般进口商和出口商之间的关系并无本质区别，所不同的只是确立了相对长期和稳固的购销关系。

2.经销方式中当事人之间的法律关系

经销商和供货商之间是一种买卖关系，但又与通常的单边逐笔交易不同，当事人双方除签有买卖合同外，还须事先签有经销协议，确定对等的权利和义务。经销商是以自己的名义购进货物，在规定的区域内自行销售、自负盈亏，承担有关货物积压、价格涨落等风险。

3.经销协议的主要内容

经销协议是供货商和经销商订立的确定双方法律关系的契约，其内容的繁简可根据商品的特点、经销地区的情况以及双方当事人的意图加以确定。我国在实际业务中一般只在协议中规定双方当事人的权利、义务和一般交易条件，以后每批货的交付要依据经销协议订立具体的买卖合同，明确价格、数量、交货期甚至支付方式等具体交易条件。通常，经销协议主要包括以下几方面的内容：

（1）经销商品的范围。经销商品可以是供货商经营的全部商品，也可以是其中的一部分。在协议中要明确指明商品的范围，以及同一类商品的不同牌号和规格。确定经销商品的范围要同供货商的经营意图和经销商的经营能力、资信状况相适应。如商品范围规定为供货商经营的全部商品，为避免争议，最好在协议中明确经销商品停止生产或有新产品推出对协议是否适用。

（2）经销区域。它是指经销商行使经营权的地理范围。它可以是一个或几个城市，也可以是一个甚至是几个国家，其大小的确定，除应考虑经销商的规模、经营能力及销售网络外，还应考虑地理和交通条件以及市场差异程度等因素。经销地区的规定也并非一成不变，可根据业务发展的具体情况由双方协商后加以调整。在包销方式下，供货商在包销区域内不得再指定其他经销商经营同类商品，以维护包销商的专营权。为维护供货商的利益，有的包销协议规定包销商不得将包销商品越区销售。

（3）经销数量或金额。经销协议还应规定经销商在一定时期内的经销数量或金额。此项规定对协议双方有同等约束力，它既规定了经销商应承购的数额，也规定了供货商应保证供应的数额。经销数额一般采用最低承购额的做法，规定一定时期内经销商应承购的数额下限，并明确经销数额的计算方法。为防止经销商订约后拖延履行，可以规定最低承购额以实际装运数为准。规定最低承购额的同时，还应规定经销商未能完成最低承购额的处罚措施。

（4）作价方法。经销商品可以在规定的期限内一次作价，结算时以协议规定的固定价格为准。这种方法由于交易双方要承担价格变动的风险，故采用较少。在大多数经销协议中采用分批作价的方法，也可由双方定期根据市场情况加以协商确定。

（5）经销商的其他义务。对经销商来说，要负责做好广告宣传、市场调研工作和维护供货商的权益等。通常在经销协议中规定，经销商有义务为经销的商品做广告宣传，以便能有效地促进销售。在协议中还可规定，经销商承担市场调研的义务，以供出口商参考制定销售策略和改进产品质量。有的包销协议还规定，如在包销地区内发现供货商的商标权或专利权等知识产权受到侵害时，包销商要及时通报并配合供货商采取必要的维护其合法权益的措施。

（6）经销期限，即协议的有效期，可规定为签字生效起一年或若干年。本条款中一般还要规定延期条件，可以经双方协商后延期，也可规定在协议到期前若干天如没有发出终止协议的通知，则可延长一期。

经销期限届满协议即终止，但为了防止一方利用对方履约中的一些微不足道的差异作为撕毁协议的借口，在协议中还应规定终止条款，明确在什么情况下可以解除协议。除上述主要内容外，还应规定不可抗力及仲裁条款等一般交易条件，其规定方法与一般买卖合同大致相同。

4.采用经销方式应注意的问题

对出口商来讲，采用经销方式是稳固市场和扩大销售的有效途径之一。许多经验表明，采用经销方式出口时，应注意以下问题：

（1）要慎重选择经销商。供货商与经销商之间是相对长期的合作关系。如果经销商选择得当，对方信誉好，能够重合同、守信用，而且经营能力强，即使市场情况不好时，也能充分利用自己的经验和手段，努力完成经销定额。这样，业务会越做越大，供销双方都会受益。然而，如果经销商选择失当，其经营能力不佳或资信不好，则会使供货商作茧自缚。这一问题在独家经销方式下尤为明显。有些包销商在市场情况不利时，拒绝完成协议中规定的承购数额，结果使供货商原定的出口计划无法完成，又失掉其他客户。也有一些包销商凭借自己独家专营的特殊地位，反过来在价格及其他条件上要挟供货商，为自己谋利。为防止这类情况发生，出口商在选择经销商时，应事先做好拟要合作经销商的资信调查工作，了解对方的信誉和经销能力，在任命独家经销商之前，这项工作尤为重要。

（2）要注意当地的有关法律规定。有些国家的法律对某些商品禁止独家经销。因此，在采用包销方式的协议中，规定包销商不得经营其他厂家的同类产品，或禁止将包销产品销往包销区域以外的地区等。这类规定就有可能违反有些国家的法律或惯例，如反托拉斯法（Antitrust Law）。因此，在签订独家经销协议时，应当了解当地的有关法规，并注意文字措词等，尽可能避免与当地的法律相抵触。

（二）代理

国家贸易中的代理（Agency）方式是以协议的形式规定代理人在约定的时间和地区内，以委托人（供货商）的名义从事销售业务活动，并由委托人负责由此而产生的法律后果。在代理方式下，双方当事人通过代理协议建立的是委托代理关系，完全不同于经销方式下的买卖关系。代理人在代理业务中只是作为委托人的代表行事。特别需要注意的是，代理人的商誉对于商品的销售乃至出口企业的形象都是非常重要的，选择一个代理商，不仅要着眼于他的销售能力，也应该重视代理商的信誉。

1.代理的种类

在国际贸易中，根据委托人授予权限的范围不同，可将代理方式分为下列三种类型：

（1）总代理。总代理是委托人在指定地区的全权代表，他有权代表委托人从事一般商务活动和某些非商务性事务。比如有权指定分代理商，有权代表厂商处理其他事务。在总代理制度下，代理层次更为复杂，因而，常常称总代理商为一级代理商，分代理商则为二级或三级代理商。分代理商也有由原厂家直接指定的，但是大多数分代理商由总代理商选择，再上报厂家批准，分代理商受总代理的指挥。采用总代理制的优点是可以利用代理商拓展市场，因此，运用代理商的厂家大多采取总代理方式。

（2）独家代理。独家代理是指代理人在指定地区和一定的期限内，享有代购代销指定商品专营权。由该独家代理人单独代表委托人从事有关的商业活动，委托人在该地区内不得再委派其他代理人。按照惯例，委托人在代理区域内达成的交易，凡属独家代理人专营的商品，不论其是否通过该独家代理人，委托人都要向他支付约定比例的佣金。现实中，独家代理和总代理容易混淆。总代理的权限更大，比如，在美国有一个总代理，在每个州各有一个独家代理。总代理一定是独家代理，独家代理不一定是总代理。

【案例10-2】

韩国A公司与我国B公司签订了一份独家代理协议，指定由B公司为中国的独家代理商。在协议签订后不久，韩国A公司开始试验和改进该产品，当新产品试验成功后，A公司又指定我国另一家公司C公司为新产品的经销商。

问题： A公司的这种做法是否合法？

分析提示： A公司的这种做法不太合法。在指定我国C公司为新产品的经销商前，应查看一下其与我国B公司签订的代理协议中是否规定有新产品生产后协议的使用问题。若该协议中规定"协议适用新产品"，则A公司无权与我国另一家C公司签订新产品经销协议。

（3）一般代理。一般代理又称佣金代理，是指不享有独家经营权的代理。委托人可同时委托若干个代理人在同一地区销售相同商品。一般代理根据推销商品的实际金额或根据代理协议规定的办法收取佣金。

一般代理与独家代理的主要区别有两点：一是独家代理商享有独家经营权，而一般代理商则不享受这种权利；二是独家代理商收取佣金的范围，既包括招揽生意介绍客户成交的金额，也包括委托人直接成交的金额；一般代理商收取佣金的范围只限于介绍生意成交的金额，委托人直接成交的金额则不另付佣金。

2.代理协议的主要内容

代理协议也称为代理合同，是用以明确委托人和代理人之间权利与义务的法律文件。协议的内容根据双方当事人的意愿协商确定。国际贸易中的代理种类繁多，其内容和形式也各不相同。常见的销售代理协议包括如下内容：

（1）代理的商品和区域。协议要明确规定代理的商品的品名、规格、包装等，并应明确代理权行使的地理范围。其规定方法与经销协议大同小异。

（2）代理人的权利与义务。这是代理协议的核心部分，一般应包括下列内容：

第一，明确代理人的权利范围，是否有权代表委托人订立合同，或开展其他业务，以及明确其所享有的专营权。

第二，规定代理人在一定时期内应完成代理销售商品的最低额度，并说明核定方法，以及完不成定额的处理办法。

第三，代理人应在代理权行使的范围内，保护委托人的合法权益。代理人在协议有效期内无权代理与委托人商品相竞争的商品，也无权代表协议地区内的其他相竞争的公司。对于在代理区域内发生的侵犯委托人的知识产权等的不法行为，代理人有义务通知委托人，以便其采取必要措施。另外，代理人还负有保守商业秘密的责任。

第四，代理人应承担市场调研和广告宣传的义务。在独家代理协议中，往往规定代理人应定期或不定期地向委托人汇报有关代理区域的市场情况，对代理的商品进行广告宣传，并确定广告的内容和形式。

（3）委托人的权利与义务。委托人对客户的订单有选择权，既可以选择接受，也可以选择拒绝。对于拒绝订单的理由，可以不作解释，代理人也不能要求佣金。对于代理人在授权范围内按照委托人的条件与客户订立的合同，委托人应保证执行。委托人有义务维护代理人的合法权益，保证按协议规定的条件向代理人支付佣金。在独家代理的情况下，委托人要尽力维护代理人的专营权。如由于委托人的责任给代理人造成损失，委托人应予以补偿。

（4）佣金的支付。佣金是代理人为委托人提供服务所获得的报酬。代理协议要规定在什么情况下代理人可以获得佣金。在独家代理的协议中，通常规定如委托人直接与代理区域内的客户签订买卖合同，代理人仍可获取佣金。协议中还要规定佣金率、佣金的计算办法、佣金的支付时间和方法等内容。

（三）寄售

寄售是一种委托代售的贸易方式。它是指委托人（货主）先将货物运往寄售地，委托国外一个代销人（受托人）按照寄售协议规定的条件，代替货主进行销售，在货物出售后，由代销人向货主结算货款。

1.寄售方式的特点

寄售人与代销人是委托代售关系而非买卖关系，但货物在销售之前就已经运往寄售地，这是典型的现货交易。

（1）寄售人先将货物运至目的地市场（寄售地），然后经代销人在寄售地向当地买主销售。因此，它是典型的凭实物进行买卖的现货交易。

（2）寄售人与代销人之间是委托代售关系，而非买卖关系。代销人只根据寄售人的指示处置货物。货物的所有权在寄售地出售之前仍属寄售人。

（3）货物在售出之前，包括运输途中和到达寄售地后的一切费用和风险，均由寄售人承担。

2.寄售方式的利弊

在我国进出口业务中，寄售方式由于委托人对货物的控制力较差而较少采用。但在某些商品的交易中，为方便买家看货，以便促进成交，扩大出口，也可灵活适当地运用寄售方式。

（1）寄售方式的优点。

第一，寄售方式有利于开拓市场和扩大销售。通过寄售可以与实际用户建立良好的关系，从而扩大贸易渠道，便于了解和适应当地市场的需要，不断改进商品品质和包装。

第二，代销人在寄售方式中不需要垫付大量资金，也不承担商业风险，只需要提供销售服务，就可以获得佣金。因此，寄售方式有利于调动那些有推销能力、经营作风好，但资金不足的代销人的积极性。

第三，寄售通常都是凭实物进行的现货买卖，买方可在交易现场按质论价、看货成交，付款后即可提货，大大节省了交易时间，减少了买方的风险和费用。

（2）寄售方式的缺点。

第一，寄售人承担的贸易风险大。寄售人要承担货物出售前的一切风险，包括运输途中和到达目的地后货物毁损和灭失的风险、货物价格下跌和不能售出的风险，以及代销人资信不良而导致的损失。

第二，资金周转期长、收汇不很安全。在寄售方式下，货物售出前的一切费用开支均由寄售人负担，而货款要等货物售出后才能收回，不利于其资金周转。此外，一旦代销人违反协议规定，也会给寄售人带来意料不到的损失。

3.寄售协议的主要内容

寄售协议（Agreement of Consignment）是委托人与代销人为明确双方的权利、义务和有关寄售的条件而签订的法律文件。寄售的商品品种不同，协议有效期的长短不一，寄售协议中列明的各项寄售条件也不同。但是，寄售协议的主要内容中一般都明确规定双方的权利、义务和有关寄售的条件及具体做法。

（1）寄售商品的作价方法。在寄售协议中规定寄售商品的作价方法通常有如下四种：

第一，规定最低限价。代销人在不低于最低限价的前提下，可以任意出售货物；否则，必须事先征得寄售人的同意。

第二，随行就市。代销人可在不低于当地市场价格的情况下出售所寄售的货物，寄售人不作限价。这种做法给了代销人较大的自主裁量权，便于代销人根据市场行情变化灵活处置，有利于获得销售先机。

第三，销售前须征得寄售人的同意。代销人在得到买方的递价后，需要征得寄售人的同意确认后，才能出售所寄售的货物。

第四，规定结算价格。货物售出后，双方依据协议中规定的价格进行结算。对于代销人实际出售的货物价格，寄售人不予干涉，这种做法对代销人而言需承担一定的风险。

（2）佣金的支付。佣金是寄售人付给代销人提供服务的报酬。除寄售商品作价是采用结算价格的方式以外，寄售人都应该支付代销人一定数量的佣金。佣金的计算通常是在发票折实净售价的基础上乘以一个约定的比率。佣金支付时间和方法可根据具体情况酌情协商确定，代销人可在货物售出后从所得货款中直接扣除代垫费用和应得佣金，再将余款汇给寄售人；也可先由寄售人收取全部货款，再按协议规定计算出佣金汇给代销人。佣金属于小额款项，多以汇付方式支付，偶尔也采用托收方式收取。

（3）货款的收付。寄售方式下，货款多数是在货物售出后收回。寄售人和代销人通常采用记账的方式，然后定期或不定期地进行结算，由代销人将货款汇给寄售人，或者由寄售人用托收的方式向代销人收款。为了保证收汇安全，有的当事人在协议中会加订"保证收取货款条款"，或者在协议之外另订"保证收取货款协议"，并可由代销人提供一定的担保。

（4）剩余商品的处理办法。由于寄售属于委托代售方式，寄售商品在售出之前所有权归寄售人。所以，在寄售协议中通常明文规定，在寄售期结束后，对未售出的剩余商品，代销人可以退给寄售人。当然，双方也可以做出其他约定，如有的规定剩余商品可作价卖给代销人，或规定剩余商品自动转入下一个寄售期继续销售。

二、展卖与拍卖

通过展览会或博览会等交易会的形式成交及通过拍卖行以拍卖的形式成交，也逐渐成为某些国际贸易商品销售的重要方式。

（一）展卖

展卖是通过展览会或博览会及其他交易会的形式，对商品实行展览和销售相结合的一种贸易方式。国际贸易的展卖方式较为灵活，可由货主自行或委托他人在国内或国外举办展卖会。

1.展卖的基本形式

展卖的形式较多，其特点概括起来就是通过国际、国内的展销会将商品展卖结合，以展促销。

（1）国际博览会。它是指在一定地点由某国或某几国定期举办，邀请各国商家参加洽商交易的贸易形式。这种形式为促成买卖双方达成交易提供了便利，同时也可以作为新产品或新工艺等的宣传推广及技术交流的重要平台。国际博览会有综合性和专业性两种形式。

综合性国际博览会又称水平型博览会，是指参展商品灵活多样的国际博览会。这种博览会的规模较大，产品种类繁多，会期也较长。专业性国际博览会又称垂直型博览会，是指仅限于某类专业性产品参展和交易的国际博览会。这种博览会的规模较综合性博览会小，会期也较短。

（2）在目标市场举办展卖会。这种形式有外商自行举办和与我方联办两种。

第一，外商自行举办。目标市场的外商自行举办展卖会时，我方将货物通过签约的方式卖给外商，与展卖相关的广告宣传费、展品的运费和保险费、场地租用费等均由外商负担。展卖结束后，剩余的展品也由外商自行处置。

第二，与外商联办。这种方式是由我方同外商合作，我方提供展品，在展卖时展品所有权仍属我方，展品的运输、保险、展台租赁和设计施工及广告宣传等费用应由外商承担。展卖的商品出售后，外商可从销售款项中提取一部分作为报酬。联办展卖的商品所有权属于我方，展卖结束后剩余展品可以折价卖给外商；或是将这部分货物改为寄售的方式交由外商代销；也可以由双方另找合适地点继续展卖。

（3）中国出口商品交易会。它又称广州商品交易会，是我国各进出口公司在广州定期联合举办，邀请国外客户参加的一种集展览与洽商交易的综合商品展销会，习惯上简称"广交会"。

2.展卖业务应注意的事项

展卖是一种将产品宣传、推广、市场调研、促销等结合起来的贸易方式。它的价值和效益不能单纯以一次展卖会的销售额来衡量。成功展卖所建立起的广泛客户联系及品牌形象推广，对增加日后产品销售意义重大。要获得展卖成功，应需注意下列事项：

（1）选择好合作伙伴。展卖通常是以合作的方式完成的，因此，选择合适的合作伙伴至关重要。好的合作伙伴除具有必要的资信实力外，应在当地有一定的影响力，比较熟悉展出地点的市场情况，并有一定的业务网络或销售渠道。

（2）选择适当的展卖商品。通常对一些结构复杂，单价较贵重，用户对产品的形状、花色、图案等要求严格，且更新换代较快需要看货成交的商品，适合用展卖的方式。选择参展商品时，要注意所选择的商品具有先进性和代表性统筹的原则，不能顾此失彼。

（3）选择合适的展卖地点。通常要选择市场潜力较大、交易比较集中、有发展前途的商品集散地进行展卖。同时，还应适当考虑当地的配套设施，如展卖场地、通信、交通等基本服务设施所能提供的方便条件及收费水平。

（4）选择适当的展卖时机。对于季节性需求较强的商品来说，选择合适的展卖时机非常重要。一般而言，展卖应该选在该商品的市场需求旺季进行。还要注意避开具有一定国际影响的定期举办展览会的时间，以免引发冲突而影响效果。另外，每次展卖的时间也不宜过长，以免耗费过大而得不偿失。

（二）拍卖

拍卖也称竞买，《中华人民共和国拍卖法》对拍卖的定义是"以公开竞价的方式，将特定的物品或财产权利转让给最高出价者的买卖方式"。通过拍卖方式进行交易的商品，大多是品质、规格不易标准化的如农产品、观赏品、收藏品等。

1.拍卖的出价方式

拍卖的出价方式通常有增价拍卖、减价拍卖、密封递价及新型的借助互联网进行拍卖四种。

（1）增价拍卖。它又称英式拍卖，是最常用的一种拍卖方式。在拍卖过程中，拍卖人宣布拍卖标的的起叫价及最低加价幅度，竞买人以起叫价为起点，由低至高竞相加价，最后产生最高应价者，拍卖人以公开表示成交的方式宣告成交（通常为击槌，但事先宣告的其他方式也可，如击掌或按钮亮灯等）。在拍卖出槌前，竞买者可以撤销出价。如果竞买者的出价都低于拍卖人宣布的最低价格，卖方有权撤回商品而拒绝出售。此种拍卖方式起源于英国，拍卖初兴时，许多富豪都乐意在拍卖场竞价古玩、艺术品、古书籍等，拍卖现场增价幅度大，竞价极为激烈。

（2）减价拍卖。它是指在拍卖过程中，拍卖人宣布拍卖标的的起叫价及降幅，并依次往下叫价，一有人应价，即可宣告成交。这种拍卖方式源于荷兰，一传因荷兰为历史上的"海盗之邦"，海盗劫财后，急于将手上的财物变现，而常常用减价拍卖的方式；又一说因荷兰是世界有名的花卉、鲜菜市场，为保持拍品在新鲜状况下被卖出，也经常使用降价拍卖的方式使拍卖品尽快成交。

（3）密封递价拍卖。它又称招标式拍卖，由买主在规定的时间内将密封的报价单（也称标书）递交给拍卖人，由拍卖人选择买主。与上述两种方式相比较，这种拍卖方式有以下两个特点：一是除价格条件外，还可能有其他交易条件需要考虑；二是既可以采取公开开标方式，也可以采取不公开开标方式。拍卖大型设施或数量较大的库存物资或政府罚没物资时，可以采用这种方式。

（4）网上拍卖，即在网站上公开发布将要拍卖的物品或者服务的信息，通过竞争的方式将它出售给出价最高的买受者。网上拍卖并不是一种全新的拍卖方式，而是以互联网作为媒介进行的拍卖活动。采用此方式，竞买人不必亲临拍卖现场，只需在电脑前点击键盘，足不出户就能完成交易。网上拍卖要求竞买人按规定登记注册，并需提供一定数额的保证金。采用增价拍卖时，通常会预先设定拍卖截止日期，到时出价最高的人就成为买受人。

2.拍卖的一般程序

拍卖业务进行的程序，通常可分为以下四个阶段：

（1）准备阶段。参与拍卖的货主要与拍卖行订立委托拍卖合同，再把货物运到拍卖地点并存入仓库。拍卖行将拍卖货物集中后，对其价值高低、真伪、违禁与否等进行鉴定，再根据拍卖品本身的种类、性质和等级进行必要的挑选、分类、分级、分批并统一编号。拍卖行在此期间还要负责编印拍卖目录，向竞买人详实介绍即将举行的拍卖活动的具体情况。

（2）看货阶段。由于拍卖属于现货买卖，因此，拍卖行必须要保证竞买人在拍卖前能够查看货物，了解货物的品质和特点等，以便拟定自己的出价标准。准备拍卖的商品都存放在专门的仓库里，在规定的时间内，允许参加拍卖的买主到仓库查看货物，有时还可以抽取样品。

（3）正式拍卖。它是指在规定的时间和地点，按照拍卖目录规定的次序逐笔喊价成交。拍卖过程中，买主在正式拍卖的每一次叫价，都相当于一项发盘，当另一竞买者报出更高价格时，该发盘即行失效。拍卖主持人以击槌的方式代表卖主表示接受后，交易即告达成.

（4）成交与交货。拍卖成交后，买主即在成交确认书上签字，拍卖行分别向委托人和买主收取一定比例的佣金，佣金一般不超过成交价的5%。买主通常以现汇支付货款，并在规定的期限内按仓库交货条件到指定仓库提货。由于拍卖前买主可事先看货，所以，事后的索赔现象较少。但如果货物确有瑕疵，或拍卖人、委托人不能保证其真伪，必须事先声明，否则，拍卖人要负担保责任。

3.拍卖的注意事项

采用拍卖方式成交，需要注意下列事项：

（1）有关商品的品质。由于所拍商品通常属于难以用具体表示品质的方法加以描述，且买方在拍卖前规定的时间有权亲自验看货物，因此，拍卖行一般会在拍卖章程中规定其对质量问题概不负责。故通过此种方式成交，买方因货物质量问题较难索赔成功。如果存在潜在的凭一般查验手段难以发现的质量问题，也需要在拍卖章程中规定的索赔期限内及时提请索赔。

（2）有关公开和公平的原则。拍卖是一种按照公平竞争的原则所进行的公开交易的贸易方式。拍卖行制定的拍卖章程应体现公开和公平的原则，买卖双方都应严格遵守，买方不得相互串通以压低报价；卖方也不得由代理人出价竞买以哄抬价格。

三、招标与投标

招标与投标简称为招投标，是一种传统的贸易方式，在国际大宗物资采购业务中被广泛采用。

（一）招投标的含义与特点

招标与投标二者相辅相成，联系紧密，是一种具有开放、透明和高效的竞卖方式。

1.招投标的含义

招标与投标是同一种交易方式的两个最基本环节。

（1）招标的含义。招标（Invitation to Tender）是指招标人（买方）发出招标通知，说明自己要采购的商品名称、规格、数量等交易条件，邀请投标人（卖方）在规定的时间、地点进行投标并按照规定程序从中选择交易对象的一种市场交易行为。

（2）投标的含义。它是指投标人应招标人的邀请或主动申请，按照招标人发布招标公告所列明的要求和条件，在规定时间内向招标人递交报价的过程。这是对招标人的一种响应。

2.招投标的特点

招标人以一定方式邀请一定数量的自然人、法人或其他组织投标，并在投标人中选出最合适的贸易条件进行合作。招投标方式与其他贸易方式相比特点如下：

（1）开放透明。投标人在规定的时间、地点和按相关程序进行公开报价，招标人和投标人通常不就投标内容的实质进行单独谈判，而将招投标活动置于公开的监督之下，这可以防止不正当的交易行为产生。因此，招投标方式通常具有全开放和透明度高的特点。而在其他贸易方式中，交易条件的磋商过程属于商业机密，买方没有义务向其他方通报。

（2）效率高。投标人应招标人的要求投标时，只进行一次递价，招标人选定供货商完全取决于投标人递交的标书中所列交易条件是否有竞争力，招投标双方无需就交易条件反复磋商。而在其他贸易方式中，合同的订立是通过双方当事人的反复博弈和妥协来实现的，任何一方都可以提出自己的交易条件并讨价还价。因此，招投标方式达成交易的效率较高。

（二）招投标的基本程序

商品采购中的招投标业务程序，通常包括三个步骤，即招标、投标、开标评标。

1.招标

国际上采用的招标方式主要有下列几种类型：

（1）国际竞争性招标（International Competitive Bidding）。根据对投标者有无限定性要求，在实际业务操作中又可以分为公开招标和选择性招标两种。

公开招标是指招标人在国内外报纸、杂志等渠道发布招标公告，所有合格的投标商均有机会参与竞争，又称为无限竞争性招标。公开招标通常要先进行资格预审，即对打算参加投标企业的能力、资金和信誉等方面情况进行预先审查，只有通过了资格预审的企业才有权参加投标。进行资格预审有利于提高投标质量和提高招标工作的效率。

选择性招标又称为非公开招标，是指招标人不公开发布招标公告，只是根据以往的业务关系和情报资料或由咨询公司提供的投标者情况，向少数客户发出招标通知，这种做法也称为有限竞争性招标。非公开招标多用于购买技术要求较高的专业性设备或大型成套设备，应邀参加投标的企业通常是经验丰富、技术装备精良、在该行业中享有一定声誉的企业。

（2）谈判招标。它又叫议标，是非公开的一种非竞争性的招标。这种招标由招标人物色几家客商，然后通过谈判的方式磋商合同的具体条款，然后再来确定中标人。这种招标方式有利于维护良好的客户关系，对需要较多售后服务的商品尤为适用。

（3）两段招标。它是指先用公开招标，再用选择性招标，分两段进行。这种方式一般适用于技术复杂的大型招标项目。招标单位首先采用公开竞争性招标方式广泛地吸引投标者，对投标者进行资格预审。然后从中邀请三家左右条件最适合的投标者，再详细洽谈有关的交易条件。这种方式有利于发挥竞争性招标和谈判招标各自的优势。

2.投标

投标是投标人应招标人邀请所发出的报盘。因发盘具有邀约性质，故投标人必须认真对待。投标环节主要包括获取招标文件、缮制投标书、提供投标担保和递送投标文件等。投标时应注意如下两点：

（1）投标人应详细阅读和研究招标文件的全部内容和各项要求，在此基础上提出自己争取中标的各项条件，包括供货价格、交货期限、货物品质及规格和各项技术要求等。

（2）按照招标文件的要求填写投标单，在规定期限内寄交给招标人，逾期无效。

3.开标评标

开标评标是指在规定的时间和地点启封投标书，并根据一定的标准对投标条件进行评价，最终选择最合适的中标者。在这个过程中，需要注意如下问题：

（1）选定恰当的开标方式。开标分为公开开标和秘密开标两种。公开开标是由招标人和公证人在规定的时间和地点，当众拆开所有密封投标单，宣布其内容。凡是参加投标者都可派代表监视开标；秘密开标是由招标人自行选定中标人。

（2）选择恰当的评标标准。开标之后，经过有关评标人员按照一定标准进行评定，最后决定中标者。确定评标标准至关重要，因为，标准不同，结果也会各异。评标标准应根据招标人购买该商品的目的、该商品的性质、特点和市场供需状况等因素统筹考虑来确定。

（3）在评定过程中，招标人如果认为所有投标者都不合格而未选定中标者，可以宣布招标失败，拒绝全部投标，并且可以重新发布招标通告。

（4）如果选定中标者，由招标人与中标者签订供货合同，中标人须向招标人交纳履约保证金或出具银行履约保证函。

（5）在评标中，未中标者所缴纳的投标保证金则应全部退还，银行出具的保证函的责任即告终止。

（三）招投标应注意的问题

使用招投标方式开展国际贸易时，应注意下列事项：

1.注意代理事项

在招标通告中规定须通过代理人进行投标时，必须事先在招标人所在国家选定代理人，并签好代理协议，说明已方投标的具体条件，代理人的报酬和不中标时应付的手续费等。

2.审慎缮制投标书

按照国际投标的一般做法，投标文件具有邀约性质，是中标签订合同的组成部分。因此，在缮制投标文件时，应在认真审阅招标文件中的要求和条款等的基础上审慎填制；否则，很难中标，即使中标也会给以后履约带来麻烦，或可能造成经济损失。

3.了解有关招投标的规定和习惯

投标前要了解招标国关于招标的法规和习惯，同时要对货源情况做到心中有数，因为投标要支付一定的保证金，而且投标的商品通常数量较大，交货时间比较集中，如不能按时履约，将会造成不良影响，并须承担招标人因此而造成的经济损失。

【案例10-3】

巴基斯坦D公司以公开招标的方式欲购买20千米长的某型号电缆。我方S公司收到巴基斯坦D公司的招标文件后，为了争取中标，即委托招标当地的一家代理商代为投标。开标后我方S公司中标，并立即在国内寻找生产该型号电缆的厂家，以便履行交货任务。几经寻找，仍没找到能提供中标产品的工厂，因为中标产品的型号和规格在国内早已过时，要生产这种型号的电缆需要重新安装生产线，涉及的费用较大，且仅生产20千米，势必造成极大的亏损。但是如果S公司撤销合同，要向招标方支付赔款。

问题：我方S公司应从这笔招标业务中吸取什么教训？

分析提示：该案例中的S公司，在事先没有了解国内是否有厂家能够提供招标产品的情况下，仅凭招标文件中的资料就主观委托国外代理人代为投标，势必造成非常被动的局面。今后参加国际投标前，必须对招标资料和供货可能进行详细的调查研究，然后再决定能否参加投标。

任务二　现代国际贸易方式

随着技术的发展和国际间经贸往来的增加，贸易方式也不断发展和变化。现代国际贸易方式主要包括对销贸易、加工贸易、期货交易和跨境电商等。

一、对销贸易

对销贸易（Counter Trade）是指在互惠的前提下，由两个或两个以上的贸易方达成协议，规定一方所进口的商品可以全部或部分用相应的出口商品来支付。对销贸易不同于单边进出口贸易，其实质是进口和出口相结合的方式，一方商品的出口须以进口为条件，贸易双方的进出口货款全部或部分抵消，不用或少用外汇结算，这有利于保持国际收支平衡。

（一）对销贸易的形式

对销贸易可以运用于各种交易中，并派生出多种贸易形式，但归纳起来最基本的形式有易货贸易、补偿贸易和互购贸易三种：

1. 易货贸易

易货贸易是指在换货的基础上，把等值的出口货物和进口货物直接结合起来的贸易方式。传统的易货贸易，一般是买卖双方各以等值的货物进行交换，不涉及货币的支付，也没有第三者介入，易货双方签订一份包括相互交换抵偿货物的合同，把有关事项加以确定。这种易货方式有较大的局限性。

现代的易货贸易都采用较为灵活的方式，使用较多的是对开信用证和记账的方式。

（1）对开信用证方式。它是指进口和出口同时成交且金额大致相当，交易双方都采用信用证的方式支付货款，这需要双方都开立以对方为受益人的信用证，并在信用证中规定一方开出的信用证，要在收到对方开出的信用证时才生效或采用保留押金的方式。采用保留押金的方式时，规定先开出信用证的先生效，但是结汇后银行将款项予以扣留做该受益人开回头证时的押金，这样表面来看双方都是以信用证支付方式从对方购买的货物，但实际上货款无法提出，其实质还是以货易货。

（2）记账方式。一方用一种出口货物交换另一种进口货物，双方都将货值记账并相互冲抵，货款逐笔平衡或者在一定时期内平衡（如有逆差，再以现汇或商品交换平衡），无需使用现汇支付。采用这种方式时，进出口可以同时进行，也可以先后顺序进行，但一般而言，进出口时间间隔不宜过长。

2. 补偿贸易

补偿贸易是在国际信贷的基础上，一方进口机械设备或技术，不用现汇支付，而是以产品或劳务分期全额或部分偿还价款及利息的一种贸易方式。

（1）补偿贸易的特点。这种贸易方式也是一种利用外资的形式，其特点如下：

第一，补偿贸易是在国际信贷的基础之上产生的，设备引进方不仅要用产品或劳务补偿设备价款，还要承担相应的利息。

第二，设备供应方必须承诺回购对方的产品或劳务。

第三，补偿贸易是一种通过商品交易而起到利用外资作用的国际贸易方式。

（2）补偿贸易的类型。实践中，补偿贸易因补偿的方法不同而分为三种类型。

第一，直接产品补偿。当事一方进口国外的设备或技术后，用这些设备或技术生产出产品来分期偿付设备或技术款项和利息。通常设备或技术的进口方愿意采用这种贸易方式，我国在实施"走出去"战略时，对"一带一路"沿线国家的补偿贸易也鼓励采用这种贸易方式。

第二，间接产品补偿。它是指购进设备或技术的一方在偿还卖方的设备或技术款项时，不是用该项进口设备或技术直接生产的产品，而是用双方约定的其他产品偿还供方的款项。

第三，劳务补偿。这种做法常见于来料加工或来件装配相结合的中小型补偿贸易中。具体做法是双方根据协议，由对方代为购进所需的技术、设备及原材料，货款由对方垫付，我方按对方要求加工生产后，从应收的加工费中分期扣还所欠款项。

上述三种做法还可结合使用，即进行综合补偿。根据实际情况的需要，还可以部分用直接产品或其他产品或劳务补偿，部分用现汇支付等等。

3.互购贸易

互购贸易（Counter Purchase）是指交易双方互相购买对方的产品，即出口商在出售货物给进口商时，承诺在规定的期限内向进口方购买一定数量或金额的商品。采用互购贸易方式会涉及两个既独立而又相互联系的贸易合同，即出口合同和相应的进口合同。每个合同都以货币支付，金额可以不等值。尽管在两个合同中都使用了货币进出支付，但由于双方都承担了反购义务，实际上在一段时间内，还是等于相互交换货物。这在一定程度上可以有效解决一方支付能力不足的问题。但是，需要注意的是，在互购贸易方式下，如何有效兑现和履行出口方的反购义务是影响这种贸易方式发展的重大问题。

（二）对销贸易的利弊

对销贸易是在第二次世界大战后出现的，20世纪70年代在东西方国家间以及发展中国家和发达国家间逐步推广，到20世纪80年代取得了进一步发展。

1.对销贸易的优点

对销贸易有利于发展中国家冲破贸易壁垒，在不增加外债的情况下，换取急需的技术、设备设施，从而为扩大出口提供了物资和技术保障。同时，发达国家也可以通过技术和设备的出口，以贸易补偿的方式从发展中国家换回所需的原材料等初级产品。

2.对销贸易的不足

对销贸易也有其不足之处，具体表现在如下两方面：

（1）较难选择交易对象。对销贸易具有鲜明的双边性，在互惠的原则下，贸易双方有互补需求时才有可能达成交易。这使得交易对象的选择和交易达成及履行都会较其他贸易方式困难。这在我国对外开展补偿贸易中充分反映出来。

（2）商品价格难以市场化。对销贸易方式下，市场机制的作用受到较大程度的削弱，因此，交易价格往往偏离国际市场的实际价格水平。

二、加工贸易

加工贸易是一国的企业利用自己设备的生产能力，对来自国外的原材料、零部件进行加工和装配，然后再将产成品或半成品销往国外的形式。加工贸易又分为来料加工和进料加工两种。二者的共同点是"两头在外"即原材料来自国外，成品又销往国外。

（一）来料加工

来料加工属于对外加工装配业务，是指外商提供原材料、零部件、元器件等，由承接加工方按对方的要求进行加工装配，成品交由对方处置，承接加工方按照约定收取劳务报酬。

1.来料加工的性质和作用

来料加工业务不属于货物买卖。因为原料和成品的所有权始终归于委托方，加工方只是提供劳务并收取约定报酬。因此，来料加工属于劳务贸易范畴，是以所加工商品作为载体的劳务出口。来料加工业务对加工方的积极作用主要体现在下列几个方面：①可以发挥加工国的生产潜力，补充国内原材料不足，为国家增加外汇收入；②引进国外的先进技术和管理经验，有利于提高生产技术和管理水平；③有利于发挥加工国劳动力众多的优势，增加就业机会，促进经济发展；④有利于降低委托方的产品成本，增强其竞争能力，并有利于委托方国家的产业调整和布局。

2.来料加工合同的内容

来料加工属于劳务性质，因此其合同内容较为简单。通常规定如下事项：

（1）对来料、来件和成品的规定。在合同中应明确规定所来的原材料和零部件的质量、数量和到货时间，以及加工装配后成品的质量和数量要求。委托方为了保证成品在国际市场上适销，对成品的质量要求比较严格。因此，在订立合同时，加工方应根据自身的技术水平和生产实际出发，慎重约定，以免交付成品时发生纠纷。

（2）原料消耗额和残次品率。在加工合同中应明确每单位成品消耗原材料的数额，即原材料消耗定额。同时应列明不合格产品在全部成品中的比率。这两个指标如果定得过高，则委托方必然增加成本；如果定得过低，则承接方难以完成。因此，应根据实际情况做出科学的规定。

（3）劳务费的规定。加工劳务费是直接关乎承托双方利害关系的核心问题。来料加工业务中的劳务费结算有两种方法：

①加工费另收。这种方式中，来料、来件及成品均不作价，加工费用在承接方交付成品后，委托方通过约定的结算方式另行支付。

②按来料和成品的差价计算。这种结算劳务费的方式中，对来料或来件和成品分别作价，两者之间的差额即为加工的劳务费用。

（4）对运输和保险的规定。来料加工业务涉及两段运输，分别是原料运进和成品运出。须在合同中明确规定由谁承担有关的运输责任和费用。涉及的保险包括两段运输险及货物加工期间的存仓的财产险。从保险的可保利益原则来看，应由委托方负责办理保险事宜。但在实际业务中，如果承接方投保更方便时，也经常由承接方代为投保。

（5）其他事项。来料加工合同中，还应订立知识产权、不可抗力、仲裁等预防性条款，以保护当事人的合法权益。

（二）进料加工

进料加工是指有外贸经营资质的公司从国外购进原材料或零部件，加工生产或装配出成品再销往国外的贸易方式。

1.进料加工的方式

进料加工的方式因具体的加工原料及成品特点不同会有所差异，通常做法有如下几种：

（1）先订立进口原料或零部件购进合同，加工出成品再寻找国外市场或买主。这种做法的好处是可在原料价格较低时订立购进合同，这样可以抓住供应市场的有利时机，从而增强产品的价格优势。但采用这种做法时，应随时了解和掌握国外成品市场的供求趋势，以保证成品能适销对路，以避免产生积压而占用大量资金。

（2）先订立成品出口合同，再择时购进原料或零部件。这种做法很多是来样进料加工，其最大优点是成品的销售有保证，类似于订单生产或装配，成品不易积压，在原料能方便落实的前提下，对中小企业较适合这种方式。

（3）对口合同方式。即与对方订立原料进口合同的同时订立成品出口合同。两个合同相互独立，分别结算。这种方式既保证了原料的来源也保证了成品的销路。但是，如果原料提供者和成品购买者是同一个人，则其适用面较窄，因此，可以允许原料提供者和成品购买者为不同人。

2.开展进料加工的作用

在我国进料加工的贸易方式发展迅速，其主要作用体现在如下几方面：

（1）有利于解决国内某些紧俏原材料短缺的困难，可利用外商提供的资源，发展出口商品生产，并能创造外汇收入和增加就业机会。

（2）可以根据市场需求来组织原料购进和安排出口生产，特别是来样进料加工方式，有助于做到产销对路，避免盲目生产而造成的库存积压。

（3）进料加工是将国外的资源和市场与国内生产能力相结合的国际贸易方式，也是国际分工的一种形式。通过开展进料加工，可以充分发挥我国劳动力价格相对低廉的优势，并能利用过剩的生产加工能力，有利于外向型经济的发展。

3.进料加工和来料加工的区别

进料加工和来料加工都属于两头在外的加工方式，但两者有明显的区别。

（1）所有权转移不同。来料加工在加工过程中，原材料和成品的所有权均属于委托方，而没有发生所有权的转移，原料运进和成品运出是同一笔交易，原料供应者就是成品的接收者；而在进料加工中，原料进口和成品出口是两笔不同的交易，均发生了商品所有权的转移，原料的供应者和成品的购买者之间没有必然的联系和要求。

（2）承担的风险不同。在来料加工中，加工方不承担销售风险，不负责盈亏，只收取加工装配的劳务报酬；而在进料加工中，加工方是自负盈亏、自担风险地买入原料和销售成品。

三、商品期货交易

商品期货交易是在实物交易的基础之上发展起来的。通过期货合约的买卖，实现买进或卖出同等数量期货合约的价格差额。世界上的期货交易发展较早，我国企业是在20世纪80年代开始逐步涉足国际期货市场来配合现货交易。同时，我国也创建了自己的期货市场，利用其风险转移机制和价格发现机制极大地促进了国内外贸易的发展。

（一）期货交易的特点

期货交易与现货交易有明显的区别。现货交易中，无论是即期交货还是远期交货，交易双方必须交付实际货物；而期货交易必须在期货交易所进行，买卖的是标准的期货合约，通常不涉及货物的实际交割，而只需要在期货合约到期前，做一笔方向相反、交割月份和数量相同的期货合约交易，从而解除其实物交割的义务。期货交易的特点如下：

1. 以标准的期货合约作为交易的标的

标准合约是由各商品期货交易所制定的。商品的品质、数量、规格、包装等交易条件都是统一拟定的，买卖双方只需商定价格、交货期和合约数目。买卖双方在期货交易所中，根据各自的判断买卖的是标准的期货合约。

2. 特殊的清算制度

商品交易所内买卖的期货合约由清算所统一交割、对冲和结算。清算所既是所有期货合约的买方，也是所有期货合约的卖方。交易双方分别与清算所建立法律上的买卖关系。

3. 严格的保证金制度

清算所要求每个会员必须开立一个保证金账户，在开始买卖每笔期货合约时，按照交易金额的一定百分比缴纳初始保证金。以后每天交易结束后，清算所都按照当日的结算价格核算盈亏，如果亏损超过规定的百分比，清算所即要求追加保证金。该会员须在次日交易开盘前追加保证金，否则清算所有权停止该会员的交易。

（二）期货交易的做法

期货交易根据交易者操作的目的不同而有多种做法，其中最为常见的是套期保值和投机交易两种。

1. 套期保值

套期保值者一般是从事实物交易的经营者或生产者，为转移现货价格波动的风险而买入或卖出实际货物的同时，在期货市场上卖出或买进同等数量的期货合约。因同一种商品的实物价格与期货价格变化的趋势基本是一致的，在买入或卖出现货的同时卖出或买进期货合约，这样在现货市场和期货市场上做等量相反交易，必然会出现一亏一赢的情况，套期保值者正是以此来实现以赢补亏，从而实现保值的目的。套期保值可以分为卖期保值和买期保值两种形式。

（1）卖期保值。通常是经营者买进一批实物，为了避免其价格下跌而遭受损失，在交易所预售同等数量的期货合约进行保值。

【案例10-4】

2017年7月份，大豆的现货价格为每吨6 010元。A农场主对该价格比较满意，但是该农场的大豆要在9月份成熟后才能出售，因此该农场主担心到时现货价格可能会下跌，从而减少收益。为了避免将来价格下跌带来的风险，该农场主决定在大连商品交易所进行大豆期货交易。交易情况如下：

7月份：期货市场上卖出10手9月份大豆合约，价格为6 030元/吨。

9月份：现货卖出100吨大豆，价格为5 980元/吨。期货市场上买入10手9月份大豆合约平仓，价格为6 000元/吨。

注：1手=10吨

问题：该交易如何实现保值？从该交易中可以得出什么结论？

分析提示：现货亏损30元/吨（6 010-5 980），共100吨总亏损3 000元；期货市场盈利30元/吨（6 030-6 000），共100吨总盈利3 000元。

套期保值结果=-3 000+3 000=0

从该例可以得出：第一，因为在期货市场上的交易顺序是先卖后买，所以该例是一个卖出套期保值。第二，完整的卖出套期保值实际上涉及两笔期货交易。第一笔为卖出期货合约，第二笔为在现货市场卖出现货的同时，在期货市场买进原先持有的仓位。第三，通过这一套期保值交易，虽然现货市场价格出现了对该农场不利的变动，价格下跌了30元/吨，因而少收入了3 000元，但是在期货市场上的交易盈利了3 000元，从而消除了价格不利变动的影响。

（2）买期保值。经营者卖出一笔日后交货的实物，为避免交货时价格上涨，在交易所买入等量的期货合约，来弥补现货市场由于未来价格上涨带来的损失。

【案例10-5】

2017年9月份，大豆的现货价格为每吨6 010元，某油脂厂对该价格比较满意。该油脂厂预计2017年11月份需要100吨大豆作为原料。据预测11月份大豆价格可能上涨，因此该油脂厂为了避免将来价格上涨，导致原材料成本上升的风险，决定在大连商品交易所进行大豆套期保值交易。交易情况如下：

9月份：现货市场大豆价格6 010元/吨；在期货市场买入10手11月份大豆合约，价格为6 090元/吨。

11月份：现货市场买入100吨大豆，价格为6 050元/吨；在期货市场卖出10手11月份大豆合约平仓，价格为6 130元/吨。

注：1手=10吨

问题：该交易如何实现保值？从该交易中可以得出什么结论？

分析提示：现货亏损40元/吨（6 050-6 010），共100吨总亏损4 000元；期货市场盈利40元/吨（6 130-6 090），共100吨总盈利4 000元。

套期保值结果-4 000+4 000=0

从该例可以得出：第一，因为在期货市场上的交易顺序是先买后卖，所以该例是一个买入套期保值。第二，完整的买入套期保值同样涉及两笔期货交易。第一笔为买入期货合约，第二笔为在现货市场买入现货的同时，在期货市场上卖出对冲原来持有的头寸。第三，通过这一套期保值交易，虽然现货市场价格出现了对该油脂厂不利的变动，价格上涨了40元/吨，因而原材料成本提高了4 000元；但是在期货市场上的交易盈利了4 000元，从而消除了价格变动的不利影响。如果该油脂厂不做套期保值交易，现货市场价格下跌油脂厂可以得到更便宜的原料，但是一旦现货市场价格上升，油脂厂就必须承担由此造成的损失。相反，油脂厂在期货市场上做了买入套期保值，虽然失去了获取现货市场价格有利变动的盈利，可同时也避免了现货市场价格不利变动的损失。因此，买入套期保值规避了现货市场价格变动的风险。

2.投机交易

套期保值的目的是为转移或降低现货市场价格涨跌的风险，而投机交易者的目的是要追求利润，当然也必然要承担相应的风险。投机交易的基本原则是低价买进，高价卖出，以获取买卖的差价。期货市场上的主要投机交易是买空和卖空。

（1）买空。它又称为多头，使用此种方法的交易者在预计价格将上涨时，先行买进期货合约，使自己处于多头仓位，等到价格上涨后再卖出对冲，从买卖的价差中获利。

（2）卖空。它又称为空头，使用此种方法的交易者在预计价格将下跌时，先行抛出期货合约，使自己处于空头仓位，等到价格下跌到一定程度再买进对冲，同样在买卖的差价中获利。

投机交易者在对期货价格趋势预测的基础上，选择多头或空头，根据操作者的实力和特长选择持仓时间，即短线和长线。投机交易同时面临着盈利和亏损两种可能，能否获利主要取决于自己对行情预测的准确程度。由于期货市场与现货市场的联系较为紧密，因此，投机交易者必须密切关注商品现货市场供求关系的变化趋势，通过科学的分析预测，做出有利于自己的操作决策。

四、国际电子商务

目前，很多从事国际贸易的当事人充分运用信息技术和通信技术来实现国际贸易过程的电子化。这种利用电子商务运作的各种手段从事国际贸易的方式，大大提高了交易的效率，压缩了渠道路径及成本。这种方式对某些商品（尤其是快速消费品）的跨境交易提供了快捷有效的平台，也极大地促进了这类商品的跨境贸易发展。

（一）国际电子商务的含义

国际电子商务是一般电子商务在国际贸易领域的具体应用和体现。这有必要明确一般电子商务的含义及国际电子商务的特殊性两个方面内容。

1.一般电子商务的含义

电子商务是利用信息技术和通信技术，在开放的互联网络环境下，买卖双方共享商业信息、保持商业关系和达成商业交易的一种新型商业运营模式。它不仅是买卖双方通过网络工具买卖商品的活动，还通过计算机网络与供应商、客户、结算服务机构、政府机构建立业务联系。在某种程度上，电子商务是以现代信息技术及网络互联技术作为推动力的跨越时空界限的商业领域的一场革命。

我们可以从四个角度来理解电子商务：①通信角度。电子商务就是通过电话、电传、互联网等途径传递商品信息、服务、所有权和资金。②商务角度。电子商务就是使商务交易按照规定的业务流程自动办理。③服务角度。电子商务就是通过方便和迅速的信息传递，有效压缩渠道层级，在提高服务效率的同时，可以降低服务成本。④在线角度。电子商务就是通过互联网与其他在线服务买卖有形商品和服务。

2.国际电子商务的特殊性

由于国际贸易涉及面广、环节多，国与国之间政治、文化、经济、法律等宏观环境差异较大，因此，国际电子商务活动也与一般电子商务活动相较，有一般性的同时也有特殊性。其具体表现如下：

（1）国际电子商务是跨境的商务活动中，用电子商务的各种手段完成的。

（2）国际电子商务主要包括商业机构对商业机构和商业机构对行政机构的电子商务活动。贸易伙伴之间及贸易伙伴与相关银行、运输公司、保险公司、商检、海关等政府部门之间传输订单与相关单据、文件，就成为国际电子商务活动的主要内容。

（3）国际电子商务活动不仅是指达成交易本身，往往还涉及从前期准备到合同履行的方方面面。这些活动要受到不同国家的对外贸易政策与措施的制约，同时又要纳入国际规范。

国际电子商务的具体运作所涉及的部门和范围，要远远多于或大于一般电子商务的情况，其相关的协调工作、标准的制定以及法律、法规和惯例都是国际性的。因此，国际电子商务活动有它的特殊性。

（二）国际电子商务的分类

可以根据不同商务活动主体的业务性质，把国际电子商务分成以下几类：

1.企业对企业的电子商务

企业对企业（Business to Business，B2B）的电子商务，是指企业与企业之间进行的电子商务活动。比如，生产制造型企业利用计算机网络向其供应商进行采购或付款等。这类电子商务已经存在多年，尤其是随着互联网技术的进一步发展，其安全性得到了有效保证，可以在因特网上运行电子数据交换（EDI），可以大大降低其运行成本，从而极大地促进了企业对企业电子商务的应用水平。

2.企业对消费者的电子商务

企业对消费者（Business to Customer，B2C）的电子商务，指的是企业与消费者之间进行的电子商务活动。这类电子商务主要是企业借助于国际互联网开展的在线销售活动。这种电子商务方式不要求使用统一标准的单据传输，支付也只需信用卡或电子钱包等工具。同时，国际互联网所提供的搜索浏览功能和多媒体界面，使消费者容易查找到适合自己需要的产品。因此，这种方式从技术角度较易实现，应用潜力巨大。但是，在网上出售的商品特征也非常明显，仅仅局限于一些特殊商品，如图书、音像制品、数码类产品、鲜花、玩具等。这些商品对购买者的视、听、触、嗅等感觉体验要求较低，像音响设备、香水需要消费者特定感官体验的商品不适宜在网上销售。另外，国际电子商务采用这种方式，由于运输和配送较不方便，成本相对较高，因而目前应用还较少。未来，一些大的电子商务企业走向海外进行全球布局时，这种方式或许能像国内电子商务一样红火。

3.企业对行政机构的电子商务

企业对行政机构（Business to Administration，B2A）的电子商务，指的是企业与行政机构之间进行的电子商务活动。其主要表现有如下两点：①政府网上通过竞价的方式进行招标，企业通过电子方式进行投标；②进出口公司通过电子方式申领许可证、向海关申报和退税等。

（三）国际电子商务的应用

国际电子商务可以运用到国际贸易的各个环节。一般来说，交易准备阶段、交易磋商阶段和合同履行阶段都可以运用现代信息技术，将电子商务的各种手段贯穿于一笔外贸业务的始终。

1.交易准备阶段

运用以互联网技术为核心的国际电子商务手段，在交易准备阶段也能达到意想不到的效果。比如，企业可以通过国际互联网发布产品信息、进行广告宣传，其效果可以在全球市场上反映出来。另外，出口企业还可以在网上设立主页，向国外的客户提供在线商品目录。通过电子邮件的方式可以高效传递有关交易的各项信息，从而可以为企业节省各项费用。

2.交易磋商阶段

在交易磋商阶段，可以通过电子邮件的方式取代传统的传真和信件方式，这样可以大大加快信息传递速度和节省通信成本。尤其是网上运行 EDI 的方式，可以将标准的单证等数据一次性录入而实现共享。国际贸易所涉及的众多环节，如申领进出口许可证、租船订舱、报关、报检、银行结算等也都可以实现电子化。另外，交易双方通过电子方式磋商达成一致后，也可以用电子订单的方式代替以往的纸面合同形式。

3.合同履行阶段

在合同履行阶段，交易双方可以通过信息技术手段运用相关软件实现单据自动生成。特别是安全认证、跟踪运输及实现网上支付等方面，可以实现较大突破，能在提高效率的前提下又不增加过多的企业投资和成本。

【课后思考题】

1.经销方式的当事人之间是什么样的法律关系？

2.采用经销方式应注意哪些事项?

3.代理协议的主要内容有哪些?

4.寄售方式的利弊有哪些?

5.展卖业务应注意哪些事项?

6.进料加工和来料加工的区别有哪些?

7.如何实现商品期货的套期保值功能?

主要参考文献

[1] 黎孝先. 国际贸易实务 [M]. 3版. 北京：中国人民大学出版社，2012.

[2] 姚大伟. 国际贸易实务 [M]. 3版. 大连：大连理工大学出版社，2011.

[3] 刘文广. 国际贸易实务 [M]. 2版. 北京：高等教育出版社，2011.

[4] 乌英格. 国际贸易理论与实务 [M]. 北京：教育科学出版社，2015.

[5] 李晓红. 国际贸易实务 [M]. 大连：东北财经大学出版社，2015.

[6] 贺雪娟. 国际贸易实务案例分析 [M]. 大连：大连理工大学出版社，2009.

[7] 马静. 国际贸易实务 [M]. 北京：清华大学出版社，2014.

[8] 李画画. 国际贸易实务 [M]. 北京：清华大学出版社，2014.

[9] 张晓武. 国际贸易实务与案例 [M]. 大连：东北财经大学出版社，2012.

[10] 张志. 国际贸易实务实训教程 [M]. 天津：天津大学出版社，2010.

[11] 胡丹婷. 国际贸易实务 [M]. 2版. 北京：机械工业出版社，2011.

[12] 孙海梅. 进出口业务实操 [M]. 北京：机械工业出版社，2011.

[13] 孙国忠. 国际贸易实务 [M]. 2版. 北京：机械工业出版社，2011.

[14] 张燕芳. 国际贸易实务 [M]. 北京：人民邮电出版社，2011.

[15] 陈平. 国际贸易实务 [M]. 北京：中国人民大学出版社，2013.